Der Begriff des „Handeltreibens“ im Betäubungsmittelgesetz

Europäische Hochschulschriften

Publications Universitaires Européennes

European University Studies

Reihe II

Rechtswissenschaft

Série II Series II

Droit

Law

Bd./Vol. 4296

PETER LANG

Frankfurt am Main · Berlin · Bern · Bruxelles · New York · Oxford · Wien

Andreas Bensch

Der Begriff des „Handeltreibens“ im Betäubungsmittelgesetz

PETER LANG
Europäischer Verlag der Wissenschaften

Bibliografische Information Der Deutschen Bibliothek
Die Deutsche Bibliothek verzeichnet diese Publikation in der Deutschen Nationalbibliografie; detaillierte bibliografische Daten sind im Internet über <http://dnb.ddb.de> abrufbar.

Zugl.: Frankfurt (Main), Univ., Diss., 2005

D 30
ISSN 0531-7312
ISBN 3-631-54535-5

www.peterlang.de

Vorwort

Die vorliegende Arbeit wurde Ende 2004 fertiggestellt und im Sommersemester 2005 vom Fachbereich Rechtswissenschaft der Johann Wolfgang Goethe-Universität in Frankfurt am Main als Dissertation angenommen.
Ein Teil der Arbeit setzt sich mit dem Anfragebeschluss des 3. Strafsenats des Bundesgerichtshofs vom 10.07.2003 (StV 2003, S. 501) auseinander, in dem der Senat eine Einschränkung und umfassende Neubestimmung des Begriffs des Handeltreibens vorschlägt.
Im Vorlagebeschluss vom 13.01.2005 (NJW 2005, S. 1589), dessen Veröffentlichung erst nach Fertigstellung der Arbeit erfolgte, hält der 3. Senat an seiner Rechtsauffassung fest. Angesichts des Ergebnisses des Anfrageverfahrens sieht er nunmehr aber vom Vorschlag einer umfassenden Neubestimmung des Begriffs ab.
Eine Entscheidung des Großen Senats steht derzeit noch aus, aber auch hiernach wird die Diskussion um den Begriff des Handeltreibens vermutlich kein Ende finden.

Mein ganz besonderer Dank gilt Herrn Prof. Dr. Ulfrid Neumann für die persönliche und fachliche Betreuung während des Entstehens dieser Arbeit.
Herrn Prof. Dr. Cornelius Prittwitz danke ich herzlich für die Erstellung des Zweitgutachtens.

Bei Frau Dorte Schygulla und Frau Ingrid Kulenkampff bedanke ich mich für die mühevolle Durchsicht der Endfassung des Manuskripts.

Ebenso danke ich meiner Frau und meinen Eltern, die meine berufliche und juristische Entwicklung unterstützt und zur Fertigstellung dieser Arbeit in vielfältiger Weise beigetragen haben.

Frankfurt am Main, im August 2005 Andreas Bensch

Inhaltsverzeichnis

2. Kapitel: Rechtsgut und Kriminalpolitik

4. Kapitel: Die Ausbildung der Beteiligungsformen

5. Kapitel: Neuansatz bei der Auslegung

Abkürzungsverzeichnis

a. A.	andere Ansicht
Abs.	Absatz
a. F.	Alte Fassung
AG	Amtsgericht
Anm.	Anmerkung
Angekl.	Angeklagte
Art.	Artikel
AT	Allgemeiner Teil
Aufl.	Auflage
Bd.	Band
Beschl.	Beschluss
BGB	Bürgerliches Gesetzbuch
BGBl.	Bundesgesetzblatt
BGH	Bundesgerichtshof
BGHR	Bundesgerichtshof-Rechtsprechung in Strafsachen
BGHSt	Entscheidung des Bundesgerichtshofs in Strafsachen
BR-Drucks.	Bundesrat-Drucksache
BT	Besonderer Teil, auch: Bundestag
BT-Drucks.	Bundestag-Drucksache
BtM	Betäubungsmittel
BtMG	Betäubungsmittelgesetz
BVerfG	Bundesverfassungsgericht
BVerfGE	Entscheidungen des Bundesverfassungsgerichts
BVerwG	Bundesverwaltungsgericht
bzw.	beziehungsweise
ca.	circa
d. h.	das heißt
DJZ	Deutsche Juristen-Zeitung
DM	Deutsche Mark
DVBl.	Deutsches Verwaltungsblatt
Einl.	Einleitung
EU	Europäische Union

f.	folgende
ff.	fortfolgende
FS	Festschrift
g	Gramm
GA	Goltdammer`s Archiv für Strafrecht
gem.	gemäß
GG	Grundgesetz
GjS	Gesetz gegen die Verbreitung jugendgefährdender Schriften
GÜG	Grundstoffüberwachungsgesetz
HGB	Handelsgesetzbuch
hrsg.	herausgegeben
i. d. F.	in der Fassung
i. S. v.	im Sinne von
i. V. m.	in Verbindung mit
JA	Juristische Arbeitsblätter
JÖSchG	Gesetz zum Schutz der Jugend in der Öffentlichkeit
JR	Juristische Rundschau
Jura	Juristische Ausbildung
JuS	Juristische Schulung
JW	Juristische Wochenschrift
Kg	Kilogramm
KWKG	Kriegswaffenkontrollgesetz
LG	Landgericht
LK	Leipziger Kommentar zum Strafgesetzbuch
MDR	Monatsschrift für Deutsches Recht
MedR	Medizinrecht
m. w. N.	mit weiteren Nachweisen
n. F.	neue Fassung
NJW	Neue Juristische Wochenschrift
NK	Nomos-Kommentar zum Strafgesetzbuch
Nr.	Nummer(n)
NS	Nationalsozialismus
NStE	Neue Entscheidungssammlung für Strafrecht
NStZ	Neue Zeitschrift für Strafrecht

NStZ-RR	NStZ-Rechtsprechungs-Report Strafrecht
OGH	Oberster Gerichtshof (Österreich)
OLG	Oberlandesgericht
OpiumG	Opiumgesetz
OrgKG	Gesetz zur Bekämpfung des illegalen Rauschgifthandel und anderer Erscheinungsformen der Organisierten Kriminalität
PKW	Personenkraftwagen
Rn.	Randnummer
RG	Reichsgericht
RGBl.	Reichsgesetzblatt
RGSt.	Entscheidungen des Reichsgerichts für Strafsachen
Rspr.	Rechtsprechung
RT-Drucks.	Reichstag-Drucksache
S.	Seite
SK	Systematischer Kommentar zum Strafgesetzbuch
StGB	Strafgesetzbuch
StPO	Strafprozessordnung
StraFo	Strafverteidigerforum
StV	Strafverteidiger
TPG	Transplantationsgesetz
u. a.	unter anderem
UN	Vereinte Nationen
Urt.	Urteil
vgl.	vergleiche
V-Person	Vertrauensperson
Vorbem.	Vorbemerkung
WaffG	Waffengesetz
WeinVO	Verordnung über Wein vom 31. August 1917
ZRP	Zeitschrift für Rechtspolitik
ZStW	Zeitschrift für die gesamte Strafrechtswissenschaft
z. B.	zum Beispiel
z. T.	zum Teil

Einleitung

Das Betäubungsmittelgesetz liegt als Nebenstrafrecht eher im Randbereich rechtswissenschaftlichen Interesses. Umso mehr nimmt es in der gerichtlichen Praxis eine herausragende Bedeutung ein[1]. Soweit das Betäubungsmittelstrafrecht an den allgemein anerkannten Regeln des Strafgesetzbuchs gemessen wird[2], wird deutlich, dass die Auslegung im Wesentlichen auf Einzelfallentscheidungen und selbst aufgestellten Regeln der Rechtsprechung basiert, ohne dabei die traditionellen strafrechtlichen Zurechnungsprinzipien[3] ausreichend zu berücksichtigen.

Das „Handeltreiben" gemäß § 29 Abs. 1 S. 1 Nr. 1 BtMG ist das zentrale Merkmal und erfüllt die Funktion eines Oberbegriffs für alle entfalteten Bestrebungen, aus eigennützigen Gesichtspunkten den Umsatz von Betäubungsmitteln zu ermöglichen oder zu fördern[4]. Nach der Definition des Bundesgerichtshofs[5] handelt es sich um eine Tätigkeitsbeschreibung, bei der die Unterscheidung von Versuch und Vollendung, aber auch von Täterschaft und Teilnahme weitgehend versagt[6]. Grund hierfür ist, dass der Begriff in seiner Ausprägung durch den Bundesgerichtshof nicht die äußeren, objektivierbaren Ansatzpunkte der Tat bestimmt, sondern subjektive Elemente im Vordergrund stehen, nämlich die Vorstellung des Täters von der Tat. Da letztlich die Gesinnung des Täters für die Tatbegehung von entscheidender Bedeutung ist[7], können bereits ganz fernliegende und auch vorbereitende Tätigkeiten „Handeltreiben" darstellen. Nach derzeitiger Auslegungspraxis führt der Regelfall beim unerlaubten Umgang mit Betäubungsmitteln zur täterschaftlichen Vollendungsstrafbarkeit.
Der Rechtsprechung ist die Abgrenzung von Vollendung, Versuch und Vorbereitung bisher nicht in befriedigender Weise gelungen, obwohl das Gesetz sie fordert. Das gleiche gilt für die Abgrenzung von Täterschaft und Beihilfe, weil durch die extreme Vorverlagerung der Vollendung die Annahme von Beihilfe bei untergeordneten Tathandlungen als bloße Ergebniskorrektur einer zu weiten Auslegung anzusehen ist.

---

[1] Nach Nestler entfällt in der Strafpraxis ca. ein Viertel aller Freiheitsstrafen von mehr als zwei Jahren auf Delikte nach dem BtMG, vgl. Nestler in: Kreuzer, Handbuch des Betäubungsmittelstrafrechts, § 11 Rn. 22.
[2] Harzer, StV 1996, S. 336 f.; Roxin StV 1992, S. 517 (519); Paul, StV 1998, S. 623.
[3] Nestler in: Kreuzer, Handbuch des Betäubungsmittelstrafrechts, § 11 Rn. 313.
[4] BGH, Urt. v. 04.01.1982 – 4 StR 451/82 = NJW 1983, S. 636 = StV 1983, S. 108.
[5] 1. Kapitel, B, II.
[6] Hassemer, JuS 1992, S. 352.
[7] Neuhaus, NStZ 2001, S. 39 (40).

Die extensive Auslegung rechtfertigt die Rechtsprechung mit kriminalpolitischen Erwägungen: „Sie ermöglicht es, den Besonderheiten des Rauschgifthandels Rechnung zu tragen, der auch durch Arbeitsteilung und Tarnung gekennzeichnet ist"[8]. Das Ziel sei die Durchsetzung der Totalprohibition. Die Gewichtung zwischen Schuld bzw. Unrecht verlagert die Rechtsprechung dabei weitgehend von der Tatbestands- auf die Strafzumessungsebene, wo die eigentliche Individualisierung der strafrechtlichen Verantwortung erfolgt. Entscheidend sind die Menge[9] oder die Gesundheitsgefährdung[10] der im Raum stehenden Drogen oder die spezifischen Organisationsformen (Bande, Gewerbsmäßigkeit) oder besondere Formen, wie die Abgabe an Jugendliche[11] oder minderschwere Fälle.

Es ist natürlich, dass ein der effektiven Bekämpfung des Rauschgifthandels dienendes Betäubungsmittelstrafrecht, das zugleich den traditionellen Gerechtigkeitskriterien verpflichtet ist, in einem Spannungsverhältnis steht. Die Auswirkungen der gegenwärtigen Praxis zu Lasten der Rechtssicherheit sind allerdings nicht hinnehmbar. Es wird die Forderung nach bestimmten, dem Gesetzlichkeitsprinzip genügenden Straftatbeständen laut, durch den die Normadressaten vorhersehen können, welches Verhalten verboten und mit Strafe bedroht sei. Zumindest sei aber eine Auslegung der bestehenden Tatbestände in der Art vorzunehmen, dass sie mit dem Allgemeinen Teil des Strafgesetzbuchs in Einklang zu bringen sei und dem Gebot verhältnismäßiger Abstufung staatlichen Strafens angemessen Rechnung trage[12].

Der 3. Strafsenat des Bundesgerichtshofs hat jüngst[13] reagiert, indem er eine Neubestimmung des Schlüsselbegriffs „Handeltreiben" zu erreichen versucht. Die Diskussion ist damit in Bewegung gekommen, obgleich angesichts der Problematik der widerstreitenden Interessen bereits früher ins Feld geführte Lösungsvorschläge es als illusorisch betrachteten, eine nunmehr 70-jährige Auslegungspraxis gänzlich umkehren zu können.[14]

---

[8] BGH, Urt. v. 04.10.1978 – 3 StR 232/78 = NJW 1979, S. 1259.
[9] §§ 29a Abs. 1 Nr. 2; 30 Abs. 1 Nr. 4 BtMG.
[10] § 29 Abs. 3 Nr. 2 BtMG; jüngst auf den Grad der Rechtsgutsgefährdung abstellend BGH, Urt. v. 14.04.1999 – 3 StR 22/99 = StV 1999, S. 432 ff.
[11] § 29a Abs. 1 Nr. 1 BtMG.
[12] Nestler in: Kreuzer, Handbuch des Betäubungsmittelstrafrechts, § 11 Rn. 313 ff.
[13] BGH, Anfragebeschl. v. 10.07.2003, StV 2003, S. 619.
[14] Roxin, StV 1992, S. 517 (518); Harzer, StV 1996 S. 336; Hassemer, JuS 1992, S. 110 (113).

Diese Arbeit soll einen Beitrag leisten, den Begriff des Handeltreibens im Betäubungsmittelgesetz mit Blick auf die bisherige Definition in einer Weise neu zu interpretieren, die der traditionellen Dogmatik des Strafrechts Rechnung trägt. Nach einer Darstellung der historischen Entwicklung des Begriffs „Handeltreiben" (1. Kapitel) werden zunächst Rechtsgut und Kriminalpolitik als Mittel der Auslegung untersucht (2. Kapitel). Anhand der Definition des Bundesgerichtshofs werden dann das Wesen des Delikts, der Versuchsbereich und die Strafbarkeitsgrenze bestimmt (3. Kapitel) sowie die Auswirkungen auf die Beteiligungsformen dargestellt (4. Kapitel). Schließlich wird in kritischer Auseinandersetzung mit dem Vorschlag des 3. Strafsenats eine Definition entwickelt (5. Kapitel), mit der erreicht werden soll, den als uferlos geltenden Begriff nach Maßgabe des allgemeinen Normenverständnisses zu begrenzen, ohne dadurch ungerechtfertigte Strafbarkeitslücken entstehen zu lassen.

1. Kapitel: Der Begriff des Handeltreibens

A. Historische Entwicklung

I. Geschichtliche Entwicklung der Drogengesetzgebung

Bis in das 19. Jahrhundert wurden Opiate und Kokain als Arzneimittel begriffen. Die Bezeichnungen „Kokain" („Merck`s Cocaine" 1862) und „Heroin" (Eberfelder Farbenfabriken 1897) gehen auf die eingetragenen Handelsnamen der Firmen zurück, die den Stoff als erste industriell produzierten. Als Arzneimittel und teilweise auch als Genussmittel[15] waren diese Stoffe weithin verfügbar[16]. Die deutsche Pharmaindustrie, die zu jener Zeit der größte Produzent von Morphium, Heroin und Kokain war und jährlich eine Tonne Heroin produzierte und in alle Welt exportierte, stellte bei der Vermarktung der Opiumarzneien den therapeutischen Wert in den Vordergrund und verharmloste mögliche Nebenwirkungen der Präparate[17]. Als die schädlichen Wirkungen immer offensichtlicher wurden, der suchtbildende Charakter von Morphin wurde bereits 1879 nachgewiesen, beschloss im Jahre 1901 der deutsche Reichstag, das Feilhalten und den Verkauf von Opiumarzneien den Apotheken zu übertra-

[15] Coca-Weine, Coca Teesorten, Erfrischungsgetränke wie Coca-Cola, das bis 1903 Coca-Bestandteile enthielt; weitergehende Aufzählung in: Körner, BtMG, Einl. Rn. 5.
[16] Nestler in: Kreuzer, Handbuch des Betäubungsmittelstrafrechts, § 11 Rn. 18.
[17] Körner, BtMG, Einl. Rn. 7.

gen. Die kaiserliche Verordnung betreffend den Verkehr mit Arzneimitteln vom 22.10.1901[18] enthielt aber keine Strafbestimmung.

Erstmalig wurde im Jahre 1904 auf den Philippinen der Handel mit Opium verboten. Vom 1. bis zum 26.02.1909 fand in Schanghai die erste internationale Opiumkonferenz statt. Es handelte sich um eine internationale Kommission, die sich mit Maßnahmen gegen den Opiummissbrauch in China beschäftigte. An der Konferenz nahm auch das Deutsche Reich teil, obgleich ein Interesse an der Einschränkung des Opiumhandels aufgrund des expandierenden pharmazeutischen Wirtschaftszweiges in Deutschland kaum bestand. Die Kommission erließ zunächst nur unverbindliche Empfehlungen.

Die Empfehlungen der Opium-Kommission mündeten in das „Haager Abkommen" zur Bekämpfung des internationalen Drogenmissbrauchs vom 23. Januar 1912[19], das gleichzeitig als Beginn der internationalen Betäubungsmittelkontrolle anzusehen ist[20]. Darin verpflichteten sich die Vertragsstaaten, den Handel und die Produktion von Opiaten und Kokain gesetzlich zu regeln, um auf diese Weise den Missbrauch zu verhindern. Das Deutsche Reich ist diesem Abkommen ungeachtet des internationalen Drucks zunächst nicht beigetreten, weil es die internationale Kontrolle seiner Pharmaprodukte verhindern wollte und das Abkommen den Interessen der deutschen Pharmaindustrie widersprach. Die deutsche Pharmaindustrie war seinerzeit weltweit größter Produzent von Morphium, Heroin und Kokain. Sowohl auf der darauf folgenden zweiten Opiumkonferenz in Den Haag 1913 als auch auf der dritten Haager Opiumkonferenz im Jahre 1914 verweigerte das Deutsche Reich zum Schutz der deutschen Pharmaindustrie die Unterzeichnung, was weltweite Proteste hervorrief[21].

II. Die Kriegsnotverordnungen

Während des Ersten Weltkrieges erließ die Reichsregierung Notverordnungen[22] zur Regulierung des Betäubungsmittelmarktes. Grund hierfür waren nicht die internationalen Verpflichtungen, sondern vielmehr kriegsbedingte Zwänge. In den Feldlazaretten wurden in steigendem Maße Opium, Morphin und andere Schmerz- und Be-

[18] RGBl. I. S. 380.
[19] Abgedruckt in RGBl. I 1921, S. 6 ff.
[20] Nestler in: Kreuzer, Handbuch des Betäubungsmittelstrafrechts, § 11 Rn. 18.
[21] Körner, BtMG, Einl. Rn. 8.
[22] Körner, BtMG, Einl. Rn. 8.

täubungsmittel benötigt, und durch die Handelsblockaden des Ersten Weltkrieges entstanden der deutschen Pharmaindustrie Versorgungsengpässe[23].

Eine dringend erforderlich gewordene Regulierung des Betäubungsmittelmarktes sollte die „Verordnung, betreffend den Handel mit Opium und anderen Betäubungsmitteln vom 22.03.1917"[24] sicherstellen. Darin wurde der Verkehr mit Betäubungsmitteln eingeschränkt und neu geregelt. Opium, Morphin, Opiumalkaloide, Kokain und entsprechende Stoffe durften nunmehr nur noch als Heilmittel verwendet und in Apotheken abgegeben werden (§ 1 Abs. 1). Der Großhandel war gleichfalls den Beschränkungen der Verordnung unterworfen, die erstmals eine Strafbestimmung bei Zuwiderhandlung enthielt (§ 2 Abs. 1).

Die im Laufe des Krieges zunehmenden Versorgungsschwierigkeiten machten eine flächendeckendere Regelung über den Verkehr mit den dringend benötigten Alkaloiden erforderlich. Die Verordnung über den Verkehr mit Opium vom 15.12.1918[25], die durch die Verordnung vom 20.08.1919[26] ergänzt wurde, sollte als Kriegsnotverordnung die Versorgungskanäle sichern. Abweichend von der bisherigen generellen Gestattung des Verkehrs mit Betäubungsmitteln für bestimmte Berufsgruppen wie Apotheker und Großhandel und hin zu einer generellen Erlaubnispflicht (§ 2 Abs. 1 der Verordnung über den Verkehr mit Opium vom 15. Dezember 1918) sollte eine umfassende Kontrolle und Versorgung der dringend benötigten Betäubungsmittel gewährleistet werden. Erstmals wurde im Zusammenhang mit Betäubungsmitteln auch der Begriff „Handel" (§ 2 Abs. 1) in einer Rechtsvorschrift gebraucht. Zuwiderhandlungen wurden mit Gefängnis bis zu sechs Monaten und bzw. oder mit Geldstrafe bis zu zehntausend Mark bedroht.

Mit der inhaltlich nahezu gleichlautenden „Verordnung über den Verkehr mit Opium und anderen Betäubungsmitteln vom 20. Juli 1920"[27] wurden die bis dahin bestehenden Verordnungen aufgehoben. Das Reichsgesundheitsamt übernahm die Kontrolle über Art, Menge und Aufbewahrungsort von Betäubungsmitteln. Für den Handel, Erwerb und die Veräußerung sah die Verordnung eine strafbewehrte Erlaubnispflicht vor. Nur wenn auch dem Erwerber der Erwerb von Betäubungsmitteln gestattet war,

---

[23] Körner, BtMG, Einl. Rn. 8.
[24] RGBl. 1917, S. 256.
[25] RGBl. I, S. 1447.
[26] RGBl. I, S. 1474.
[27] RGBl. I, S. 1464.

durfte die Abgabe der jeweiligen Betäubungsmittel durch einen Erlaubnisinhaber erfolgen.

III. Das OpiumG von 1920

Als Folge des verlorenen Ersten Weltkrieges und der Versailler Friedensverhandlungen war durch Art. 295 Abs. 2 des Versailler Vertrages vom 28. Juni 1919 das Deutsche Reich auf Druck der Siegermächte gezwungen, das bislang nicht unterzeichnete „Haager Abkommen" von 1912 in innerdeutsches Recht zu transformieren[28]. Durch das Abkommen, bei dem Kokain und Morphium geächtet wurden, wurde sowohl die Grundlage für das erste deutsche Betäubungsmittelgesetz auf nationaler Ebene als auch die Grundlage für internationale Drogenprävention im 20. Jahrhundert geschaffen[29].

Sowohl das „Haager Abkommen" als auch die Notverordnungen des Ersten Weltkrieges fanden ihren Niederschlag in dem „Gesetz vom 30. Dezember 1920 zur Ausführung des internationalen Opiumabkommens"[30]. In der Begründung des Gesetzes[31] reklamierte der Gesetzgeber neben dem „Interesse der eigenen Volksgesundheit" an der Regulierung des Umgangs mit Betäubungsmitteln den Zweck der sparsamen Bewirtschaftung der Betäubungsmittel. Das Opiumgesetz von 1920, das seinen Namen aus geschichtlichen Gründen trug, stellte generell den Verstoß gegen die Erlaubnispflicht unter Strafe und bedrohte in § 8 die Einfuhr, Ausfuhr, Herstellung, Verarbeitung, Erwerb, Veräußerungen, das sonstige Inverkehrbringen, Aufbewahren, Feilhalten, Abgeben von Betäubungsmitteln ohne die in § 2 vorgeschriebene Erlaubnis mit Gefängnisstrafe bis zu sechs Monaten und bzw. oder Geldstrafe bis zu zehntausend Mark. In dem Gesetz zur Ausführung des Opiumabkommens von 1920 gab es allerdings eine Gesetzeslücke[32], da es keinen Tatbestand enthielt, der den erlaubnislosen Handel mit Betäubungsmitteln verbot. Somit waren auch Handelstätigkeiten wie das erlaubnislose Vermitteln nicht gesetzlich pönalisiert, der erlaubnislose Vermittler ging als Händler straffrei aus[33].

---

[28] Nestler in: Kreuzer, Handbuch des Betäubungsmittelstrafrechts, § 11 Rn. 18.
[29] Körner, BtMG, Einl. Rn. 8.
[30] RGBl. 1921, S. 2 i.d.F. des Gesetzes zur Abänderung des Opiumgesetzes vom 21.03.1924 RGBl. S. 290.
[31] Begründung in: Verhandlungen des Reichstages, Bd. 365, Nr. 1128, S. 4.
[32] Körner, BtMG, Einl. Rn. 9.
[33] RG, Urt. v. 08.05.1929 - 2 StR 1158/28 = RGSt 63, S.161 (164).

IV. Das OpiumG von 1929

In dem „Gesetz über den Verkehr mit Betäubungsmitteln" vom 10. Dezember 1929[34] (Opiumgesetz), findet sich der Begriff des Handeltreibens in der ursprünglichen Fassung („Handel mit ihnen treibt"). Dessen Einführung sollte vorrangig der Schließung der Lücken des bisherigen Gesetzes dienen[35]. In dem Entwurf des OpiumG[36], der zum Ziel hatte, die innerdeutsche Gesetzgebung mit den durch die Ratifizierung des Zweiten Genfer Opiumabkommens[37] vom 19. Februar 1925 übernommenen internationalen Verpflichtungen in Einklang zu bringen[38], wurde als Begründung darauf hingewiesen, dass in mehreren Strafprozessen Angeklagte freigesprochen worden waren, weil in den geltenden Strafbestimmungen zwar eine Reihe von strafbaren Betätigungen aufgeführt, das erlaubnislose Vermitteln aber nicht darunter fiel. Dieses sollte nunmehr unter das Verbot des erlaubnislosen Handelns fallen[39]. Gemäß § 3 Abs. 1 OpiumG war der Handel ebenso wie die anderen Umgangsformen mit den in § 1 OpiumG 1929 genannten Stoffen erlaubnispflichtig und das unerlaubte Handeltreiben mit Strafe bedroht. Das Gesetz sah darüber hinaus erstmals die Möglichkeit vor (§ 1 Abs. 2 OpiumG 1929), durch Rechtsverordnung dem Gesetz neue Stoffe zu unterstellen. Cannabis wurde als Konsequenz aus den beiden Genfer Opiumabkommen vom 11.02.1925 und 19.02.1925 in die Liste der verschreibungspflichtigen Betäubungsmittel aufgenommen[40].

Da das OpiumG von 1929 noch vorrangig auf eine staatliche Kontrolle des Umgangs mit Betäubungsmitteln durch das Reichsgesundheitsamtes zielte[41], waren die Strafvorschriften allerdings sowohl vom Umfang als auch von der Sanktionsintensität[42], verglichen mit der heutigen Gesetzgebung, schwach ausgeprägt. Ein Verstoß gegen den erlaubnispflichtigen Handel war mit Gefängnisstrafe bis zu drei Jahren und bzw. oder mit Geldstrafe bedroht, § 10 Abs. 1 Nr. 1 OpiumG 1929.

---

[34] RGBl. I, S. 215.
[35] Roxin, StV 1992, 517 (518); Liemersdorf/Miebach, MDR 1979 S. 981 (984).
[36] RT-Drucks. IV. Wahlperiode Nr. 1386 vom 21. Okt. 1929, S. 10.
[37] Durch Gesetz vom 19.02.1925 RGBl. II, S. 407.
[38] Liemersdorf/Miebach, MDR 1979, S. 981 (983).
[39] Liemersdorf/Miebach, MDR 1979, S. 981 (983).
[40] Endriß/Malek, Betäubungsmittelstrafrecht, Rn. 7.
[41] Nestler in: Kreuzer, Handbuch des Betäubungsmittelstrafrechts, § 11 Rn. 18.
[42] § 10 Abs. 1 Nr. 1 OpiumG 1930: "Mit Gefängnis bis zu drei Jahren und mit Geldstrafe oder mit einer dieser Strafen".

Gemäß Art. 125, 74 Nr. 19 des Grundgesetzes für die Bundesrepublik Deutschland galt das OpiumG als vorkonstitutionelles Recht auch nach Inkrafttreten des Grundgesetzes am 24.05.1949 weiter fort.

V. Das BtMG von 1972 und 1982

Sowohl die Ratifizierung der Single Convention on Narcotic Drugs vom 30. März 1961[43] und das Übereinkommen über psychotrope Stoffe vom 21.02.1971[44] als auch die ständig wachsende Drogenkriminalität in Deutschland führten zum „Gesetz über den Verkehr mit Betäubungsmitteln (Betäubungsmittelgesetz - BtMG) vom 22.12.1971"[45]. Hierdurch erfolgte zugleich eine sprachliche Angleichung des Gesetzes an die zunehmende Vielfalt der im Umlauf befindlichen Betäubungsmittelarten wie halluzinogene Stoffe, Stimulantien, Sedativa und Tranquilizer, die neben die klassischen Suchtstoffe traten und deren Einordnung unter dem veralteten Begriff „Opiumgesetz" sprachlich unpassend erschien. Der Begriff des Handeltreibens wurde aus dem OpiumG übernommen und erfuhr keine sprachlichen oder inhaltlichen Neuerungen. An der generellen Erlaubnispflicht (§ 3 BtMG 1972) für den Handel mit Betäubungsmitteln im Sinne des § 1 BtMG 1972 wurde festgehalten, und das Strafmaß (§ 11 Abs. 1 Nr. 1 BtMG 1972) war mit Gefängnis bis zu drei Jahren oder Geldstrafe in seiner Höhe identisch mit dem des Opiumgesetzes (§ 10 Abs. 1 Nr. 1 OpiumG). Dennoch wurde beginnend mit dem BtMG von 1972 der Schwerpunkt von einer zuvor staatlichen Kontrolle der Betäubungsmittel auf die Durchsetzung einer „Totalprohibition" mit den Mitteln des Strafrechts gelegt[46]. Das Gesetz weist drei charakteristische Aspekte auf, zum einen den flexiblen sachlichen Geltungsbereich (§ 1 BtMG 1972), der die Unterstellung von weiteren Stoffen unter das BtMG durch Rechtsverordnung vorsieht, zweitens den legalen Drogenverkehr vollständig zu kontrollieren und den illegalen Drogenverkehr möglichst vollständig zu unterdrücken[47] (§§ 2-10 BtMG 1972) und zum Dritten die Staffelung von Sanktionen (§§ 11-13 BtMG 1972) nach der Schwere der Tat, wobei die gesetzliche Höchststrafe von drei Jahren auf zehn Jahre in den besonders schweren Fällen (§ 11 Abs. 4 BtMG 1972) heraufge-

[43] Gesetz zu den Einheits- Übereinkommen vom 30.03.1961 über Suchtstoffe vom 04.09.1973 (BGBl II S. 1353) und Bekanntmachung über das Inkrafttreten des Einheits-Übereinkommens über Suchtstoffe vom 15.08.1974 (BGBl S. 1211).
[44] BGBl. II, S. 1477.
[45] BGBl. I, S. 2092.
[46] Nestler in: Kreuzer, Handbuch des Betäubungsmittelstrafrechts, § 11 Rn. 19.
[47] Körner, BtMG, Einl. Rn. 16.

setzt wurde. Das Betäubungsmittelgesetz von 1972 war als Sofortmaßnahme sowohl zur Kontrolle des Verkehrs mit Rauschgift als auch zur Bekämpfung der Rauschgiftsucht mit den Mitteln des Strafrechtes gedacht[48]. Der Weg, den das BtMG 1972 zur Bekämpfung des Drogenproblems eingeschlagen hatte, erwies sich schnell als überholt, da die Zahl der Drogentoten und der Verurteilungen kontinuierlich anstieg[49].

Mit dem „Gesetz zur Neuordnung des Betäubungsmittelrechtes vom 28. Juli 1981"[50], das am 01.01.1982 in Kraft trat und noch heute gültig ist, wurde das BtM-Strafrecht erneut ausgeweitet, um sich der sich stetig verändernden Drogenproblematik anzupassen. Es brachte eine grundlegende Neugestaltung und Vereinfachung des Betäubungsmittelrechtes[51]. § 29 Abs. 1 S. 1 Nr. 1 BtMG änderte sich durch Einführung der Tatmodalität „Sichverschaffen in sonstiger Weise". Eingeführt wurden auch die Verbrechenstatbestände, die z. B. das bandenmäßige Handeltreiben gem. § 30 Abs. 1 Nr. 2 BtMG a. F. mit einer Mindeststrafe von 2 Jahren bedrohten. Die Höchststrafe für das Handeltreiben wurde gegenüber dem BtMG 1972 von 3 auf 4 Jahre erhöht, für die schwere Rauschgiftkriminalität wurde die gesetzlich Höchststrafe auf 15 Jahre erweitert. Aber auch Veränderungen in der Drogenpolitik wurde versucht Rechnung zu tragen z. B. in der Einführung sozialtherapeutischer Rehabilitationsmaßnahmen für abhängige Straftäter (Grundsatz: Therapie statt Strafe). In § 31 BtMG wurde darüber hinaus eine Kronzeugenregelung normiert. An der generellen Erlaubnispflicht und dem Begriff des Handeltreibens mit Betäubungsmitteln wurde kontinuierlich festgehalten.

VI. Das OrgKG von 1992 und das Änderungsgesetz von 1994

Schließlich hat das „Gesetz zur Bekämpfung des illegalen Rauschgifthandels und anderer Erscheinungsformen der Organisierten Kriminalität (OrgKG)" vom 15.07. 1992[52] die letzte Verschärfung in dieser Reihe gebracht. Die Regelbeispiele des § 29 Abs. 3 Nr. 3 und Nr. 4 a. F. BtMG wurden in § 29 a Abs. 1 Nr. 1 a) und b) a. F. BtMG zu Verbrechenstatbeständen ausgestaltet. Diese wurden wiederum 1994[53] in dem

[48] Körner, BtMG, Einl. Rn. 16.
[49] Endriß/Malek, Betäubungsmittelstrafrecht, Rn. 14.
[50] BGBl. I, S. 681.
[51] Körner, BtMG, Einl. Rn. 19.
[52] BGBl. I, S. 1302.
[53] BGBl. I, S. 358.

1992 neu geschaffenen Verbrechenstatbestand des § 30a BtMG a. F. eingefügt, der eine Mindeststrafe von 5 Jahren vorsieht. Ferner wurde beim Grundtatbestand des § 29 Abs. 1 S. 1 Nr. 1 BtMG, zu dem auch das „Handeltreiben“ gehört, die Höchststrafe von bis dahin 4 auf 5 Jahre angehoben.

B. Die Rechtsprechung

I. Die Definition in der Rechtsprechung des Reichgerichts

Ausgangspunkt der Entwicklung des Begriffs „Handeltreiben“ durch die Rechtsprechung sind einige Entscheidungen des Reichsgerichts[54] aus der Zeit des Ersten Weltkriegs. Diese Urteile haben jedoch nur die Strafbarkeit des Handels mit Lebens- oder Futtermitteln nach der Kettenhandelsverordnung vom 24. Juni 1916[55] und der WeinVO vom 31.08.1917[56] zum Gegenstand und betrafen nicht die Strafbarkeit des Umgangs mit Betäubungsmitteln. Das Reichsgericht führte in seinen Entscheidungen aus, dass der Begriff des Handeltreibens zum Schutz der Kriegswirtschaft im „weitesten Sinne zu verstehen sei“[57].

In dem OpiumG 1929 und auch in dessen Gesetzesentwurf findet sich keine Legaldefinition des Begriffs „Handeltreiben“. Das Reichsgericht[58] hatte aber schon am 08.05.1929, also vor Inkrafttreten des OpiumG 1929, betont, dass der Begriff in Anlehnung an die im Ersten Weltkrieg erlassenen Notverordnungen im „weitesten Sinne“ zu verstehen sei als eine eigennützige, auf Güterumsatz gerichtete Tätigkeit.
Während die weite Definition des Begriffs „Handeltreiben“ im Rahmen der Notverordnungen bedingt war durch die Wahrung kriegswirtschaftlicher Belange, bildete sie augenscheinlich auch die Grundlage der Definition im späteren OpiumG 1929, obgleich dessen Sinn und Zweck in Friedenszeiten ein anderer war, als die frühen Reichsgerichtsurteile zu den Kriegsverordnungen verfolgten.

Die Rechtsprechung des Reichsgerichts interpretierte den Begriff des Handeltreibens zunehmend weiter. Am 25.04.1932 definierte das RG erstmals den Begriff Han-

---

[54] RGSt 51, S. 379 ff.; 52, S. 169 f.; 53, S. 310 ff.
[55] RGBl. I, S. 581.
[56] RGBl. I, S. 751.
[57] RGSt 52, S. 169 (170).
[58] RGSt 63,161 (163).

deltreiben im Straftatbestand des § 10 Abs. 1 Nr. 1 OpiumG 1929 als „das eigensüchtige Entfalten einer auf den Umsatz von BtM gerichteten Tätigkeit", „gleichviel, in welcher Form und unter welchen Namen sie ausgeübt wird"[59]. Dabei sollte zum einen offensichtlich aus kriminalpolitischen Erwägungen bereits das Gelangen der Rauschmittel an den Verbraucher möglichst umfassend unterbunden werden[60]. Zum anderen wurde durch die weite Auslegung auch die Vermittlung eines Kaufs von Stoffen erfasst, die gar keine Betäubungsmittel waren, sondern nur als solche ausgegeben wurden (Betäubungsmittelimitate).

II. Die Definition in der Rechtsprechung des Bundesgerichtshofs

In einer frühen Entscheidung des Bundesgerichtshofs zum OpiumG[61], das nach 1949 fortgalt, fasste der Bundesgerichtshof in Anlehnung an die Definition des Reichsgerichts Handeltreiben auf als „jede eigennützige, auf Umsatz gerichtete Tätigkeit, auch die nur gelegentliche oder einmalige, auch die bloß vermittelnde"[62]. Darunter falle bereits das Verhandeln in der Absicht, den Abschluss eines schuldrechtlichen Vertrages herbeizuführen. Für vollendetes Handeltreiben sei nicht einmal erforderlich, dass Betäubungsmittel tatsächlich vorhanden und für den Täter verfügbar sind[63]. Der Bundesgerichtshof begründete seine weite Auslegung des Begriffs Handeltreiben unter schlichter Bezugnahme auf die Entscheidungen des Reichsgerichts.

Das erste Betäubungsmittelgesetz von 1972 enthält wie zuvor das OpiumG selbst keine Legaldefinition des Handeltreibens. In § 6 Ziff. 5 StGB, nach dem das deutsche Strafrecht unabhängig von dem Recht des Tatortes für im Ausland begangene Straftaten im Zusammenhang mit Betäubungsmitteln gilt (Weltrechtsprinzip), ist von „unbefugtem Vertrieb" die Rede. Nach Inkrafttreten des BtMG im Jahre 1972 bekannte sich der Bundesgerichtshof weiterhin zu seiner weiten Auslegung des Begriffs Handeltreiben, obwohl das BtMG 1972 als Zweck den Schutz „der körperlichen Unversehrtheit einer unbestimmten Mehrzahl von Personen" hervorhob und nicht mehr wie die Opiumgesetze vorrangig die Regulierung des Umgangs mit Betäubungsmitteln bezweckte, also eine wesentliche Änderung des Gesetzeszwecks erfolgte. Darüber

[59] RG, Urt. v. 25.04.1932 = DJZ 1932, 808; JW 1933, S. 2772; Körner, BtMG, § 29 Rn. 198.
[60] Paul, StV 1998, S. 623.
[61] BGH, Urt. v. 01.07.1954 - 3 StR 657/53 = NJW 1954, S. 1537.
[62] BGH, Urt. v. 01.07.1954 - 3 StR 657/53 = NJW 1954, S. 1537.
[63] BGH, Urt. v. 01.07.1954 - 3 StR 657/53 = NJW 1954, S. 1537.

hinaus ist das BtMG 1972 auf die Durchsetzung der Drogenkontrolle mit den Mitteln des Strafrechts ausgelegt, so dass die Übernahme der weiten Auslegung der reichsgerichtlichen Definition über das Handeltreiben bereits verfassungsrechtlich nicht unbedenklich war. Dennoch wurde die weite Auslegung im Rahmen des BtMG 1972 als erforderlich angesehen, um der gesetzgeberischen Absicht einer umfassenden Erfassung des Rauschgifthandels Rechnung zu tragen, „der durch Arbeitsteilung, Delegation und Tarnung gekennzeichnet ist“[64].

Der Begriff „Handeltreiben“ in §§ 29 Abs. 1 S. 1 Nr. 1, 29 a Abs. 1 Nr. 2 BtMG ist nach heutiger Auslegung das vorläufige Ergebnis einer seit Jahrzehnten andauernden und besonders durch die Rechtsprechung beeinflussten extensiven Ausweitung. Die in dem Betäubungsmittelgesetz beschriebene Tatbegehungsweise wird von der Rechtsprechung möglichst weit definiert, um alle Erscheinungsformen des illegalen Betäubungsmittelhandels mit Strafandrohung zu belegen. Der Bundesgerichtshof führte hierzu aus, der Gesetzgeber habe mit dem Tatbestand des jetzigen § 29 Abs. 1 S. 1 Nr. 1 BtMG einen möglichst lückenlosen Katalog absatzorientierter Tatbegehungsweisen, die sich im Einzelfall decken, aber auch überschneiden können, erfassen wollen[65].

Nach heutiger Rechtsprechung des Bundesgerichtshofs sind unter Handeltreiben alle *„eigennützigen Bemühungen zu verstehen, die darauf gerichtet sind, den Umsatz mit Betäubungsmitteln zu ermöglichen oder zu fördern, selbst wenn es sich nur um eine einmalige oder auch nur vermittelnde Tätigkeit handelt“*[66] unabhängig, ob es zu Umsatzgeschäften gekommen ist[67] oder der Täter sich im Besitz des zum Umsatz bestimmten Rauschgiftes befunden hat[68].

Der in der Definition zumeist zitierte Halbsatz, dass bereits eine einmalige Tätigkeit Handeltreiben darstellen kann, ist lediglich als unselbständige Klarstellung zu verstehen. Es ist zur Erfüllung des Tatbestandsmerkmals nicht erforderlich, dass der Täter beabsichtigt, wiederholt in einer auf Betäubungsmittelumsatz gerichteten Weise eine

---

[64] Liemersdorf/Miebach, MDR 1979, S. 981; Körner, § 29 BtMG, Rn. 198.
[65] BGH, Urt. v. 04.10.1978 - 3 StR 232/78 = NJW 1979, S. 1259.
[66] BGH, Urt. v. 21.02.1974 - 1 StR 588/73 = NJW 1974, S. 959 ff; BGH, Urt. v. 20.08.1991- 1 StR 273/91 = StV 1992, S. 516; 4. Kapitel, A, II, 1, b); weitere Nachw. bei Körner, BtMG, § 29 Rn. 199.
[67] BGHSt 29, S. 239 (240); 30, S. 359 (361); 31, S. 145 (147).
[68] BGHSt 25, S. 290 (291).

Tätigkeit auszuüben. Dies ergibt sich bereits aus der Gesetzessystematik, nach der ein wiederholtes und in diesem Sinne gewerbsmäßiges Handeltreiben strafschärfend gemäß § 29 Abs. 3 S. 2 Nr. 1 BtMG zu berücksichtigen ist. Da ein wiederholtes Handeltreiben bereits zur Annahme der Gewerbsmäßigkeit begriffsnotwendig ist, bedeutet dies im Umkehrschluss, dass zur Erfüllung des einfachen Tatbestandsmerkmals Handeltreiben eine einmalige Tätigkeit ausreichend ist, da ansonsten § 29 Abs. 3 S. 2 Nr. 1 BtMG weitgehend leer liefe und darüber hinaus eine Unterscheidung zwischen dem Grund- und dem Qualifikationstatbestand der Gewerbsmäßigkeit nicht mehr möglich wäre.

Ebenso verhält sich der Zusatz hinsichtlich vermittelnder Tätigkeiten. Dieser unselbständige Zusatz ist aus der Definition des Reichsgerichts lediglich übernommen worden und hat seinen Ursprung in der Zeit vor Einführung des Opiumgesetzes von 1929[69].

1. Die Lehre von der Bewertungseinheit

Bedingt durch die „uferlose"[70] Weite des Tatbestandsmerkmals „Handeltreiben", das bei Vorliegen praktisch immer Überschneidungen mit den anderen Tatmodalitäten des § 29 Abs. 1 S. 1 Nr. 1 BtMG mit sich bringt, hat der Bundesgerichtshof die Lehre von der Bewertungseinheit entwickelt[71], um der Annahme der Mehrfachverwirklichung bei einheitlichen Taten entgegenzuwirken. Der Begriff der Bewertungseinheit wurde erstmals in einer Entscheidung aus dem Jahr 1981[72] verwandt, also zeitlich weit vor Aufgabe des Instituts der fortgesetzten Handlung durch den Bundesgerichtshof. Die innerhalb eines Rauschgiftgeschäftes aufeinander folgenden Teilakte wie Erwerb, Einfuhr und Veräußerung sind danach als rechtlich unselbständige Teilakte des Handeltreibens zu betrachten, sofern sie dessen Merkmale aufweisen. Die Annahme einer mehrfachen Verwirklichung desselben Tatbestandes durch verschiedene Tatmodalitäten, deren Verhältnis zueinander erst noch bestimmt werden müsste, wird dadurch vermieden.

Rechtlich gehen diese Teilakte als unselbständig in das Gesamtgeschehen des sie umfassenden Handeltreibens auf[73], was für die Frage der Strafzumessung unproble-

[69] RGBl. I, S. 215.
[70] Endriß/Malek, Betäubungsmittelstrafrecht, Rn 188.
[71] BGHSt 15, S. 259, (262); 25, S. 290 ff.; 28, S. 169 (171).
[72] BGH, Beschl. v. 07.01.1981 - 2 StR 618/80 = StV 1981, S. 180.
[73] Körner, BtMG, § 29 Rn. 625.

matisch ist, da sich der Unrechtsgehalt des Handeltreibens aus dem Unrechtsgehalt der jeweils verbundenen Teilakte ergibt[74]. Bei der Einfuhr ist dies dann nicht der Fall, wenn sie den Verbrechenstatbestand (§ 30 Abs. 1 Nr. 4 BtMG) verwirklicht. Weil sie gegenüber dem Handeltreiben mit Betäubungsmitteln die schwerere Straftat ist, muss dies im Schuldspruch hervorgehoben werden[75].
Auch bestehen bei Erwerbstaten zum Eigenverbrauch[76] rechtliche Besonderheiten. Der unerlaubte Besitz kann in einem solchen Fall bei einer darauf folgenden, auf einem neuen Entschluss beruhenden, unerlaubten Abgabe dieser Betäubungsmittel nicht als Handeltreiben bewertet werden, weil es insoweit an einer für eine Klammerwirkung erforderlichen Wertgleichheit fehlt[77]. Nach der Rechtsprechung des Bundesgerichtshofs kommt eine Bewertungseinheit bei allen Absatzdelikten wie Handeltreiben, Veräußerung, Abgabe in Betracht. Dies gilt nach der Rechtsprechung nicht bei bloßen Erwerbstaten[78]. Diese Einschränkung auf Absatzdelikte wird teilweise kritisiert[79], da in der Praxis gerade bei den zahlreichen Versorgungsdelikten von Betäubungsmittelkonsumenten und Abhängigen eine Zusammenfassung dringend geboten sei[80]. Dies sei ein Defizit, da die Anklage, Aufklärung und Bestrafung von Hunderten von Erwerbsvorgängen keinen Sinn mache.
Eine einheitliche Tat im Sinne der Bewertungseinheit ist bei Absatzdelikten jedenfalls nur dann anzunehmen, wenn ein und derselbe Güterumsatz Gegenstand der strafrechtlichen Bewertung ist, ansonsten aber selbständige Handlungen vorliegen.

2. Die Definitionsmerkmale

a) Das Tatobjekt

Der Unrechtsgehalt des Handeltreibens ergibt sich aus dem Zusammenhang mit dem Tatobjekt. Tatobjekte in diesem Sinne sind grundsätzlich Betäubungsmittel und ergeben sich namentlich aus der Positivliste des § 1 Abs. 1 BtMG i. V. m. Anlagen I bis III.

---

[74] BGH Urt. v. 21.02.1974 - 1 StR 588/73 = BGHSt 25, S. 290 (291).
[75] Endriß/Malek, Betäubungsmittelstrafrecht, Rn. 121; Erbs/Kohlhaas-Pelchen, § 29 Rn. 5.
[76] Körner, BtMG, § 29 Rn. 626.
[77] BGH, Beschl. v. 17.05.1996 - 3 StR 631/95 = StV 1996, S. 668.
[78] BGH, Beschl. v. 22.01.1997 - 3 StR 608/96 = StV 1997, S. 470.
[79] Körner, StV 1998, S. 626 (627).
[80] Körner, StV 1998, S. 626 (627).

aa) Betäubungsmittelimitate

Bereits in einer Entscheidung aus dem Jahre 1954[81] führte der Bundesgerichtshof aus, dass über die Positivliste hinaus auch ein Handeltreiben mit sogenannten Betäubungsmittelimitaten nach der Definition über das Handeltreiben strafbewehrt sei. In dem zugrundeliegenden Fall handelte der Täter mit einer Flasche Kochsalz, von dessen Inhalt er irrig ausging, es handele sich um Heroin. Der Bundesgerichtshof geht in diesen Fällen des Handelns mit Betäubungsmittelimitaten auch von der vollständigen Verwirklichung des Tatbestandes Handeltreiben aus. Insbesondere sei kein untauglicher Versuch in diesen Fällen gegeben. Als Begründung wird angeführt, dass die Erfüllung einer schuldrechtlichen Vereinbarung, durch die bereits der Tatbestand des Handeltreibens erfüllt sei, nicht nachträglich das vollendete Delikt als strafbaren untauglichen Versuch erscheinen lassen könne.[82] Es würde außerdem ein Wertungswiderspruch entstehen, wenn der Täter, der wissentlich mit einem Betäubungsmittelimitat handelt, gem. § 29 Abs. 6 BtMG mit der für vollendetes Handeltreiben vorgesehenen Strafe bedroht wäre, aber demjenigen, der mit Betäubungsmitteln handeln will, aber aufgrund irriger Annahme lediglich mit einem Betäubungsmittelimitat handelt, die Strafmilderungsmöglichkeiten des § 23 Abs. 2 StGB zugute kämen. Da es nach der Rechtsprechung des Bundesgerichtshofs alleine auf die Vorstellung des Täters ankommt, steht das tatsächliche Vorliegen eines Betäubungsmittelimitats als Tatobjekt der Annahme des vollendeten Handeltreibens somit nicht entgegen, was sowohl für den Verkäufer als auch den mit der Absicht gewinnbringender Weiterveräußerung handelnden Erwerber des vermeintlichen Betäubungsmittels gilt[83].

bb) Sichergestellte Betäubungsmittel

Entsprechendes gilt für Betäubungsmittel, die im Zeitpunkt der Vornahme der Tathandlung bereits sichergestellt sind, also als Tatobjekte bei Vollendung des Tatbestandes nicht (mehr) zur Verfügung stehen[84]. Die vorherige polizeiliche Sicherstellung der Betäubungsmittel steht dem vollendeten Handeltreiben nicht entgegen.

---

[81] BGH, Urt. v. 01.07.1954 - 3 StR 657/53 = NJW 1954, S. 1537.
[82] BGH, Beschl. v. 06.11.1991 - 3 StR 406/91 = BGHR BtMG § 29 Abs. 1 Nr. 1 Handeltreiben 30.
[83] BGH, Urt. v. 14.04.1999 - 3 StR 22/99 = StV 1999, S. 432 (433).
[84] BGH, Urt. v. 20.08.1991 - 1 StR 273/91 = StV 1992, S. 516; unten 4. Kapitel, A, II, 1, b).

cc) Aus Straftaten erlangte Betäubungsmittel

Taugliche Tatobjekte sind letztlich auch Betäubungsmittel, die zuvor durch eine Straftat erlangt worden sind[85], wobei dies nicht immer einheitlich durch die Rechtsprechung gesehen wurde, da in diesen Fällen sich der Täter den Besitz nicht im Wege des abgeleiteten Erwerbes verschafft, was aber durch Teile der Rechtsprechung[86] als Voraussetzung des Merkmals Handeltreiben angesehen wurde.

b) Die Tätigkeit

Während die anderen Grundtatbestände des Betäubungsmittelstrafrechts einen konkreten Umgang mit Betäubungsmitteln oder eine konkrete Verhaltensweise beschreiben, reicht nach der Definition des Bundesgerichtshofs für die Begehung des Tatbestandes des Handeltreibens neben der Absicht der Umsatzförderung und dem Eigennutz als Motiv, als objektives Merkmal jedes beliebige Verhalten aus. Darunter fallen nicht nur die verschiedenen Formen des Umgangs mit Betäubungsmitteln, die schon im Gesetz gem. § 29 Abs. 1 Nr. 1 BtMG als eine Begehungsweise „ohne Handel zu treiben" definiert sind. Es können auch alle anderen Tatmodalitäten der §§ 29 ff. BtMG ein vom Handeltreiben umfasster Umgang mit Betäubungsmitteln sein und sollen, sobald der Tatbestand des Handeltreibens gegeben ist, als unselbständige Teilakte in diesem aufgehen[87].
Es werden in der Rechtsprechung die verschiedensten Umschreibungen der konkreten Tathandlung „Handeltreiben" gebraucht, so dass man zu der Feststellung gelangt, dass es eine einheitliche Begriffswahl unter den Senaten des Bundesgerichtshofs nicht gibt. Es werden in den jeweiligen Urteilen Begriffe wie „Bemühung[88]", „Tätigkeit[89]", „Bestrebungen[90]" bei der Umschreibung der Tathandlung verwandt. Die Varianten einer Tatbegehung sind ebenso vielfältig, wobei alleine der Umstand zählt, dass das jeweilige Verhalten auf die Übertragung von Betäubungsmitteln von einer Person auf eine andere gerichtet ist bzw. „abzielt"[91]. Handeltreiben mit Betäubungs-

---

[85] BGH, Urt. v. 20.01.1982 - 2 StR 593/81 = StV 1982, S. 260; unten 3. Kapitel, C, II, 2.
[86] BGH, Urt. v. 04.12.1981 - 3 StR 408/81 = StV 1982, S. 169; unten 3. Kapitel, C, II, 1.
[87] BGH, Beschl. v. 07.01.1981 - 2 StR 618/80 = StV 1981, S. 180; Körner BtMG, § 29 Rn. 625; oben 1. Kapitel, B, II, 1.
[88] BGH, Beschl. v. 06.11.1991 - 3 StR 406/91 = BGHR BtMG § 29 Abs. 1 Nr. 1 Handeltreiben 30.
[89] BGH, Urt. v. 12.08.1986 - 1 StR 360 = BGHR BtMG § 29 Abs. 1 Nr. 1 Handeltreiben 4.
[90] BGH, Beschl. v. 06.11.1991 - 3 StR 406/91 = BGHR BtMG § 29 Abs. 1 Nr. 1 Handeltreiben 30.
[91] BGH, Urt. v. 20.08.1991 - 1 StR 273/91 = StV 1992, S. 516; unten 4. Kapitel, A, II, 1, b).

mitteln kann in den verschiedensten Situationen des täglichen Lebens vorkommen, die auf den ersten Blick nicht mit der klassischen Vorstellung von einem Drogenhandel in Einklang zu bringen sind. So können Arbeitsvorgänge eines Arbeitnehmers Handeltreiben darstellen, wenn er durch seine tägliche Arbeit auch nur vorbereitende Aufgaben im Rahmen einer Drogenhandelsfirma übernommen hat[92], denn Mittäter kann auch sein, wer mit Täterwillen lediglich einen die Tatbestandsverwirklichung fördernden Beitrag leistet, der sich auch auf Vorbereitungshandlungen beschränken kann[93]. Anknüpfungspunkte für ein Handeltreiben können ferner sein, Rauschgifttransporte zu überwachen[94], Zoll- und Polizeikontrollen bei Rauschgifttransporten mit Vorwarnung, Geld, Gewalt oder List zu überwinden[95], Rauschgiftkuriere anzuwerben[96], Betäubungsmittel zu strecken und zu vermischen[97], herzustellen[98], Wohnung für Herstellung, Strecken, Verpacken bereitzustellen[99], Betäubungsmittel aus Schmuggelfahrzeugen auszubauen[100] oder zu testen bzw. zu untersuchen[101] sowie deren Lagerhaltung[102]. Nicht nur ernsthafte Kaufbemühungen[103], Verkaufsangebote[104] oder Verkaufsverpflichtungen[105] stellen immer schon vollendetes (allein-)täterschaftliches Handeltreiben dar, wenn sie nur ernsthaft sind (sog. verbales Handeltreiben), sondern bereits die „feste und realistische" Transportzusage eines Kuriers kann unter Umständen den Tatbestand erfüllen[106]. Letztlich ist nicht nur Beschaffung und Lieferung im Zusammenhang mit Betäubungsmitteln eine geeignete Tätigkeit des Handeltreibens. Anknüpfungspunkte für den Tatbestand erfüllen auch Handlungen wie das Einsammeln von Geld für den Kurier[107], das Überwachen des Kuriers[108], das Einfordern des Kurierlohns[109], Zahlungsvorgänge bzw. sonstige unterstützende Fi-

---

92 BGH, Urt. v. 20.07.1995 - 4 StR 112/95 = NStZ-RR 1996, S. 21.
93 BGH, Urt. v. 15.05.1984 - 1 StR 169/84 = StV 1984, S. 423.
94 BGH, Beschl. v. 27.07.1994 - 3 StR 149/94, zitiert nach Körner, BtMG, § 29 Rn. 275.
95 BGH, Urt. v. 09.07.1987 - 4 StR 229/87, zitiert nach Körner, BtMG, § 29 Rn. 275.
96 BGH, Urt. v. 11.07.1995 - 1 StR 189/95 = StV 1995, S 641.
97 BGH, Urt. v. 13.05.1986 - 5 StR 143/86 = NStZ 1986, S 415.
98 BGH, Beschl. v. 21.07.1993 - 2 StR 331/93 = BGHR BtMG § 29 Abs. 1 Nr. 1 Handeltreiben 40.
99 BGH, Urt. v. 29.09.1993 - 2 StR 397/93 = NStZ 1994, S. 92.
100 BGH, Beschl. v. 27.08.1998 - 1 StR 438/98 = NStZ-RR 1999, S. 24; 4. Kapitel, B, III, 4, b), aa), (3).
101 BGH, Beschl. v. 27.06.1984 - 2 StR 143/84, zitiert nach Körner, BtMG, § 29 Rn. 275.
102 BGH, Urt. v. 29.08.1990 - 3 StR 184/90 = BGHR BtMG § 29 Abs. 1 Nr. 1 Handeltreiben 23.
103 BGH, Urt. v. 12.08.1986 - 1 StR 360 = BGHR BtMG § 29 Abs. 1 Nr. 1 Handeltreiben 4; 3. Kapitel, C, I, 1, b).
104 BGH, Beschl. v. 06.11.1991 - 3 StR 406/91 = BGHR BtMG § 29 Abs. 1 Nr. 1 Handeltreiben 30.
105 BGH, Urt. v. 15.01.1992 - 2 StR 267/91 = StV 1992, S. 517; 3. Kapitel, C, I, 1, a).
106 BGH, Urt. v. 23.08.1989 - 3 StR 120/89 = BGHR BtMG § 29 Abs. 1 Nr. 1 Handeltreiben 18; 4. Kapitel A, II, 2, c).
107 BGH, Urt. v. 20.08.1991 - 1 StR 273/91 = StV 1992, S. 516; unten 4. Kapitel, A, II, 1, b).
108 BGH, Beschl. v. 26.04.2000 - 3 StR 573/99 = BGHR BtMG § 29 Abs. 1 Nr. 1 Handeltreiben 54.
109 BGH, Beschl. v. 21.05.1999 - 2 StR 154/89 = BGHR BtMG § 29 Abs. 1 Nr. 1 Handeltreiben 52.

nanzaktionen im Rahmen eines Rauschgiftgeschäfts sowie das Eintreiben des Kaufpreises.[110]

c) Der Eigennutz

Nach der Definition in der Rechtsprechung des Bundesgerichtshofs muss die zum Handeltreiben führende Tätigkeit eigennützig sein. Die Eigennützigkeit ist ein ungeschriebenes Tatbestandsmerkmal. Soweit insbesondere in der früheren Rechtsprechung[111] der Gerichte von „eigensüchtig" die Rede ist, bedeutet dies keine inhaltliche Änderung an den Voraussetzungen des Handeltreibens. Diese Begriffe werden im Rahmen der Definition durch die jeweiligen Gerichte synonym verwandt, wie einige Urteile dadurch deutlich machen, indem sie den jeweils anderen Begriff in Klammer setzen[112]. Aus dem teilweise verschiedenen Wortlaut kann also keinesfalls gefolgert werden, dass der mit Betäubungsmitteln Handeltreibende von einem ganz ungewöhnlichen, übersteigerten Gewinnstreben beherrscht sein müsste[113]. Bei der Eigennützigkeit handelt es sich um ein subjektives Merkmal, ähnlich der Bereicherungsabsicht beim Betrug[114], welches neben dem Vorsatz vorliegen muss. Anders als bei der Bereicherungsabsicht beim Betrug oder auch der Bereicherungsabsicht anderer in Betracht kommender Vermögensdelikte (wie z. B. Hehlerei § 259 StGB) ist, dass nicht ausschließlich eine materielle Besserstellung den Eigennutz einer Handlung begründen kann. Eigennützig ist eine Tätigkeit vielmehr auch dann, wenn das „Handeln des Täters vom Streben nach Gewinn geleitet wird oder er sich irgendeinen anderen persönlichen Vorteil verspricht, durch den er materiell oder immateriell besser gestellt wird"[115]. Für das Merkmal „Gewinnstreben" ist es ohne Bedeutung, aus welchem Beweggrund der Täter den Gewinn erzielen will[116] und ob ein bestimmtes Entgelt ausdrücklich vereinbart wurde[117]. Es reicht aus, wenn eine gewisse Gewinn-

---

110 BGH, Urt. v. 17.07.1997 - 1 StR 791/96 = StV 1997, S. 589; BGH, Urt. v. 11.07.1995 - 1 StR 189/95 = StV 1995, S. 641; BGH, Beschl. v. 21.05.1999 - 2 StR 154/99 = NStZ 1999, S. 467.

111 RG, Urt. v. 25.04.1932 = DJZ 1932, S. 808.

112 Vgl. hierzu BGH, Beschl. v. 26.03.1992 - 4 StR 98/92 = BGHR BtMG § 29 Abs. 1 Nr. 1 Handeltreiben 33.

113 BGH, Urt. v. 21.02.1979 - 2 StR 663/78 = NJW 1979, S. 1260; Endriß/Malek, Betäubungsmittelstrafrecht, Rn. 135.

114 Körner, BtMG, § 29 Rn. 340.

115 BGH, Beschl. v. 24.02.1994 - 4 StR 44/94 = BGHR BtMG § 29 Abs. 1 Nr. 1 Handeltreiben 41.

116 Körner, BtMG, § 29 Rn. 340.

117 BGH, Urt. v. 30.04.1996 - 1 StR 1/96 = NStZ 1996, S. 498.

erwartung festzustellen ist[118], die sich in der Folge nicht realisieren muss. Auch wenn der Gewinn später weitergegeben werden soll, oder wer ihn sonst für einen Dritten verwenden will, treibt Handel, weil der Gewinn doch zunächst ihm selbst zufließt[119]. Nicht ausreichend ist hingegen, wenn eine Entlohnung lediglich für die Begleitung eines Rauschgifttransportes zur Grenze erfolgte, ohne dass bei der zugrundeliegenden Vereinbarung von einem Verkauf des Rauschgiftes die Rede war[120]. Am Merkmal der Eigennützigkeit kann es auch fehlen, wenn Betäubungsmittel mit „Mengenrabatt" aus teils eigenen, teils von Dritten zur Verfügung gestellten Geldmitteln angekauft werden[121]. Auch stellt die Weitergabe von Betäubungsmitteln zum Einkaufspreis ohne Gewinn oder anderen persönlichen Vorteil kein Handeltreiben dar[122].
Ein immaterieller Vorteil setzt einen objektiv messbaren Inhalt und eine tatsächliche Besserstellung des Empfängers voraus[123], was sich aus den Umständen ergeben kann und auch in der Vermeidung eines Nachteils liegen kann[124]. So kann die als „familiäre Pflicht" empfundene Tilgung der Darlehensschuld eines Familienangehörigen eine immaterielle Besserstellung bedeuten[125]. Ein Vorteil in diesem Sinne kann auch darin bestehen, dass sich der Täter Rauschgiftlieferungen durch sexuelle Leistungen rausgiftabhängiger Frauen bezahlen lässt[126], in der Regel nicht aber bereits dann, wenn ein Beteiligter bei dem Rauschgiftgeschäft eines anderen ausschließlich deswegen mitwirkt, um die Liebesbeziehung zu ihm aufrechtzuerhalten[127]. Eigennützigkeit bedeutet zusammenfassend also die Erwartung des Täters, aus einer irgendwie gearteten Mitwirkung am Umsatz des Rauschgiftes einen Vorteil ziehen zu können[128].
Eigennutz allein beim Erwerb zum Eigenverbrauch vermag den Vorwurf des Handeltreibens aber nicht zu begründen[129].

---

[118] Körner, BtMG, § 29 Rn. 342.
[119] BGH, Urt. v. 21.02.1979 - 2 StR 663/78 = NJW 1979, S. 1260; Endriß/Malek, Betäubungsmittelstrafrecht, Rn. 135.
[120] BGH, Beschl. v. 22.04.1997 - 4 StR 133/97 = StV 1998, S. 587.
[121] BGH, Beschl. v. 09.01.1991 - 2 StR 359/90 = StV 1992, S. 65; Lundt/Schiwy, Betäubungsmittelrecht, Vorbem. §§ 29-34.
[122] BGH, Beschl. v. 23.11.1988 - 3 StR 503/88 = StV 1989, S. 201.
[123] BGH, Beschl. v. 26.08.1992 - 3 StR 299/92 = BGHR BtMG § 29 Abs. 1 Nr. 1 Handeltreiben 34.
[124] BGH, Urt. v. 07.08.1985 - 2 StR 787/84; Körner, BtMG, § 29 Rn. 345.
[125] BGH, Beschl. v. 11.08.1995 - 2 StR 329/95 = BGHR BtMG § 29 Abs. 1 Nr. 1 Handeltreiben 48.
[126] BGH, Beschl. v. 26.08.1992 - 3 StR 299/92 = BGHR BtMG § 29 Abs. 1 Nr. 1 Handeltreiben 34.
[127] BGH, Beschl. v. 26.08.1992 - 3 StR 299/92 = BGHR BtMG § 29 Abs. 1 Nr. 1 Handeltreiben 34.
[128] BGH, Urt. v. 04.08.1999 - 2 StR 100/99 = NStZ 1999, S. 572.
[129] BGH, Beschl. v. 26.03.1992 - 4 StR 98/92 = StV 1992, S. 420; Endriß/Malek, Betäubungsmittelstrafrecht, Rn. 139 m.w.N.

d) Der Umsatz

Als weiterer Bestandteil der Definition des Handeltreibens gem. § 29 Abs. 1 Nr. 1 BtMG verlangt der Bundesgerichtshof, dass die eigennützige Tätigkeit auf den Umsatz mit Betäubungsmitteln gerichtet sein muss. Das Erfordernis der Umsatzförderung stellt eine, wenn auch vorsichtige Einschränkung des durch vielfache Begehungsmöglichkeiten erfüllbaren objektiven Merkmals der „Tätigkeit" dar, da erst die Umsatzbezogenheit die „Tätigkeit" zu einer Handelstätigkeit im Sinne von § 29 Abs. 1 Nr. 1 BtMG werden lässt. Durch die Ausrichtung der Tätigkeit auf eine Umsatzförderung stellt sich das Definitionsmerkmal „Umsatz" zunächst als ein objektives Wesensmerkmal des Handeltreibens dar, auch wenn es durch die Rechtsprechung eine subjektive Ausrichtung erfahren hat.

Vollendetes Handeltreiben liegt beim Verkäufer nämlich auch dann vor, wenn der erstrebte Umsatz objektiv nicht erreicht werden kann, etwa wenn die Kaufverhandlungen polizeilich überwacht werden oder wenn ein V-Mann der Polizei nur zum Schein sich als Käufer an den Verhandlungen beteiligt[130].

Ausreichend ist es, wenn die entfaltete Tätigkeit auf die Übertragung von Betäubungsmitteln und damit den „Umsatz" von einer Person auf eine andere lediglich „abzielt"[131], beziehungsweise die Tätigkeit „eine einverständliche Übertragung von Betäubungsmitteln von einer Person auf eine andere zum Endziel hat"[132]. Es ist also nicht erforderlich, dass es zu einer Anbahnung bestimmter Geschäfte gekommen sein muss[133], auch auf eine tatsächliche Förderung des erstrebten Umsatzes kommt es nicht an. Als Begründung führt die Rechtsprechung an, dass Handeltreiben kein Erfolgsdelikt sei[134]. Der objektivierbare Gehalt des Merkmals „Umsatz" wird durch die innere Willensrichtung des Tatbeteiligten somit stark beeinflusst und büßt dabei an Objektivität ein.

Es kommt in Bezug auf das Tatobjekt zur Verwirklichung des Merkmals „Umsatz" auch nicht darauf an, ob das Betäubungsmittel, das der Täter anbietet, überhaupt zu seiner Verfügung steht oder ob es am Ort des Geschäftsabschlusses vom Verkäufer

---

[130] BGH, Urt. v. 25.03.1981 - 3 StR 61/81 = StV 1981, S. 276; Körner, BtMG, § 29 Rn. 247; Weber, BtMG, § 29 Rn. 207; 3. Kapitel, A, I, 2.

[131] BGH, Urt. v. 20.08.1991 - 1 StR 273/91 = StV 1992, S. 516; 4. Kapitel, A, II, 1, b).

[132] BGH, Urt. v. 23.08.1989 - 3 StR 120/89 = BGHR BtMG § 29 Abs. 1 Nr. 1 Handeltreiben 18; 4. Kapitel, A, II, 2, c).

[133] BGH, Urt. v. 15.04.1980 - 5 StR 135/80 = NJW 1980, S. 2204.

[134] BGH, Urt. v. 20.08.1991 - 1 StR 273/91 = StV 1992, S. 516; 4. Kapitel, A, II, 1, b).

oder einem Dritten bereitgehalten wird[135] oder ob der Anbieter die Betäubungsmittel zur Weitergabe lediglich beschaffen kann.
Zudem muss die Förderung oder Ermöglichung des Umsatzes nach der Rechtsprechung des Bundesgerichtshofs keine nach außen erkennbare Tätigkeit sein. Die bloße Verwertungsabsicht reicht aus. Schon die Inbesitznahme von Betäubungsmitteln etwa durch Diebstahl sei als Handeltreiben zu bewerten, wenn mit ihr der Täter eine umsatzfördernde Handlung zumindest beabsichtigt[136]. Es genügt dabei also allein die Vorstellung des Täters von der Ausrichtung seiner Tätigkeit auf den Umsatz. Wegen Handeltreibens bestraft wird danach nicht nur der, der tatsächlich mit Betäubungsmitteln Umsatzgeschäfte macht, sondern schon derjenige, der das nur will[137]. Es kann also ein dem eigentlichen Rauschgiftgeschäft sehr weit vorgelagertes Verhalten ebenfalls schon als vollendetes Handeltreiben gewertet werden. Dabei kommt es letztlich auch nicht darauf an, ob der eigene Umsatz gefördert werden soll. Den Tatbestand des Handeltreibens kann auch derjenige erfüllen, der die eigennützige Förderung *fremder* Umsatzgeschäfte betreibt[138], wie etwa bei den in der Praxis zahlreich vorkommenden sog. Kurierfällen[139].

3. Problematik der Definition

Die weite Auslegung des Begriffs „Handeltreiben“ in dem oben genannten Sinne zwingt die Rechtsprechung immer wieder zu Abgrenzungen, um eine zu sehr ausufernde Strafbarkeit zu vermeiden. Dabei kommt die Rechtsprechung in den einzelnen Urteilen zu unterschiedlichen Ergebnissen, die sich nicht in Einklang miteinander bringen lassen[140].
Die Hauptbedenken gegen diese Rechtsprechung bestehen darin, dass sie wegen einer zu weiten Auslegung

- sehr weit in den eigentlich straflosen Bereich der Vorbereitungshandlung eingreift, obwohl ein bereits Vorbereitungshandlungen betreffender, strafbarer

[135] BGH, Beschl. v. 01.07.1953 - 3 StR 657/53 = NJW 1954, S. 1537.
[136] BGH, Urt. v. 20.01.1982 - 2 StR 593/81 = StV 1982, S. 260; 3. Kapitel, C, II, 2.
[137] Neuhaus, NStZ 2001, S. 39 (40); Nestler in: Kreuzer, Handbuch des Betäubungsmittelstrafrechts, § 11 Rn. 19; 3. Kapitel, C, I.
[138] BGH, Urt. v. 04.10.1979 - 3 StR 232/78 = NJW 1979, S. 1259.
[139] 4. Kapitel unter A.
[140] 4. Kapitel, A, II, 3.

Versuch der Beteiligung gemäß § 30 Abs. 1 S. 1 StGB jedenfalls auf die Vergehensform des § 29 Abs. 1 Nr. 1 BtMG nicht anwendbar ist[141],

- zur frühen Annahme der Vollendungsstrafbarkeit kommt und dadurch der Versuchsstrafbarkeit praktisch den Raum entzieht[142], mit der Folge, dass

  - für einen Rücktritt des Täters von der Tat nach § 24 StGB keine Möglichkeit besteht[143],

  - ein Verhalten dadurch überhaupt erst strafbar wird, wie im Falle des Handeltreibens mit Betäubungsmittelimitaten gemäß § 29 Abs. 6 BtMG, bei dem der Versuch straflos ist[144],

- etwas als täterschaftliches Handeln aburteilt, was seinem Wesensgehalt nach eine Beihilfe darstellt und Beihilfe teilweise dort annimmt, wo dogmatisch nur noch Täterschaft in Betracht kommt[145],

- die anderen Alternativen des § 29 Abs. 1 S. 1 Nr. 1 BtMG bis zur Bedeutungslosigkeit zurückgedrängt[146],

- für die anderen als Teilakt im Handeltreiben aufgehenden Alternativen des § 29 Abs. 1 S. 1 Nr. 1 BtMG zugleich sämtliche Qualifikationstatbestände des Handeltreibens eröffnet[147].

4. Tendenzen einer einschränkenden Auslegung im Überblick

Es finden sich in der höchstrichterlichen Rechtsprechung auch gegenläufige Tendenzen, was die Auslegungspraxis des Merkmals „Handeltreiben" betrifft. In zwei signifikanten Entscheidungen, die sich auf Kuriertätigkeiten beziehen, hat der Bundesgerichtshof eine Einschränkung der ansonsten extensiven Auslegung des Begriffs

[141] Vgl. Paul, StV 1998, S. 623 (625).
[142] 3. Kapitel, B, II, 3.
[143] 3. Kapitel, B, II, 7.
[144] 1. Kapitel, B, II, 2, a), aa); Körner, BtMG, § 29 Rn. 360.
[145] 4. Kapitel, B, II, 4.
[146] 1. Kapitel, B, II, 1.
[147] BGH, Urt. v. 28.02.1997 - 2 StR 556/96 = JR 1998 S. 254, mit Anmerkung Zaczyk (256).

„Handeltreiben" angenommen. In einem Fall, den der 2. Strafsenat des Bundesgerichtshofs[148] entschied, reichten die „Bemühungen", die im Rahmen von Kuriertätigkeit „im weitesten Sinne" auf einen Güterumsatz gerichtet waren, „allenfalls als Versuch", nicht aber zur Strafbarkeit wegen vollendeter Mittäterschaft zum unerlaubten Handeltreiben mit Betäubungsmitteln aus. In einem anderen Fall wurde durch den 1. Strafsenat des Bundesgerichtshofs[149] festgestellt, dass allenfalls Beihilfe und nicht Mittäterschaft begründet sei, solange man bei einem Drogenkurier nichts wisse über die Art und Dauer der beabsichtigten Transporttätigkeit und Art und Umfang des erwarteten finanziellen Vorteils. Diese Entscheidung steht am Anfang einer Reihe von Entscheidungen, die im Rahmen fremder Umsatzgeschäfte trotz Vorliegens aller Definitionsmerkmale des „Handeltreibens" die Tathandlung dem Bereich der Beihilfe zuordnen[150].

Eine weitere Ausnahme von dieser ansonsten auf ausgedehnte Strafanwendung bedachten Rechtspraxis machte auch der 2. Strafsenat des Bundesgerichtshofs in einer Entscheidung aus dem Jahre 1981[151], worin er ausführte, dass der missbilligte Erfolg im Sinne des Straftatbestandes des Handeltreibens mit Betäubungsmitteln nur ein solcher Vorgang sei, der das Rauschgift auf dem Weg zum Konsumenten weiterbringt. Ein Umsatz, „durch den es der Polizei in die Hände gespielt und damit aus dem Verkehr gezogen werde", falle nicht darunter, wie auch der 1. und der 4. Senat feststellten[152]. Nach dieser Entscheidung beginnt ein strafbares Verhalten also erst dann, wenn in subjektiver Hinsicht auf einen vom Straftatbestand mißbilligten Erfolg („materieller Unrechtserfolg"[153]) hingearbeitet werde.

Interessant ist auch die frühere Bestrebung des 3. Strafsenats[154], den Anwendungsbereich des Begriffs „Handeltreiben" auf händlerbezogene Tätigkeiten zu beschränken. In dem Beschluss vom 4. Dezember 1981 hat der 3. Senat nur solche Tätigkeiten als Handeltreiben gesehen, die bei „natürlicher Betrachtungsweise" solche eines Händlers sind. In dem zugrundeliegenden Fall verneinte der 3. Senat das Vorliegen

---

[148] BGH, Urt. v. 18.06.1986 - 2 StR 201/86 = StV 1986, S. 527; unten 4. Kapitel, A, II, 1, c).
[149] BGH, Beschl. v. 05.07.1984 - 1 StR 318/84 = StV 1985, S. 14; unten 4. Kapitel, A, II, 1, a).
[150] Unten, 4. Kapitel, B, II.
[151] BGH, Urteil v. 03.06.1981 - 2 StR 235/81 = StV 1981, S. 549, unten 3. Kapitel, A, I, 2.
[152] BGH, Urt. v. 05.07.1988 - 1 StR 212/88 = StV 1988, S. 432; BGH, Urt. v. 07.03.1996 - 4 StR 742/95 = StV 1996, S. 424.
[153] Jüngst auch BGH, Beschl. v. 25.03.2003 – 1 StR 9/03 = StV 2003, S. 618.
[154] BGH, Beschl. v. 04.12.1981 - 3 StR 408/81 = StV 1982, S. 169; unten 3. Kapitel, C, II, 1.

vollendeten Handeltreibens bei Inbesitznahme der zur Weiterveräußerung bestimmten Betäubungsmittel mittels Diebstahls. Der 3. Senat hat diese Rechtsauffassung jedoch aufgegeben[155] und sieht im Einklang mit den übrigen Senaten in diesen Fällen grundsätzlich den Tatbestand des unerlaubten Handeltreibens als erfüllt an.

Ohne Widerhall blieb demgegenüber die Feststellung des 2. Senats aus dem Jahre 1997, nach der „Handeltreiben" bereits „begrifflich auf den geschäftsmäßigen Kontakt mit anderen Personen hin angelegt" sei[156]. Zwar steht bei der Entscheidung die Frage der Anwendbarkeit des Qualifikationstatbestandes des § 30a Abs. 2 Nr. 2 BtMG im Vordergrund. Dennoch knüpft die Entscheidung für die Erfüllung des Qualifikationstatbestandes an gewisse Voraussetzungen, die für den Grundtatbestand des „Handeltreibens" gelten sollen, nämlich den „geschäftsmäßigen Kontakt". Damit präzisiert der Senat den Begriff des „Handeltreibens" aber zugleich und schränkt ihn in objektiver Hinsicht in einer Weise ein, die zur sonst üblichen Auslegung durch den Bundesgerichtshof im Widerspruch steht[157].

Einen vorläufigen Höhepunkt in der Diskussion um eine Einschränkung des Begriffs Handeltreiben im Betäubungsmittelgesetz bietet der Anfragebeschluss (§ 132 Abs. 2 GVG) des 3. Strafsenats vom 10.06.2003[158], in dem der Senat für die Annahme vollendeten Handeltreibens auch ernsthafte Verhandlungen über den Erwerb von zum gewinnbringenden Weiterverkauf bestimmten Betäubungsmitteln nicht ausreichen lassen will, „solange über den Ankauf keine Einigung mit dem Lieferanten erzielt wird." Für diese mit der bisherigen Auslegung des Begriffs Handeltreiben nur schwerlich in Verbindung zu bringende Auffassung beabsichtigt der Senat die Neugestaltung des Begriffs unter Bezugnahme auf „handelstypische Tätigkeiten" und schlägt folgende Definition vor: *„Mit Betäubungsmitteln treibt Handel, wer diese eigennützig und in der Absicht, ihren Umsatz zu ermöglichen oder zu fördern, ankauft, erwirbt, sich in sonstiger Weise verschafft, einführt, ausführt, feilhält, Bestellungen entgegennimmt oder aufsucht, veräußert, anderen überlässt, sonst in den Verkehr bringt oder den Erwerb, den Vertrieb oder das Überlassen vermittelt"*.

---

[155] BGH, Urt. v. 23.09.1992 - 3 StR 275/92 = NStZ 1993, S. 44; unten 3. Kapitel, C II, 2.
[156] BGH, Urt. v. 28.02.1997 - 2 StR 536/96 = JR 1998, S. 254 (255).
[157] Dazu 3. Kapitel, C, II, 2; Zaczyk, JR 1998, S. 256 (257).
[158] BGH, Anfragebeschl. v. 10.07.2003 – 3 StR 61/02 u. 243/02 = StV 2003, S. 501 f.

Die auf die Anfrage des 3. Strafsenats erfolgten Beschlüsse der anderen Strafsenate, die zeitlich im Rahmen der Fertigstellung der vorliegenden Arbeit erfolgten, ergeben ein uneinheitliches Bild. Der 4. Senat stimmt zwar der Vorlegungsfrage zu[159], präsentiert zugleich aber eine eigene Definition über das Handeltreiben, die wie folgt lauten soll: *„Mit Betäubungsmitteln treibt Handel, wer mit einem anderen Einigung über ihre Lieferung erzielt in der Absicht, aus ihrem Umsatz Gewinn zu erzielen"*. Der 4. Senat gelangt mit dem eigenen Definitionsvorschlag in einem Fall[160] des Anfragebeschlusses allerdings zu einem anderen Ergebnis (Vollendungsstrafbarkeit) als der anfragende Senat, der für den konkreten Fall Straflosigkeit annimmt.

Der 1., 2. und 5. Senat wollen demgegenüber an der bisherigen Rechtsprechung festhalten[161].

C. Kritik in der Literatur

Die in den oben genannten Entscheidungen gebildeten Ansätze werden von Teilen der Literatur[162] als Schritte in Richtung einer restriktiveren Auslegung des Begriffs des Handeltreibens begrüßt. Im Schrifttum wird der Begriff des Handeltreibens, wie er von der Rechtsprechung überwiegend verstanden wird, kritisiert, da er den Maßstäben rechtsstaatlicher Strafrechtsdogmatik nicht ausreichend Rechnung trage[163]. Es wird vorgebracht, dass die Definition keine zureichende äußere Festlegung sei und dies nicht den Anforderungen des Gesetzes, der Verfassung und auch nicht den allgemeinen Auslegungsregeln entspreche, nach denen Wissenschaft und sonst die Rechtsprechung verfahre[164]. Dies begründe sich jedenfalls schon aus der Eigenart der Definition, nicht Handlungen zu benennen, sondern die auf eine Handlung bezogene Tätigkeit ausreichen zu lassen. Es würden lediglich Versuchsformen beschrieben, „ohne eine dem Wesen des Versuchs entsprechende Umgrenzung" vorzunehmen oder die Unmittelbarkeit des Beginns anzugeben[165].

---

[159] BGH, Beschl. v. 27.01.2004 - 4 ARs 23/03; vgl. auch Erbs/Kohlhaas-Pelchen, BtMG 155. Lfg. November 2004, § 29 Rn. 8a.

[160] Unten 5. Kapitel, B, IV, 1, a), aa).

[161] BGH, Beschl. v. 25.03.2004 - 1 ARs 21/03; BGH, Beschl. v. 06.02.2004 - 2 ARs 276/03 = StraFo 2004, S. 251; BGH Beschl. v. 22.01.2004 - 5 ARs 46/03; 5. Kapitel, A, III, 3.

[162] Harzer, StV 1996, S. 336 f.; 5. Kapitel, A, II; Roxin, StV 1992, S. 517 (519); 5. Kapitel, A, II, 2; Roxin, StV 2003, S. 619; Zum Anfragebeschluss des 3. Senats kritisch Wagner/Kallin/Kruse, Betäubungsmittelstrafrecht, Rn. 32; keine Zustimmung hierfür von Weber, StV 2004. S. 66.

[163] Paul, StV 1998, S. 623 (624); 5. Kapitel, A, II, 1; Hecker, Anmerkung, NStZ 2000, S. 208 (209).

[164] Hassemer, JuS 1992, S. 352; Harzer, StV 1996, S. 336; 5. Kapitel, A, II, 1; Gaede, StraFo 2003, S. 391 (394); 5. Kapitel, A, II, 4.

[165] Harzer, StV 1996, S. 336 (337); 5. Kapitel, A, II, 1.

Hauptproblem sei, dass der objektive Gehalt des Merkmals „Tätigkeit“ eine sachgerechte Abgrenzung der verschiedenen strafrechtsdogmatischen Erscheinungsformen nicht mehr zulasse, da „Vorbereitung, Versuch und Vollendung in dieser Begriffsbestimmung untrennbar erfasst“ seien[166]. Denn wenn schon jedes im Endergebnis auf Umsatz abzielende Verhalten den Tatbestand erfüllt, „dürfte es eine Teilnahme und einen Versuch konsequenterweise nicht geben“[167]. Jede Handlung, die dazu führt, dass jemand zu Umsatzgeschäften anstiftet, dabei hilft oder dazu ansetzt, ziele im Grunde immer auf den Umsatz. Es müsse konsequenterweise als vollendetes Handeltreiben sogar Handlungen gelten, die einen noch in weiter Ferne liegenden Umsatz erst vorbereiten, da auch jede ein Umsatzgeschäft vorbereitende Handlung eine Tätigkeit sei, die „auf die Übertragung von Betäubungsmitteln von einer Person auf eine andere“ gerichtet ist. Damit läge ein „allumfassender Tatbestand“ vor, der nicht nur sämtliche Beteiligungsformen, sondern auch alle Phasen der Deliktsverwirklichung in sich aufnehme[168].

D. Der Begriff des „Handeltreibens“ außerhalb des BtMG

Der Begriff des „Handeltreibens“ findet sich auch in anderen Gesetzestexten außerhalb des Betäubungsmittelstrafrechts. Aus der Darstellung des Bedeutungsinhaltes des Begriffs im Kontext von Ziel und Zweck des jeweiligen Gesetzes könnten sich Erkenntnisse ergeben, die der gegenwärtigen Definition des Bundesgerichtshofs zum Handeltreiben im Betäubungsmittelgesetz eine Alternative entgegensetzen oder aber zu einer Neubestimmung des Begriffs Anregungen bieten könnten.

I. Das Kriegswaffenkontrollgesetz

Der Begriff des „Handeltreibens“ existiert in den Strafvorschriften der §§ 17 u. 19 Abs. 1 Nr. 1, sowie in § 20 Abs. 1 Nr. 1 Kriegswaffenkontrollgesetz (KWKG)[169]. Dort wird er als Tathandlung des Inverkehrbringens und der Beförderung von atomaren, biologischen und chemischen Kriegswaffen verstanden und dient in erster Linie deren Kontrolle und Überwachung ihrer Herstellung. Der Begriff „Handeltreiben“ wurde

---

[166] Paul, StV 1998, S. 623; 5. Kapitel, A, II, 1; Neuhaus, NStZ 2001, S. 39 (40).
[167] Roxin, StV 1992, S. 517 (518); 5. Kapitel, A, II, 2.
[168] Roxin, StV 1992, S. 517 (518); 5. Kapitel, A, II, 2.
[169] Kriegswaffenkontrollgesetz vom 22.11.1990 (BGBl. I, S. 2506), zuletzt geändert durch Gesetz vom 21.12.1992 (BGBl. I, S. 2150).

durch Änderungsgesetz vom 05.11.1990[170] neu in das Gesetz aufgenommen, nachdem sich die Beteiligung deutscher Staatsbürger am Bau von Chemiewaffenfabriken im Ausland herausgestellt hat[171], und hat den Zweck, die bis dahin nur inlandsbezogenen Tathandlungen des Ein- und Ausführens im Hinblick auf verbotene Tätigkeiten im Ausland zu vervollständigen. Die Einfügung der Tatmodalität „Handeltreiben" in das KWKG hatte damit lediglich Ergänzungsfunktion. Eine eigene Begriffsbestimmung sieht das KWKG nicht vor, da sich die Auslegung des Begriffes „Handeltreiben" ausweislich der amtlichen Begründung[172] an § 29 Abs. 1 Nr. 1 BtMG anlehnen soll, so dass hieraus keine neuen Erkenntnisse für die vorliegende Arbeit gewonnen werden können.

II. Das Transplantationsgesetz

Auch das am 01.12.1997 in Kraft getretene Gesetz über die Spende, Entnahme und Übertragung von Organen (Transplantationsgesetz - TPG[173]) enthält in §§ 17 Abs. 1 S. 1, 18 Abs. 1 Alt. 1 TPG das Tatbestandsmerkmal des „Handeltreibens". Die amtliche Begründung[174] verweist auch hier zur Auslegung des Begriffs auf die umfangreiche Rechtsprechung des Reichsgerichts und des Bundesgerichtshofs im Rahmen des Betäubungsmittelgesetzes. Zwar wird die Anknüpfung an den Begriff des Handeltreibens im Betäubungsmittelrecht kritisiert[175], da die extensive Auslegung des Begriffs im Betäubungsmittelrecht durch Sachverhalte geprägt sei, bei der vor allen den vielfältigen Formen der Übertragung von Rauschgift im Rahmen organisierter Kriminalität entgegengewirkt werden solle. Anders als beim Betäubungsmittelhandel liege der Zweck des Organhandelsverbots aber darin, die Autonomie des Organspenders vor abstrakten Gefahren zu schützen, die aus dem Handel mit dem knappen Gut resultierten, und damit einer Korrumpierung des Spenders entgegenzuwirken. Da Organhandel nicht an sich gefährlich sei, sondern gesundheitsfördernd und Organtransplantationen grundsätzlich gewünscht seien, sei die Übertragung dieses Begriffs auf den Organhandel problematisch[176].

---

[170] BGBl. I, S. 2428 in Kraft getreten am 11.10.1990.
[171] BT-Drucks. 11/4609, S. 6.
[172] BT-Drucks. 11/4609, S. 9; vgl. auch Pottmeyer, KWKG, § 17 Rn. 8.
[173] Transplantationsgesetz vom 05.11.1997, BGBl. I, S. 2631 ff.
[174] Gesetzentwurf der Fraktionen CDU/CSU, SPD und FDP, BT-Drucks. 13/4355, S. 29 ff. (Interfraktioneller Entwurf).
[175] Schroth, Das Organhandelsverbot, FS für Roxin, S 869 f. (882); Paul, MedR 1999, S. 214 (216).
[176] Schroth, Das Organhandelsverbot, FS für Roxin, S. 869 f. (883).

Auf eine Stellungnahme kann im Rahmen des Tatbestandsmerkmals „Handeltreiben" im Betäubungsmittelgesetz verzichtet werden. Selbst wenn das TPG eine eigene Begriffsbestimmung des Handeltreibens enthielte, wäre bereits wegen Verschiedenheit der in Rede stehenden schützenswerten Interessen für die im Betäubungsmittelrecht bestehende Problematik nichts gewonnen.

III. Das Grundstoffüberwachungsgesetz

Auch das Grundstoffüberwachungsgesetz[177] beinhaltet den Begriff des Handeltreibens (§§ 3, 29 Abs. 1 Nr. 1 GÜG). Die Zweckbestimmung des Gesetzes ergibt sich aus § 1 GÜG, nach dem die Abzweigung von Grundstoffen für die unerlaubte Herstellung von Betäubungsmitteln verhindert werden soll und bestimmte Handlungsweisen als Straftat oder Ordnungswidrigkeit zu verfolgen sind. Wer entgegen dem Verbot des § 3 GÜG mit Grundstoffen Handel treibt, kann gem. § 29 Abs. 1 Nr. 1 GÜG mit Freiheitsstrafe bis zu fünf Jahren oder mit Geldstrafe bestraft werden. Die amtliche Begründung verweist auf das Wiener Suchtstoffübereinkommen von 1988, das den Begriff des Handeltreibens nicht näher kommentiert. Aufgrund der Ausgestaltung des Tatbestandes des § 29 GÜG, dessen Regelungsmaterie und der Behandlung in der Rechtsprechung[178] ergibt sich bereits, dass das Handeltreiben begrifflich dem des § 29 Abs. 1 S. 1 BtMG gleichgestellt ist. Aus § 29 Abs. 1 Nr. 1 GÜG sind daher keine weitergehenden Erkenntnisse für eine Neubestimmung der Tatmodalität im Betäubungsmittelgesetz ableitbar.

IV. Das Waffengesetz vom 11.10.2002

Schließlich enthält auch das Waffengesetz von 2002[179] den Begriff des Handels (Waffenhandel). Das Waffengesetz stellt den Umgang, also den Erwerb und die Ausübung der tatsächlichen Gewalt über Schusswaffen oder Munition unter Erlaubnisvorbehalt. Die Einhaltung der Vorschriften über die Erlaubnispflicht soll durch die strafrechtliche Sanktionierung in dem neu geschaffenen Verbrechenstatbestand des § 51 WaffG und dem Vergehenstatbestand des § 52 WaffG gewährleistet werden. In

[177] Grundstoffüberwachungsgesetz vom 07.10.1994 (BGBl I S. 2835) zuletzt geändert durch Gesetz vom 16.08.2002 (BGBl I S. 3202).
[178] LG Kleve, Urt. v. 03.02.1997 - 1 KLs 69/96 = NStZ-RR 1997, S. 211.
[179] BGBl. I, S. 3970.

beiden Straftatbeständen findet sich der Begriff des Waffenhandels. Im Gegensatz zu den oben ausgeführten Gesetzen, die den Begriff des Handeltreibens verwenden, ist der Begriff des Waffenhandels in der Anlage 1 Abschnitt 2 Nr. 9 WaffG legaldefiniert. Danach treibt Waffenhandel, wer gewerbsmäßig oder selbständig im Rahmen einer wirtschaftlichen Unternehmung Schusswaffen oder Munition ankauft, feilhält, Bestellungen entgegennimmt oder aufsucht, anderen überlässt oder den Erwerb, den Vertrieb oder das Überlassen vermittelt. Der 3. Strafsenat des Bundesgerichtshofs hat das Waffenrecht zum Anlass genommen, auf den gesetzesdefinierten Begriff des Waffenhandels teilweise Rückgriff zu nehmen, um zu dem Vorschlag einer Neugestaltung der Definition über das Handeltreiben im Betäubungsmittelgesetz zu kommen[180]. Eine kritische Gegenüberstellung mit der Begriffsbestimmung des Waffenhandels und deren Leistungsfähigkeit für das Handeltreiben im Betäubungsmittelgesetz wird noch weiter unten[181] erfolgen.

V. Exkurs: Rechtsvergleichender Ausblick

In den deutschsprachigen Nachbarstaaten erscheint die Behandlung der Problematik mit den Besonderheiten des illegalen Drogenhandels konsequenter. Nach Art. 19 Nr. 1 Abs. 6 des schweizerischen Betäubungsmittelgesetzes macht sich derjenige strafbar, der zum unbefugten Drogenhandel Anstalten trifft. Auch wenn diese weite Gesetzesfassung mit Blick auf die Bestimmtheit nicht unbedenklich ist, so zeigt sie zumindest dem Normadressaten den weiten Bereich der Strafbarkeit beim Umgang mit illegalen Drogen unmissverständlich auf[182]. Nach § 28 Abs. 2 des österreichischen Suchtmittelgesetzes ist für die Vollendungsstrafbarkeit wegen Inverkehrsetzens eines Suchtgifts in einer großen Menge erforderlich, dass das Suchtgift auch tatsächlich in Verkehr gesetzt wird[183]. Fälle polizeilich provozierter erfolgreicher Kaufbemühungen sowie die Konstellation behördlicher Observation eines Suchtgifttransportes hat der Oberste Gerichtshof als tauglichen Versuch bewertet.[184] Als straflosen, absolut untauglichen Versuch bewertete das höchste ordentliche Gericht den Fall, in dem nach

[180] BGH, Anfragebeschl. v. 10.07.2003 - 3 StR 61/02 u. 243/02 = StV 2003, S. 501; im Anschluss an Schwitters, die Vorverlagerung der Strafbarkeit beim unerlaubten Handeltreiben im Betäubungsmittelstrafrecht.
[181] Unten, 4. Kapitel.
[182] Endriß/Kinzig, NJW 2001, S. 3217 (3219).
[183] Kodek/Fabrizy, Das neue österreichische Suchtmittelgesetz, § 28, 2.2.2.
[184] OGH, LSK 1984/121 und 122.

der Art des Objektes „die Verletzung dieses Rechtsguts und damit die Deliktsvollendung unter keinen Umständen möglich ist“[185].

2. Kapitel: Rechtsgut und Kriminalpolitik

A. Die Auslegung des Begriffs „Handeltreiben“ im Betäubungsmittelgesetz – Gang der Untersuchung

Nachdem bisher die Definitionsbestimmung des Bundesgerichtshofs über das Merkmal „Handeltreiben“, die damit zusammenhängende Problematik sowie Existenz und Inhalt des Begriffs in anderen Gesetzen im Überblick dargestellt worden sind, soll der Begriff des Handeltreibens anhand der allgemeinen Auslegungsregeln einer Überprüfung unterzogen werden. Dabei soll sich die Untersuchung auf diejenigen Auslegungsgrundsätze beschränken, die geeignet sein könnten, verwertbare Ergebnisse zu leisten.

Die „uferlose“[186] Weite der Definition des Bundesgerichtshofs ist durch kriminalpolitische Erwägungen in bezug auf die Besonderheiten des illegalen Rauschgifthandels bestimmt und entspricht nach Ansicht der Rechtsprechung damit der „gesetzgeberischen Absicht“[187]. Die Auslegung wirkt sich durch die Vorverlagerung der Strafbarkeit und der Einebnung von Täterschaft und Teilnahme[188] aber besonders zulasten der Rechtssicherheit aus. Die widerstreitenden Interessen zwischen Kriminalpolitik einerseits und Rechtssicherheit und Rechtsstaatlichkeit andererseits sind jedoch abzuwägen.

In der Reihe der klassischen Auslegungskriterien ist die teleologische Methode dabei am ehesten geeignet, da sie als Ansatzpunkt Ziel und Zweck des zu untersuchenden Gesetzes behandelt[189].

Der Zweck kann in diesem Zusammenhang die Motivation des Gesetzgebers veranschaulichen, deren Inhalte auch in kriminalpolitischen Erwägungen liegen können. Die Auslegung nach Ziel und Zweck muss sich an verfassungskonformer Auslegung orientieren, damit die Aspekte von Rechtssicherheit und Rechtsstaatlichkeit gewährleistet und die Regeln anerkannter Strafrechtsdogmatik eingehalten werden.

---

[185] OGHSt. 57/81.
[186] Endriß/Malek, Betäubungsmittelstrafrecht, Rn 188; Strate, ZRP 1987, S. 314 (316).
[187] BGH, Urt. v. 04.10.1978 - 3 StR 232/78 = NJW 1979, S. 1259.
[188] Hassemer, JuS 1992, S. 110 (113).
[189] Krey, Deutsches Strafrecht, § 1 Rn. 8.

I. Die Legitimation des Strafrechts

Wenn man die Ansichten über die Zielbestimmung[190] strafrechtlicher Sanktionen vergleicht, gibt es über die Aufgaben und Funktionen des Strafrechts und deren Tatbestände abweichende Ansichten. Teilweise wird die Aufgabe des Strafrechts im „subsidiären Rechtsgüterschutz“[191] gesehen, wodurch der fragmentarische Charakter des Strafrechtes und die Strafe als „ultima ratio“ der Sozialpolitik hervorgehoben werden soll. Nach der Auffassung von *Welzel*[192] ist die Aufgabe des Strafrechtes in einem größeren gesellschaftlichen Zusammenhang eingebettet. Er konstatiert: „Aufgabe des Strafrechts ist der Schutz der elementaren sozialethischen Gesinnungs- (Handlungs-) werte und erst darin eingeschlossen der Schutz der einzelnen Rechtsgüter“. *Jakobs*[193] sieht demgegenüber die „Aufgabe staatlichen Strafens“ in der „Generalprävention durch Einübung der Normanerkennung“. Die überwiegende Ansicht und auch in jüngster Entscheidung das Bundesverfassungsgericht[194] konstatieren den Rechtsgüterschutz im Mittelpunkt der Aufgabenbestimmung des Strafrechtes (Lehren vom Rechtsgut[195]). Das Denken vom Rechtsgut her ziele auf eine rationale Kriminalpolitik. „Der Strafgesetzgeber soll seine Entscheidungen an einem klaren und gerechten Kriterium prüfen, sie mit ihm rechtfertigen und sich aus ihm kritisieren lassen“[196]. Der Inhalt dieser Ansicht soll im Folgenden dargestellt werden.

II. Die geschützten Rechtsgüter des Betäubungsmittelstrafrechts

Der (subsidiäre[197]) Rechtsgüterschutz ist die Aufgabe des Strafrechtes. Das Rechtsgut bildet den Kern der Strafwürdigkeitsbestimmung, da der Strafgesetzgeber seine Entscheidung an der Verletzung oder Gefährdung eines Rechtsgutes zu rechtfertigen hat (systemkritische Aufgabe des Rechtsgutes[198]). Ein Straftatbestand hat danach keine Existenzberechtigung, wenn er nicht dem Rechtsgüterschutz dient, denn ohne die Bezugnahme auf das Ziel des Rechtsgüterschutzes könnten einer Strafbegrün-

---

[190] NK StGB-Hassemer, vor § 1 Rn. 243.
[191] Roxin, Strafrecht AT I, § 2 Rn. 38.
[192] Welzel, Lehrbuch, § 1 I (S. 4).
[193] Jakobs, Strafrecht AT, Abschn. 1 Rn. 15 (S. 13).
[194] BVerfG (3. Kammer des Zweiten Senats), Beschl. v. 05.02.2003 - 2 BvR 327/02 u.a. = NJW 2003, S. 2225.
[195] NK StGB-Hassemer, vor § 1 Rn. 256; Lüderssen, StV 2004, S. 97 (100).
[196] NK StGB-Hassemer, vor § 1 Rn. 261.
[197] Lackner/Kühl, StGB, vor § 13 Rn. 3; Roxin, Strafrecht AT I, § 2 Rn. 38.
[198] NK StGB-Hassemer, vor § 1 Rn. 260.

dung allein nach der Sozialschädlichkeit des Verhaltens keine Grenzen gezogen werden[199]. Neben der Bezugnahme auf das Rechtsgut als Instrument zur Einteilung bestehender Straftatbestände in ein Gesamtsystem[200] ist das Rechtsgut daher auch eine Auslegungshilfe bei der Rechtsanwendung und Grundlage der Begrenzung des jeweiligen Straftatbestandes. Da die Leistungsfähigkeit des Rechtsgutsbegriffs für die Begründung sowie Begrenzung des strafrechtlichen Unrechts aber eher bescheiden ist[201], dient das Rechtsgut bei tatbestandlichen Zweifelsfragen in erster Linie als Orientierungsmaßstab für die Auslegung des jeweiligen Tatbestandes, hier den des Merkmals „Handeltreiben". Grundsätzlich gilt, je höher die Qualität des Rechtsgutes ist, desto schutzbedürftiger ist es gegenüber Beeinträchtigungen[202]. Zumeist ist dieser Schutz entsprechend intensiv durch die Normgestaltung des Gesetzgebers ausgestattet, wobei der intensivste Schutz durch die Ausgestaltung einer Vorschrift als abstraktes Gefährdungsdelikt gewährt wird, da durch die Pönalisierung abstrakter Gefährdungen eine besonders weit ausgreifende Blockierung des Angriffsweges zur Rechtsgutsverletzung erreicht wird[203]. Aber auch die sprachliche Umgrenzung des dem Tatbestand zugeschriebenen Rechtsgutes hat Auswirkungen auf dessen Auslegung, da ein weit gefasstes Rechtsgut immer eine umfassendere Anwendung einer Strafrechtsnorm ermöglicht.

Für die Möglichkeit der Auslegung anhand des zu Grunde liegenden Rechtsgutes bleibt aber nur dann Raum, wenn der Tatbestand mangels eindeutigen Wortsinns auch auslegungsfähig ist.

Dies ist bei der Tatmodalität „Handeltreiben" der Fall. Dass das „Handeltreiben" ausschließlich jede eigennützige Tätigkeit, die auf Umsatz gerichtet ist[204], bedeuten soll, kann bei unbefangenem Verständnis nicht aus dem Begriff herausgelesen werden. Die Auslegung durch den Bundesgerichtshof, wie er in der Definition des „Handeltreibens" seinen Niederschlag gefunden hat, ist damit keinesfalls zwingend, wie auch jüngst durch den Vorstoß des 3. Strafsenats des Bundesgerichtshofs[205] deutlich geworden ist, mit dem er eine Neubestimmung der Definition vorschlägt. Der Begriff des Handeltreibens ist damit einer Auslegung mittels Rechtsgut grundsätzlich zugänglich.

---

[199] Nestler in: Kreuzer, Handbuch des Betäubungsmittelstrafrechts, § 11 Rn. 13.
[200] Jescheck/Weigend, Strafrecht AT, § 26 I 3 b.
[201] Nestler in: Kreuzer, Handbuch des Betäubungsmittelstrafrechts, § 11 Rn. 19.
[202] NK StGB-Hassemer, vor § 1 Rn. 260.
[203] Lüderssen, StV 2004, S. 97 (101).
[204] BGH, Urt. v. 21.02.1974 - 1 StR 588/73 = NJW 1974, S. 959 ff; BGH, Urt. v. 20.08.1991- 1 StR 273/91 = StV 1992, S. 516.
[205] BGH, Anfragebeschl. v. 10.07.2003 - 3 StR 61/02 u. 243/02 = StV 2003, S. 501.

Die Frage des Rechtsgutes ist beim Handeltreiben bedeutsam, da es eine grundlegende Rolle bei der Einwilligungs- und Selbstschädigungsproblematik spielt und Rückschlüsse auf den jeweiligen Rechtsgutsträger zulässt[206]. Dabei spielt die Art des Rechtsgutes eine wichtige Rolle.

III. Die Bedeutung von Universal- und Individualrechtsgütern

Es ist unter den Vertretern der Lehre vom Rechtsgut einhellig anerkannt, dass sich Rechtsgüter nach ihrem Träger und nach der Dispositionsbefugnis in Rechtsgüter der Gesamtheit (Universalrechtsgüter) und Rechtsgüter einer Person (Individualrechtsgüter) unterscheiden lassen[207]. Eine Einwilligung in die Verletzung eines Rechtsgutes setzt generell voraus, dass das jeweils betroffene Rechtsgut in der Disposition desjenigen steht, der einwilligt. Bei natürlichen Personen kann sich die Einwilligung daher nur auf Individualrechtsgüter beziehen. Rechtsgüter der „Gesamtheit" sind demgegenüber nur sehr bedingt einwilligungsfähig. Ob und inwieweit auch in die Verletzung von Universalrechtsgütern eingewilligt werde kann, hängt davon ab, wie diese beschrieben werden. Hier sind die sogenannten monistischen Theorien untereinander im Streit. Die Vertreter einer monistisch-sozialen (oder etatistischen) Rechtsgutslehre funktionalisieren die personalen Interessen von denen der Allgemeinheit her und halten sie für Güter der Gesamtheit oder des Staates. Individualrechtsgüter wie Leben und Gesundheit seien als lediglich als rechtlich zugeteilte oder aus Staatsfunktionen abgeleitete Rechtsgüter konzipiert[208]. Demgegenüber verfolgen die Vertreter der personalen Rechtsgutslehre eine andere Zielrichtung: Sie verstehen die Rechtsgüter von der Person her und halten die Universalrechtsgüter nur insoweit für legitim, als sie der personalen Entfaltung des Individuums dienen[209]. Die Interessen der Allgemeinheit würden dadurch allenfalls vermittelt, „und nicht etwa umgekehrt"[210]. Dabei erkennen aber auch die Vertreter der personalen Rechtsgutskonzeption an, dass Universalrechtsgüter teilweise nur begrenzt oder überhaupt nicht in der Disposition einer Person stehen können.

---

[206] Suhr, JA 1990, S. 303.
[207] NK StGB-Hassemer, vor § 1 Rn. 271.
[208] Honig, Die Einwilligung des Verletzten, S. 115 f; Hegler, ZStW 36 (1919) S. 19 (28 f); Schmidhäuser (Strafrecht AT, 5. Kapitel Rn. 27) sieht im Rechtsgut den „Achtungsanspruch", der von den Gütern der Gemeinschaft gegenüber jedermann ausgeht.
[209] Otto, Grundkurs, § 1 Rn. 32.
[210] Köhler, MDR 1992, S. 739.

Eine grundsätzliche Bedeutung gewinnt die Unterscheidung der personalen Rechtsgutskonzeption gegenüber der Auffassung der nicht-personalen Rechtsgutslehre aber auch für die Frage der Strafbarkeitsgrenze eines jeweiligen Tatbestandes: Denn wer Universalrechtsgüter als eigenständige, nicht über die Menschen vermittelte Rechtsgüter anerkennt, muss diese Rechtsgüter zumindest auf die gleiche Wertstufe stellen wie Individualrechtsgüter. Wer hingegen die Universalrechtsgüter als vom Menschen her konzipiert ansieht, kann diese nur als vermittelte und abgeleitete verstehen. Daraus folgt aber, dass die *Verletzung* von Universalrechtsgütern als bloße *Gefährdung* von personalen Rechtsgütern im Verhältnis zur Verletzung personaler Rechtsgüter nur mit Zurückhaltung und den gebotenen Erleichterungen inkriminiert werden darf. Für den Umfang strafrechtlichen Schutzes sind für die personale Lehre vom Rechtsgut mithin andere Konsequenzen verbunden, als es bei der monistisch-sozialen (oder etatistischen) Rechtsgutslehre[211] der Fall ist. Der Streit ist daher keineswegs nur akademisch, sondern hat durchaus praktische Konsequenzen für eine mögliche Einschränkung des Merkmals „Handeltreiben" im Betäubungsmittelgesetz. Es muss im Folgenden zunächst geklärt werden, welche Rechtsgüter der Tatmodalität „Handeltreiben" zugeschrieben werden und ob die Bezugnahme darauf im Hinblick auf die weite Auslegung des Merkmals Handeltreiben und den Sanktionscharakter der Vorschriften des Betäubungsmittelgesetzes („ultima ratio des Strafrechts") im Gesamten den verfassungsrechtlichen Vorgaben entspricht.

1. Das Rechtsgut aus der Sicht des Gesetzgebers

a) Der Reichsgesetzgeber

Während im Opiumgesetz von 1920 der Begriff der „Volksgesundheit" nach der Intention des Gesetzgebers neben der Regulierung des Bedarfs an Betäubungsmitteln[212] eher eine sekundäre Rolle spielte, gewann dieser in dem Opiumgesetz von 1929[213] an Bedeutung. Aufgrund der starken Zunahme des Missbrauchs von Betäubungsmitteln und damit verbundener Suchtwirkung entfaltete sich auch ein gesteigertes staatliches Interesse in der Nachkriegszeit des Ersten Weltkrieges an der Schaffung einer gesetzlichen Grundlage, um auf die Art der Verwendung von Betäubungs-

[211] NK StGB-Hassemer, vor § 1 Rn. 280.
[212] Begründung in: Verhandlungen des Reichstages, Bd. 365, Nr. 1128, S. 4.
[213] RGBl. I (1929), S. 215.

mitteln einzuwirken. Das Opiumgesetz von 1929 sollte daher in erster Linie der „Erhaltung der Volksgesundheit" dienen[214].

b) Der bundesdeutsche Gesetzgeber

Der bundesdeutsche Gesetzgeber hob den Begriff der „Volksgesundheit" zunächst nicht in den Vordergrund, sondern stellte im Rahmen des Gesetzgebungsverfahrens zum BtMG 1972[215] auf einen umfangreicheren Gesetzeszweck ab. Die Vorschriften des Betäubungsmittelgesetzes sollten den einzelnen Menschen, insbesondere den jungen Menschen, vor schweren und nicht selten irreparablen Schäden an der Gesundheit und damit vor einer Zerstörung seiner Persönlichkeit, seiner Freiheit und seiner Existenz bewahren. Darüber hinaus ging es darum, die Familie vor Erschütterungen zu schützen, die ihr durch ein der Rauschgiftsucht verfallenes Mitglied droht, und der Allgemeinheit den hohen Preis zu ersparen, den ihr die Opfer einer sich ungehemmt ausbreitenden Rauschgiftwelle abverlangen würde. Schließlich ging es darum, die Funktionsfähigkeit der Gesellschaft nicht gefährden zu lassen[216].
Nicht mehr nur der Gesundheitsschutz von vielen Menschen, der auch den Schutz vor bekannten und gewollten Gefährdungen (eigenverantwortliche Selbstgefährdung) beinhaltete, stand im Vordergrund. Zum Gegenstand des strafrechtlichen Rechtsgüterschutzes wurden als qualitative Neubewertung nunmehr auch die potentiellen Belastungen der Allgemeinheit erklärt.
Kontinuierlich in dem Bestreben, die Gesundheit und das gesellschaftliche Wohl zu schützen, wurde der Gesetzesentwurf[217] zum „Zweck und Ziel" des derzeit gültigen BtMG von 1982[218] abgefasst und an erster Stelle postuliert, dem Schutz der „menschlichen Gesundheit" zu dienen. Weiterhin sollte durch das Gesetz aber auch der Verkehr mit Betäubungsmitteln geregelt werden, so dass dessen Sicherheit und Kontrolle gewährleistet, die notwendige medizinische Versorgung der Bevölkerung sichergestellt und der Missbrauch von Betäubungsmitteln sowie das Entstehen oder Erhalten einer Betäubungsmittelabhängigkeit verhindert werden. Im Zusammenhang

---

[214] Entwurf des Reichsminister des Inneren: RT-Drucks. IV/1386 v. 21.Oktober 1929, S. 6.
[215] Gesetz über den Verkehr mit Betäubungsmitteln (Betäubungsmittelgesetz – BtMG) vom 22. Dezember 1971, BGBl. I, S. 2092.
[216] Gesetzesentwurf der Bundesregierung zur Änderung des OpiumG: Begründung des Gesetzgebers, BT-Drucks. VI/1877, S. 5; BR-Drucks. 665/70, S. 2.
[217] Gesetzesentwurf zur Neuordnung des Betäubungsmittelrechts der Fraktionen SPD und FDP: BT-Drucks. 9/27; Gleichlautend mit dem Gesetzesentwurf der Bundesregierung: BT-Drucks. 8/3551.
[218] Gesetz zur Neuordnung des Betäubungsmittelrechts vom 28. Juli 1981, BGBl. I, S. 287.

mit der Einführung der Verbrechenstatbestände findet sich auch der Begriff der „Volksgesundheit"[219] wieder.

2. Das Rechtsgut nach der Rechtsprechung des Bundesgerichtshofs

Die Rechtsprechung des Reichsgerichts übernahm den Begriff aus den Gesetzesvorlagen zum Opiumgesetz. Das Reichsgericht sprach in einer Entscheidung dementsprechend aus, das Gesetz wolle „die Gefährdung der Volksgesundheit infolge Missbrauchs von Rauschgiften verhüten"[220]. Das Reichsgericht äußerte sich jedoch nicht zu der Frage, was unter „Volksgesundheit" zu verstehen sei. In Anknüpfung an die frühere Rechtsprechung des Reichsgerichts erkannte auch der Bundesgerichtshof[221] im Zusammenhang mit dem Handeltreiben als Rechtsgut die „Volksgesundheit" an.

a) Die „Volksgesundheit" als Normerweiterungsgrund bei Selbstgefährdung

Obwohl im Betäubungsmittelstrafrecht das Rechtsgut „Volksgesundheit" universell bei den Betäubungsmittelvorschriften die Grundlage bildet, findet sich hinsichtlich seines Inhaltes durch die Senate des Bundesgerichtshofs bis zum Jahre 1992 keine nähere Konkretisierung. Der Bundesgerichtshof begnügt sich mit generellen Umschreibungen wie der „Gefährdung der Bevölkerung"[222] oder „Schäden (...) für die Allgemeinheit"[223]. Dies erstaunt vor dem Hintergrund, dass die „Volksgesundheit" oftmals als Rechtfertigung für die Weite des Begriffs „Handeltreiben" herangezogen wird. Zudem ist das Rechtsgut der „Volksgesundheit" nach der Rechtsprechung des Bundesgerichtshofs auch dann betroffen, wenn der Konsument ausschließlich sich selbst schädigt oder gefährdet, also konkret individuelle Rechtsgüter verletzt sind. Normalerweise endet der Schutzbereich einer Norm zugunsten des einzelnen dort, wo dessen eigener Verantwortungsbereich beginnt[224]. Exemplarisch hat dies 1984 der Bundesgerichtshof[225] außerhalb des Betäubungsmittelgesetzes in diesem Sinne entschieden, als er denjenigen, der einem (noch) selbstverantwortlichen Süchtigen

---

[219] BT-Drucks. 8/3551, S. 35.
[220] RGSt 61, S. 161 (162).
[221] BGH, Beschl. v. 13.07.1994 - 3 StR 138/94 = NStZ 1994, S. 496.
[222] BGH, Urteil v. 01.10.1986 - 2 StR 335/86 = BGHSt 34, S. 180 (183).
[223] BGH, Beschl. v. 25.09.1990 - 4 StR 359/90 = NStZ 1991, S. 392.
[224] Beulke/Schröder, NStZ 1991, S. 393.
[225] BGH, Urt. v. 14.02.1984 - 1 StR 808/83 = StV 1984, S. 244.

Utensilien für die Selbstintoxikation aushändigte, nicht für dessen dann unglücklicherweise eingetretenen Selbsttötungserfolg haftbar machte und fahrlässige Tötung verneinte (Heroinspritzenfall)[226]. So sehr diese erstmals bestätigte Auffassung der Freistellung Mitwirkender an der eigenverantwortlichen Selbstgefährdung begrüßt wurde[227], sie erwies sich in Bezug auf das Betäubungsmittelrecht (§ 29 Abs. 3 Nr. 2 BtMG) als inkonsistent, was letztlich mit dem angeblich „anders gearteten"[228] Rechtsgut der Volksgesundheit begründet wurde.
Nach der Rechtsprechung des Bundesgerichtshofs unterliegt das Autonomie – Prinzip bei Selbstgefährdungen im Betäubungsmittelrecht damit besonderen Einschränkungen. Der Bundesgerichtshof verfolgt tendenziell eine Auffassung, die der monistisch-sozialen (oder etatistischen) Rechtsgutslehre nahe steht. In der oben angesprochenen Entscheidung[229] zur Frage des Prinzips der eigenverantwortlichen Selbstgefährdung im Betäubungsmittelrecht führte der 4. Strafsenat in entsprechender Weise aus: „Schutzzweck der betäubungsmittelrechtlichen Strafnormen sind nicht allein und nicht in erster Linie das Leben und die Gesundheit des einzelnen wie bei den §§ 211 f., 222, 223 ff. StGB. Vielmehr soll Schäden vorgebeugt werden, die sich für die Allgemeinheit aus dem verbreiteten Konsum vor allem harter Drogen und den daraus herrührenden Gesundheitsbeeinträchtigungen der einzelnen ergeben (Schutzgut „Volksgesundheit"...)". Wegen seiner Universalität verbiete sich jede Disposition über das Rechtsgut für den einzelnen und damit die Möglichkeit, über dieses zu verfügen. Der Aspekt der eigenverantwortlichen Selbstgefährdung sei dabei zwar mit berücksichtigt, könne aber nicht zur Normeinschränkung herangezogen werden.

Diese Entscheidung macht deutlich, dass das Betäubungsmittelstrafrecht unter dem Etikett „Volksgesundheit" uneingeschränkt auch zum Schutz des Menschen vor sich selbst für legitim gehalten wird. Letztlich hat dies zur Folge, dass die durch den Bundesgerichtshof verliehene Bedeutung des Universalrechtsgutes „Volksgesundheit" die bei der Verletzung der betroffenen Individualrechtsgüter „Leben" und „Gesundheit" geltenden allgemeinen strafrechtlichen Zurechnungsprinzipien leer laufen lässt[230].

---

[226] Dazu auch Köhler, MDR 1992, S. 739; Nestler-Tremel, StV 1992, S. 273 (274).
[227] Neumann, GA 1996, S. 36.
[228] BGH, Beschl. v. 25.09.1990 - 4 StR 359/90 = NStZ 1991, S. 392.
[229] BGH, Beschl. v. 25.09.1990 - 4 StR 359/90 = NStZ 1991, S. 392.
[230] Nestler in: Kreuzer, Handbuch des Betäubungsmittelstrafrechts, § 11 Rn. 31.

b) Rechtsgutsdifferenzierung: BGH, Urteil vom 25.08.1992 – 1 StR 362/92

Ergänzende Ausführungen zum Schutzgut finden sich in der Entscheidung des 1. Senats des Bundesgerichtshofs aus dem Jahr 1992[231]. Hierbei nahm der Senat im Rahmen der Frage der Verfassungswidrigkeit des § 29 Abs. 1 Nr. 1 BtMG und der Strafbarkeit im Betäubungsmittelrecht erstmals eine Differenzierung hinsichtlich des betroffenen Rechtsgutes vor.

Voranzustellen ist zunächst, dass die Entscheidung zwar nicht die hier zu behandelnde Tatmodalität des „Handeltreibens“, sondern die des unerlaubten „Erwerbs“ von Haschisch zum Zwecke des Eigenverbrauchs zum Gegenstand hatte. Der Urteilsbegründung ist aber in ihrer generalisierenden Form zu entnehmen, dass die Ausführungen in Bezug auf die geschützten Rechtsgüter sich auf alle im Betäubungsmittelgesetz beschriebenen Tathandlungen beziehen („*jeden* unerlaubten Umgang“)[232]. Dafür spricht auch, dass die Tatmodalität „Erwerb“ nach der herrschenden Rechtsprechungspraxis als unselbständiger Teilakt im „Handeltreiben“ aufgehen kann (Lehre von der Bewertungseinheit[233]). Dies ist jedoch nur bei Gleichartigkeit der Rechtsgüter möglich, so dass die der Entscheidung zugrundeliegenden rechtsgutsbezogenen Ausführungen auch auf die Tatmodalität „Handeltreiben“ übertragen werden können.

Der Auslöser der Entscheidung, auf den sich die Revision mit ihrer Argumentation stützte, war der Aussetzungs und Vorlagebeschluss des Landgerichtes Lübeck[234] in anderer Sache. Das Landgericht Lübeck vertrat die Auffassung, es gebe keinen Grund für die unterschiedliche Behandlung von einerseits Cannabisprodukten und andererseits Alkohol und Nikotin durch den Gesetzgeber. Da „Alkohol und Nikotin (...) sowohl für den Einzelnen als auch gesamtgesellschaftlich evident gefährlicher als Cannabisprodukte“ seien, gebe es keinen „einleuchtenden Grund“, diese Produkte nicht in die Anlage zu § 1 BtMG aufzunehmen, in der die Cannabisprodukte aufgeführt sind.

---

[231] BGH, Urteil v. 25.08.1992 - 1 StR 362/92 = StV 1992, S. 513; 1. Kapitel, B, II, 1.
[232] BGH, Urteil v. 25.08.1992 - 1 StR 362/92 = StV 1992, S. 513; 1. Kapitel, B, II, 1.
[233] BGH, Beschl. v. 07.01.1981 - 2 StR 618/80 = StV 1981, S. 180.
[234] LG Lübeck, Beschl. v. 19.12.1991 - ZNs (Kl. 167/90) = StV 1992, S. 168.

Der Bundesgerichtshof folgte der Auffassung des Landgerichts Lübeck nicht und betonte in seiner Entscheidung, dass Haschischkonsum zu Denk- und Wahrnehmungsstörungen, Antriebs- und Verhaltensstörungen, Lethargie, Angstgefühlen, Realitätsverlust und Depressionen, zuweilen auch Psychosen führen könne. Da keine medizinisch gesicherten Erkenntnisse vorlägen, die die Befürchtungen der negativen Folgen des Haschischkonsums „ausräumen" könnten, könne an der Bestrafung des Erwerbs von Haschisch festgehalten werden, um Schäden zu verhüten, „die der Missbrauch von Betäubungsmitteln beim Konsumenten selbst verursacht". Mit Blick auf das schützenswerte Rechtsgut führte der Bundesgerichtshof in Ergänzung früherer Entscheidungen aus, dass der Drogenkonsum vor allem Jugendliche betreffe und daher schädlich für die Volksgesundheit sei, weil „drogenbedingte Schwierigkeiten und Leistungsausfälle in der Schule, Ausbildung, Beruf und Familie, wie sie beim Haschischkonsum häufig auftreten, mit beträchtlichen Kosten und Mühen verbunden" seien, die dann anderen zur Last fielen. „Da die Gesellschaft für die negativen Folgen des Drogenmissbrauchs aufzukommen hat", dürfe sie sich auch mit den Mitteln des Strafrechtes gegen deren Ursachen wehren[235]. Der Gleichheitssatz (Art 3 Abs. 1 GG) sei hiernach nicht verletzt, wenn das BtMG die Verbreitung von Cannabisprodukten unter Strafe stelle, den Missbrauch von Alkohol (und Nikotin) dagegen nicht, da es auch angesichts der kaum zu überschätzenden Schäden durch Alkoholmissbrauch legitim sei, „weitere riskante Drogen" wie Cannabis abzuwehren, selbst wenn diese Drogen „insgesamt in ihrem Risikopotential möglicherweise weniger gravierend sein sollten".

c) Zusammenfassung

Nach dieser Entscheidung ergibt sich die Strafwürdigkeit des Handeltreibens mit Betäubungsmitteln zusammenfassend also aus einer Vielzahl verschiedener Rechtsgüter bzw. einer „Rechtsgutsdehnung"[236]. Neben dem Schutz der individuellen Gesundheit tritt das Universalrechtsgut der „Volksgesundheit". Weiterhin treten der Jugendschutz, der Schutz des Berufes und der Familie sowie der Schutz des Wirtschafts- und Finanzsystems der Solidargemeinschaft hinzu.

---

[235] BGH, Urteil v. 25.08.1992 - 1 StR 362/92 = StV 1992, S. 513 (514).
[236] Schneider, StV 1994, S. 390.

Nachdem sich das Bundesverfassungsgericht[237] zwei Jahre später mit der Frage der Zielsetzung des geltenden Betäubungsmittelstrafrechtes zu befassen hatte, übernahm der Bundesgerichtshof[238] in der Folge dessen konkretisierende Rechtsgutsauffassung und Neubeschreibung des Merkmals, teilweise unter Verzicht auf den Begriff der „Volksgesundheit“[239].

3. Die Rechtsgutsauffassung in der Literatur

In der Literatur wird bei der Frage des geschützten Rechtsgutes des Handeltreibens mit Betäubungsmitteln zumeist auf den Begriff der „Volksgesundheit“[240] verwiesen. Die Rede ist auch von einer „Art von mittelbarem Drittschutz im Sinne von Art. 2 Abs. 1 GG“[241], der mit dem Schutzgut Volksgesundheit gleichzeitig gemeint sein könnte. Weiterhin wird in der Literatur der Jugendschutz und der Schutz von sonst für sich nicht Verantwortlichen (verantwortungsunfähigen Konsumenten)[242], d. h. die Freiheit der Willensbildung genannt[243]. Im Sinne des grundlegenden Streites innerhalb der monistischen Lehren bestehen auch hinsichtlich des Bedeutungsinhaltes des Rechtsgutes „Volksgesundheit“ als Eigen- oder aber als Fremdgefährdungsdelikt[244] in der betäubungsmittelrechtlichen Literatur im Wesentlichen zwei Positionen, die sich gegensätzlich verhalten. Beide Positionen führen dementsprechend bei der Frage der eigenverantwortlichen Selbstgefährdung zu verschiedenen Ergebnissen.

a) Universalrechtsgut „Volksgesundheit“

Im Einklang mit dem Bundesgerichtshof wird von Teilen der Literatur das Universalrechtsgut der Volksgesundheit als überindividuelles Rechtsgut akzeptiert und in den Schutzbereich des Betäubungsmittelgesetzes mit einbezogen[245], mit der Folge, dass „die Grundsätze der bewussten Selbstgefährdung die Strafbarkeit nach dem Betäu-

---

[237] BVerfG, Beschl. v. 09.03.1994 - 2 BvL 43/92 = NJW 1994, S. 1577 ff.; unten 2. Kapitel, A, III, 4.
[238] BGH, Beschl. v. 20.12.1995 - 3 StR 245/95 = NStZ 1996, S. 139 (149); BGH, Urt. v. 28.02.1997 – 2 StR 556/96 = JR 1998, S. 254 (255).
[239] So BGH, Beschl. v. 25.03.2003 - 1 StR 9/03 = StV 2003, S. 618.
[240] Körner, BtMG, § 29 Rn. 209; Weber, BtMG § 1 Rn. 3, 4; Eberth/Müller, Verteidigung in Betäubungsmittelsachen, Rn. 19.
[241] Paeffgen, BtM-Strafrecht und der Bundesgerichtshof, Festgabe Band IV, S. 695 (705).
[242] Nestler in: Kreuzer, Handbuch des Betäubungsmittelstrafrechts, § 11 Rn. 39.
[243] Köhler, MDR 1992, S. 739; Harzer, StV 1996, S. 337.
[244] Nestler in: Kreuzer, Handbuch des Betäubungsmittelstrafrechts, § 11 Rn. 35.
[245] Beulke/Schröder, NStZ 1991, S. 393; Rudolphi, JZ 1991, S. 572.

bungsmittelgesetz nicht einschränken"[246]. Dabei wird teilweise argumentiert, dass es dem Rechtsgut der strafrechtlichen Tatbestände zueigen sei, nicht nur Gut des Einzelnen, sondern auch solche Güter der Rechtsgemeinschaft zu sein[247]. Der Gesetzgeber habe darüber hinaus die Handlungsfreiheit, durch eine andere Schutzzweckbestimmung der Norm die Verfügungsgewalt des einzelnen über das Rechtsgut zu entziehen, sofern diese Handlung zugleich auch andere Rechtsgüter gefährde[248]. Dies sei bei teleologischer Auslegung der Vorschriften des Betäubungsmittelgesetzes der Fall, „weil die selbstverantwortlichen Gefährdungen mit ihren möglichen schweren Schäden auch die Gesellschaft selbst" beträfen[249]. Dass ein Rechtsgutsbegriff nicht auf individuelle Rechtsgüter reduziert werden dürfe, zeige sich bereits daran, dass das Strafgesetzbuch viele Rechtsgüter der Allgemeinheit schütze[250]. Die §§ 315 ff. StGB schützten ebenso wie das BtMG ein Universalrechtsgut, nämlich das der Sicherheit des Straßenverkehrs, bei dem nach überwiegender Rechtsansicht eine Einwilligung des Gefährdeten für die Strafbarkeit unbeachtlich sei. Auch das Universalrechtsgut im Betäubungsmittelgesetz, die Volksgesundheit, umfasse daher mehr als nur die Summe der körperlichen Gesundheit aller „Volksmitglieder". Sie bedeute „das Interesse des Staates an der Erhaltung eines gesunden Bürgerstandes und einer lebensfähigen Gesellschaftsordnung, also die Funktionstüchtigkeit der Gesellschaft"[251].

Zum Teil wird dieser Gedanke auch auf eine Analogie zum Rechtsgüterschutz durch § 6 des Gesetzes zur Bekämpfung der Geschlechtskrankheiten[252] gestützt[253]. Dort könne die Einwilligung des Partners beim Geschlechtsverkehr die Strafbarkeit nicht ausschließen, da das Gesetz nicht die besonders ansteckungsgefährdeten Menschen schützt, sondern vielmehr die Verbreitung von Geschlechtskrankheiten überhaupt verhindern wolle. Nichts anderes könne für das OpiumG gelten, dessen Ziel es sei, dem Drogengebrauch generell entgegenzutreten. Der Drogenkonsument gefährde jedenfalls ein Rechtsgut der Allgemeinheit, die Volksgesundheit, so dass der

[246] Rudolphi, JZ 1991, S. 572 (573).
[247] Blei, Strafrecht AT, § 24 II, S. 89.
[248] Beulke/Schröder, NStZ 1991, S. 393.
[249] Otto, Jura 1991, S. 443 (444).
[250] Jakobs, Strafrecht AT, 2. Abschn. Rn. 11.
[251] Beulke/Schröder, NStZ 1991, S. 393 (394).
[252] Gesetz zur Bekämpfung der Geschlechtskrankheiten vom 23. Juli 1953 (BGBl. I, S. 700).
[253] Schmitt, Maurach-FS, S. 113, S. 125.

Grundsatz, dass Selbstgefährdungen und Selbstschädigungen straflos sein müssen, seiner Bestrafung nicht entgegenstehe[254].

Der Versuch, eine Parallele zum Betäubungsmittelrecht zu ziehen, erfährt aber Widerspruch, da „individuelle Sucht oder Gefährdung" nicht mit „Ansteckung anderer" gleichgesetzt werden könne[255]. Zudem werde die Unbeachtlichkeit der Einwilligung im Hinblick auf den Schutzzweck des § 6 GeschlechtskrankheitenG begründet. Dieser schütze vor der erhöhten Gefahr einer weiteren Gefährdung von Personen, die mangels Kenntnis von der Krankheit unfreiwillig einer Ansteckungsgefahr ausgesetzt sind, weil deren Partner sie nicht über die eigene Infektion aufgeklärt haben. Es werde also der abstrakten Gefahr vorgebeugt, dass viele gegen ihren Willen Infektionsgefahren ausgesetzt werden. Bei Drogenkonsumenten sei diese Gefahr jedoch nicht gegeben, da den Drogenkonsumenten typischerweise die mit dem Drogenkonsum verbundenen Gesundheitsrisiken generell jedenfalls bekannt seien[256].

b) Die „Volksgesundheit" als Summe der Individualrechtsgüter

Teilweise wird demgegenüber die Auffassung vertreten, dass das Rechtsgut der Betäubungsmitteltatbestände personaler Natur sei, nämlich nur die Freiheit und Körperintegrität der Individuen sein könnten. In einem verfassungsrechtlich auf dem Menschenrechtsprinzip (Art. 1 GG) und daraus abgeleiteten Individualgrundrechten beruhenden Gemeinwesen existiere eine (verfasste) Allgemeinheit und ihr „Interesse" als primär-abstrakter Wert nicht[257]. Dem Begriff der „Volksgesundheit" komme daher allenfalls die Aufgabe zu, die Vielzahl individueller Rechtsgüter in der Form einer Sammelbezeichnung zusammenzufassen[258]. Damit werde nur dem Gedanken Ausdruck verliehen, dass bei einer Handlung noch unbestimmt sei, wessen Gesundheit sie trifft[259]. Ein abstraktes Rechtsgut Volksgesundheit sei zudem nicht rational begründbar, da das Volk in einem wirklichen Sinne keinen physischen Körper habe, der krank oder gesund sein könne. Ein in diesem Sinne verstandenes Hyper-Rechtsgut sei daher subjektlos-inhaltsleer[260]. Letztlich bestehe bei der Annahme eines über-

---

[254] Schmitt, Maurach-FS, S. 113, S. 125.
[255] Ellinger, Betäubungsmittel und Strafbarkeit, S. 53.
[256] Nestler in: Kreuzer, Handbuch des Betäubungsmittelstrafrechts, § 11 Rn. 36.
[257] Köhler, MDR 1992, S. 739.
[258] Köhler, NJW 1993, S. 762 (763), derselbe in MDR 1992, S. 739; Paeffgen, Betäubungsmittelstrafrecht und BGH, Festgabe Band IV, S. 695 (705).
[259] Zaczyk, StV 1992, S. 377 (378).
[260] Köhler, MDR 1992, S. 739 (740).

persönlichen Rechtsgutes Volksgesundheit die Gefahr, eine bestimmte Vorstellung von Volksgesundheit zwangsweise gegen die Selbstbestimmung in unterschiedlichen Lebenskonzeptionen zu setzen[261]. Gerade in Distanzierung zur NS-Maxime: „Du bist nichts - Dein Volk ist alles" statuiere das Grundgesetz die individuelle Handlungsfreiheit, die auch die Achtung vor der Entscheidung zur Dummheit und Selbstschädigung enthalte, solange nicht Dritte gleichzeitig geschädigt werden[262].

c) Zusammenfassung

In der Literatur werden neben der individuellen Gesundheit die verschiedensten Rechtsgüter ergänzend angeführt. Unterschiedliche Auffassungen bestehen hinsichtlich des Begriffs „Volksgesundheit" mehr inhaltlicher Art, weniger bezogen auf das Etikett, unter dem die Rechtsgüter geführt werden. Auf eine Stellungnahme zur Begrifflichkeit und zur historischen Bedeutung kann indes verzichtet werden, da nach der neueren Rechtsprechung und Literatur im Betäubungsmittelstrafrecht[263] der Ausdruck „Volksgesundheit" an Bedeutung verloren hat und durch weitere Begriffe bzw. Rechtsgüter konkretisiert worden ist. Dies soll im Folgenden anhand der Rechtsprechung des Bundesverfassungsgerichtes dargestellt werden.

4. Die Rechtsgutsauffassung des Bundesverfassungsgerichts („Cannabis-Beschluss") seit 1994

Im Rahmen der Entscheidung zur Strafbarkeit des Umgangs mit Cannabisprodukten[264] (sog. „Cannabis-Beschluss"), bei dem das Bundesverfassungsgericht die Legitimität der Gesamtkonzeption des Betäubungsmittelstrafrechtes an Hand von Kriterien der Verhältnismäßigkeit prüfte, akzeptierte es die gesetzgeberische Begründung hinsichtlich Ziel und Zweck der Gesetzesvorschriften. Das Gesetz verfolge den „Zweck, die menschliche Gesundheit sowohl des einzelnen wie der Bevölkerung im ganzen vor den von Betäubungsmitteln ausgehenden Gefahren zu schützen und die Bevölkerung, vor allem Jugendliche, vor Abhängigkeit von Betäubungsmitteln zu bewahren"[265].

---

[261] Köhler, MDR 1992, S. 739.
[262] Paeffgen, Betäubungsmittelstrafrecht und BGH, Festgabe Band IV, S. 695 (697).
[263] Im Verwaltungsrecht zur Frage der Erlaubnis (§ 3 BtMG) durchaus noch geläufig, BVerwG, Urt. v. 21.12.2000 – 3 C 20.00 = DVBl. 2001, S. 616 (618).
[264] BVerfG, Beschl. v. 09.03.1994 - 2 BvL 43/92 = NJW 1994, S. 1577ff.
[265] BVerfG, Beschl. v. 09.03.1994 - 2 BvL 43/92 = BVerfGE 90, S. 145 ff = NJW 1994, S. 1577 (1579).

Festzustellen ist, dass der Begriff der „Volksgesundheit" in dem Beschluss nicht vorkommt. Das Bundesverfassungsgericht ersetzte ihn offensichtlich wegen seiner historischen Belastung durch die Umschreibung „Bevölkerung im ganzen".

Nach Auffassung des Bundesverfassungsgerichts sei auch durch internationale Abkommen die Zielsetzung des Betäubungsmittelstrafrechtes erheblich erweitert worden. Durch das Suchtstoffübereinkommen von 1988[266] stelle sich das Betäubungsmittelgesetz „als der Beitrag der Bundesrepublik Deutschland zur internationalen Kontrolle der Suchtstoffe und psychotropen Stoffe, zur Kontrolle des Umgangs mit diesen Stoffen sowie zur Bekämpfung des illegalen Drogenmarktes und der an ihm beteiligten kriminellen Organisationen dar"[267]. Geschütztes Rechtsgut des Betäubungsmittelgesetzes sei damit auch der Schutz vor international organisierter Kriminalität durch das Verbot der Teilnahme am innerstaatlichen Schwarzmarkt.

Erstmals proklamiert das Bundesverfassungsgericht in seiner Entscheidung als Gesetzeszweck schließlich auch die Gestaltung eines „sozialen Zusammenlebens" mit dem Ziel, die Gesellschaft von den sozialschädlichen Wirkungen des Umgangs mit Drogen freizuhalten[268], was insbesondere auch für weiche Drogen gelte. Damit erweiterte das Gericht die Zielsetzung des geltenden Betäubungsmittelgesetzes mit Blick auf „Gemeinschaftsbelange" der Gesellschaft.

In Bezug auf das Rechtsgutskonzept folgte auch Bundesverfassungsrichterin *Graßhof*[269] der Begründung des Beschlusses, wobei *Graßhof* die Ziele in ihrem Sondervotum als „wichtige Gemeinschaftsbelange" zusammenfasst und in den Abwägungsvorgang mit einbezieht. Sie „stimme mit der Mehrheit des Senats darin überein, dass geschütztes Rechtsgut der zu überprüfenden Strafnormen nicht nur die Erhaltung der Gesundheit ist, sondern auch die Gestaltung des sozialen Zusammenlebens in einer Weise, die dieses von sozialschädlichen Wirkungen des Umgangs mit Drogen frei hält,(...)".

---

266 Gesetz zum Übereinkommen der Vereinten Nationen vom 20.Dezember 1988 gegen den unerlaubten Verkehr mit Suchtstoffen und psychotropen Stoffen vom 22. Juli 1993 (BGBl. II, S. 1136 ff.).

267 BVerfG, Beschl. v. 09.03.1994 - 2 BvL 43/92 = NJW 1994, S. 1577 (1579).

268 BVerfG, Beschl. v. 09.03.1994 - 2 BvL 43/92 = NJW 1994, S. 1577 (1579).

269 BVerfG, Beschl. v. 09.03.1994 - 2 BvL 43/92 = NJW 1994, S. 1577 (1586).

a) Stellungnahme zur Rechtsgutsauffassung des Bundesverfassungsgerichts

Das Bundesverfassungsgericht führt in seinem Cannabis-Beschluss über die bisherige Rechtsprechung hinausgehende Rechtfertigungshilfen hinsichtlich Ziel und Zweck der Strafvorschriften des Betäubungsmittelgesetzes an. Im Sinne einer Standortbestimmung des Begriffs „Handeltreiben" ist es erforderlich, die vorgebrachten verfassungsrechtlichen Rechtfertigungsgründe zu untersuchen und im Hinblick auf die Auslegung des Begriffs zu bewerten.

aa) Die Gemeinschaftsbelange

Die Gesetzesbegründung[270], die weitreichend auf den „Schutz der Funktionsfähigkeit der Gesellschaft" abstellt, vermag das Bundesverfassungsgericht kaum zu präzisieren, wenn es in seiner Rechtfertigungserweiterung zum Betäubungsmittelgesetz auf die verschiedensten, zum Teil ideellen Zielsetzungen abstellt und als „Gemeinschaftsbelange" zusammenfasst. Als Grund für diese „Rechtsgutsdehnung"[271] können die hinzugewonnenen naturwissenschaftlichen Erkenntnisse angesehen werden, die die Gesundheitsgefahren durch den Konsum von Cannabisprodukten in Bezug auf frühere Einschätzungen relativierten, was das Bundesverfassungsgericht in seiner Entscheidung auch ausdrücklich anerkennt[272]. Die Berechtigung der Vorschriften des Betäubungsmittelgesetzes aufgrund angeblicher Gefahren für die „öffentliche Gesundheit"[273], die „Volksgesundheit", aber auch die individuelle Gesundheit gerieten somit in Zweifel und verloren ihre Allgemeingültigkeit, so dass als Ziel des Gesetzes weitere „Gemeinschaftsbelange" durch das Bundesverfassungsgericht kreiert worden sind.

bb) Die Gefahr eines „Polizeistrafrechts"

Abgesehen davon, dass durch die Kumulation verschiedener „schon einzeln wenig fassbarer Rechtsgüter"[274] ein wirksamer Rechtsgüterschutz nicht mehr gewährleistet

---

270 BR-Drucks. 665/70, S. 2.
271 Schneider, StV 1994, S. 390.
272 BVerfG, Beschl. v. 09.03.1994 - 2 BvL 43/92 = NJW 1994, S. 1577 (1580).
273 Schneider, StV 1994, S. 390.
274 Schneider, StV 1994, S. 390.

ist, stellt sich die Vorgehensweise des Bundesverfassungsgerichts auch unter dem Aspekt als problematisch dar, dass der Begriff der „Gemeinschaftsbelange“ dem des „Gemeinwohls“ aus dem auf Gefahrenabwehr ausgerichteten Polizei- und Ordnungsrecht sehr nahe ist[275]. Dies lässt die scharf einzuhaltende Trennlinie zwischen den Rechtsgebieten verblassen. Die Billigung einer gesetzlichen Konzeption von Strafgesetzen im Sinne eines „Polizeistrafrechts“[276] hat aber zur Folge, dass durch die präventive Ausrichtung des Rechtsgutes mangels Klarheit kaum eine Begrenzung des Tatbestandes auf materieller Ebene zu erreichen ist. Die Struktur des Straftatbestandes wird letztlich aufgelöst. Einer Einebnung der „normativen Differenzen in der Intensität von Unrecht und Schuld“[277], also der Unterscheidung zwischen Vorsatz und Fahrlässigkeit, Täterschaft und Teilnahme vermag ein solches „verflüssigtes“[278] Rechtsgutskonzept kaum etwas entgegenzusetzen. Eine Unterscheidung durch klar definierte gewichtige Rechtsgüter („Lebensgüter“[279]) wäre bei den zumeist als abstrakte Gefährdungsdelikte ausgestalteten Konsumverhaltenstatbeständen im Betäubungsmittelstrafrecht wünschenswert gewesen. Dies gilt auch für das „Handeltreiben“, da gerade dieser Begriff durch eine weitläufige und uferlose Definition geprägt ist. Unter Bezugnahme auf den „Schutz des Gemeinwohls“ geht die legitimierende und zugleich limitierende Funktion des Strafrechts jedoch verloren.
Die klassische Strafrechtskonzeption sieht im Strafrecht aber die „ultima ratio“[280] als das schärfste Eingriffsmittel des Gesetzgebers. Die Prävention soll dabei „allenfalls flankierendes Ziel der Repression“[281] sein. Wenn das Gemeinwohl zum eigenständigen Rechtsgut oder zumindest zum Überbegriff weiterer „diffuser“[282] Rechtsgüter erhoben wird, aus denen sich die Individualrechtsgüter lediglich ableiten lassen, besteht die Gefahr, dass prinzipiell jedes Verhalten, das in irgendeiner Art und Weise sozialschädlich ist, im Sinne einer Gefahrenabwehr zum Gegenstand strafrechtlicher Verbote wird. Die Aufgabe des Strafrechtes ist es jedoch nicht, dem Schutz der öffentlichen Sicherheit und Ordnung zu dienen und ist keinesfalls „Reparaturwerkstatt für gesellschaftliche Defekte“[283].

---

275 Harzer, StV 1996, S. 336 (337); Schneider, StV 1994, S. 390 (391).
276 Schneider, StV 1994, S. 390.
277 Hassemer, JuS 1992, S. 110 (113).
278 NK StGB-Hassemer, vor § 1 Rn. 265.
279 NK StGB-Hassemer, vor § 1 Rn. 255.
280 Kniesel, ZRP 1994, S. 352; Nestler in: Kreuzer, Handbuch des Betäubungsmittelstrafrechts, § 11 Rn. 232; Wessels/Beulke, Strafrecht AT, § 1 Rn. 9.
281 Kniesel, ZRP 1994, S. 352.
282 Schneider, StV 1994, S. 390.
283 Kniesel, ZRP 1994, S. 352.

cc) Die individuelle Gesundheit und das Autonomie-Prinzip bei Selbstgefährdung

Die individuelle Gesundheit des einzelnen ist ein Individualrechtsgut und findet seinen besonderen Schutz durch das Grundrecht des Art. 2 Abs. 2 S. 1 GG. Betäubungsmittel im Sinne des § 1 i.V.m. den Anlagen I bis III des BtMG sind Stoffe, die als geeignet angesehen werden, die Gesundheit zu gefährden. Sie betreffen damit auch die körperliche Unversehrtheit des Individuums im Sinne des Grundgesetzes. Durch die Tatmodalität „Handeltreiben" mit Betäubungsmitteln ist die individuelle Gesundheit freilich nur mittelbar betroffen. Das Rechtsgut ist unmittelbar nur durch den Konsum dieser Stoffe betroffen. Aus § 1 Abs. 2 Nr. 3 und Abs. 3 BtMG ergibt sich aber, dass der Schutzzweck des Betäubungsmittelgesetzes auch die mittelbare Gefährdung der Gesundheit umfasst, so dass die individuelle Gesundheit auch als Rechtsgut des Handeltreibens anzusehen ist. Auf der anderen Seite ist der Konsum von Betäubungsmitteln in Deutschland[284] nicht strafbar. Es ist das grundgesetzlich verbürgte Recht der allgemeinen Handlungsfreiheit (Art. 2 Abs. 1 GG), das dem Prinzip der Straflosigkeit von Selbstschädigungen im deutschen Strafrecht Ausdruck verleiht. Das Bundesverfassungsgericht betonte in der in Beschlussform gekleideten und auf der unsicheren Erkenntnislage beruhenden „derzeit-noch-Rechtfertigung"[285] der Strafvorschriften des Betäubungsmittelgesetzes ausdrücklich den sanktionsfreien Raum für typisches Konsumverhalten in Erwartung einer bundeseinheitlichen Ausgestaltung.

(1) Die Selbstschädigungsproblematik nach Auffassung des Bundesverfassungsgerichts

Das Prinzip der Straflosigkeit eigenverantwortlicher Selbstschädigung gilt aber auch nach Auffassung des Bundesverfassungsgerichts nicht uneingeschränkt. Was für den Einzelfall grundrechtlichen Schutz genießt, soll im Falle gesellschaftlicher Gesamtschäden nicht mehr gelten. Da nach dieser Rechtsgutsauffassung dem Träger des Rechtsguts die Disponibilität seiner Individualrechtsgüter wegen der Existenz der Gemeinschaftsgüter entzogen ist, tritt die individuelle Verantwortung für den Betäubungsmittelkonsum nach dem Autonomie-Prinzip hinter der Möglichkeit eines Ge-

---

[284] In anderen Ländern z. B. Frankreich, Luxemburg, Norwegen, Japan, Schweiz, Türkei und Kalifornien ist auch der Eigenkonsum strafbar, Endriß/Malek, Betäubungsmittelstrafrecht, Rn. 274.
[285] Schneider, StV 1994, S. 390.

samtschadens durch die kumulierte Beeinträchtigung der Gesundheit der Mitglieder der Gesellschaft zurück. Mit Blick auf die „sozialschädlichen Wirkungen des Umgangs mit Drogen“[286] begründet das Bundesverfassungsgericht das Betäubungsmittelgesetz mit der Masse an Schäden durch die Individuen der Gesellschaft. Es fasst die Straftatbestände des Betäubungsmittelgesetzes damit als „Kumulationsdelikte“[287] auf, deren Schädlichkeit erst nach dem Prinzip entsteht, „wenn das alle machen“ (würden)[288]. Mag dieses Prinzip bei Umweltdelikten seine Berechtigung haben, wo erst durch die Kumulation kleiner Verstöße (wie etwa die Einleitung ungeklärter Haushaltsabwässer in einen großen, aber bereits erheblich verschmutzten Fluss) die Verletzung des Rechtsguts zur Folge hat, so kann es doch nicht uneingeschränkt auf das Betäubungsmittelrecht angewendet werden. Denn Grundlage des Unrechts der Handlung beim Kumulationsdelikt ist immer, dass zwischen der Handlung (auch in der Kumulation mit anderen gleichwertigen Handlungen) und dem Schaden, der bei einem Dritten entsteht, ein Verantwortungszusammenhang hergestellt werden kann. Diese individuelle Verantwortung Dritter lässt sich für die Tatbestände des Betäubungsmittelgesetzes in den Fällen frei verantwortlicher Selbstschädigung des (erwachsenen) Konsumenten nicht begründen. Für das Merkmal „Handeltreiben“ bedeutet das, dass diejenigen Handlungen, die dem Konsumenten die Drogen letztlich zur Verfügung stellen, zwar kausal für etwaige Schäden an dessen Gesundheit werden, die unmittelbare Verantwortung hierfür der (freiverantwortlich-mündige) Konsument aber selbst trägt[289].

(2) Die Selbstschädigungsproblematik nach monistisch-personaler Auffassung

Im Sinne der monistisch-personalen[290] Auffassung bestehen Bedenken, den Grundrechtsträger gegen seinen Willen zu schützen und ihn damit „beglücken“[291] zu wollen, dass seine personalen Rechtsgüter zugunsten von Gemeinschaftswerten in disponibler Form eingeschränkt werden. Der Schutz von Rechtsgütern gegen den Willen dessen, der wirksam in die Verletzung einwilligen kann, liege auch nicht im Inte-

[286] BVerfG, Beschl. v. 09.03.1994 - 2 BvL 43/92 = NJW 1994, S. 1577 (1579).
[287] Paeffgen, Betäubungsmittelstrafrecht und BGH, Festgabe Band IV, S. 695 (698); Begriff nach Kuhlen, GA 1986, S. 389 (399).
[288] NK StGB-Hassemer, vor § 1 Rn. 280.
[289] Nestler in: Kreuzer, Handbuch des Betäubungsmittelstrafrechts, § 11 Rn. 265.
[290] NK StGB-Hassemer, vor § 1 Rn. 271.
[291] Paeffgen, Betäubungsmittelstrafrecht und BGH, Festgabe Band IV, S. 695 (698).

resse des Gemeinwohls[292]. Nach dem Prinzip der straflosen eigenverantwortlichen Selbstschädigung besteht nach der personalen Rechtsgutslehre daher auch keine strafrechtlich bewehrte Verpflichtung zu einer Lebensführung zugunsten der Allgemeinheit, welche eine Belastung der Sozial- und Krankenversicherungssysteme vermeidet[293]. Eine strafrechtliche Zurechnung der Folgen einer Selbstgefährdung durch den Konsum von Betäubungsmitteln gegenüber einem Dritten komme demnach bei erwachsenen Personen grundsätzlich nur dann in Betracht, wenn die Selbstgefährdung nicht freiverantwortlich erfolgt. Zu denken wäre hier an eine hochgradige Betäubungsmittelabhängigkeit als Grund für die Zurechnung von Drittverletzungen und als freiheitswidriger Zustand des Abhängigen. Dies kann aber allenfalls für harte Drogen gelten, da das Abhängigkeitspotential bei Cannabis als sehr gering einzuschätzen ist. Aber auch in der Betäubungsmittelabhängigkeit durch harte Drogen wie Heroin ist kein Moment der völligen Unbeherrschbarkeit des weiteren Gefährdungsgeschehens im Sinne der abstrakten Gefährdungsdelikte zu sehen. Im Unterschied zur „Sklaverei"[294] ist auch eine schwere Drogenabhängigkeit kein ununterbrochener Zustand der Unfreiheit, kein Totalverlust der Freiheit. Es bedarf auch beim Drogenkonsum immer der Mitwirkung des „Opfers", anders als bei Befall durch Viren, Bakterien oder sonstigen Einflüssen, denen man sich nicht entziehen kann. Die Drogenabhängigkeit ist letztlich auch kein irreversibler Zustand, da sich Heroinabhängige in statistisch signifikantem Umfang selbst oder im Rahmen einer Therapie von ihrer Sucht befreit haben[295]. Dass eine Betäubungsmittelsucht für sich genommen kein den freien Willen ausschließender Zustand ist, zeigt sich schließlich daran, dass nach herrschendem Recht der im Rahmen eines Strafprozesses angeklagte drogensüchtige Täter nur ausnahmsweise wegen seiner Abhängigkeit als vermindert schuldfähig im Sinne des § 21 StGB gilt. Um in den Bereich der Strafmilderungsmöglichkeit der Vorschrift zu gelangen, müssen gewichtige Umstände in der Person des Täters hinzutreten. Die Schuld wird nur dann als vermindert angesehen, wenn die Tat im Zustande des akuten Rausches verübt wird oder starke Entzugserscheinungen den Täter zur Tat treiben oder sonstige schwerste Persönlichkeitsstörungen beim Täter festgestellt werden[296]. Im Umkehrschluss lässt sich bei „einfacher" Abhängigkeit nicht mit dem Verlust der Fähigkeit zur Selbstbestimmung argumentieren, der es rechtfertigen könnte,

[292] Lüderssen, StV 2004, S. 97 (100).
[293] Paeffgen, Betäubungsmittelstrafrecht und BGH, Festgabe Band IV, S. 695 (699).
[294] Nestler in: Kreuzer, Handbuch des Betäubungsmittelstrafrechts, § 11 Rn. 232.
[295] Nestler in: Kreuzer, Handbuch des Betäubungsmittelstrafrechts, § 11 Rn. 210.
[296] Körner, BtMG, § 29 Rn. 450.

von einer Verletzung des Rechtsgutes der Freiheit der Person auszugehen. Entsprechend kann das Argument der Abhängigkeit erwachsener Personen nach personaler Rechtsgutslehre nicht als Legitimationsgrundlage für die Gesamtkonzeption des Betäubungsmittelgesetzes als Fremdverletzungsrecht und als Schutz des Konsumenten vor sich selbst dienen.

dd) Der Jugendschutz

Etwas anderes gilt freilich bei Jugendlichen oder Kindern, bei denen entwicklungsbedingt die Selbstverantwortung für die Selbstgefährdung oder -verletzung nicht besteht. Hier fällt die Begründung des Betäubungsmittelrechts als Schutz nicht verantwortlicher Konsumenten auf fruchtbaren Boden. Das Rechtsgut „Jugendschutz" ist in Art. 1 GG und Art. 6 GG verankert und findet seinen Niederschlag beispielsweise im Gesetz zum Schutz der Jugend in der Öffentlichkeit (JÖSchG)[297] oder dem Gesetz gegen die Verbreitung jugendgefährdender Schriften (GjS)[298]. Aber auch zahlreiche Vorschriften des Strafgesetzbuches (z. B. §§ 131 Abs. 1 Nr. 3, 174, 176, 180, 184 Abs. 1 Nr. 1 – 5, 184 b StGB) dienen dem Jugendschutz. Teilweise sind diese Vorschriften so ausgestaltet, dass unterhalb bereichsspezifischer Altersgrenzen die Jugendlichen generell vor Gefährdungen geschützt werden sollen. Der Jugendschutz ist ein wichtiges Anliegen der Gemeinschaft und soll die „ungestörte Entwicklung von Kindern und Jugendlichen" ermöglichen[299].

Auch in der Begründung des Gesetzgebers[300] zum Betäubungsmittelgesetz wird dementsprechend der Schutz von Kindern und Jugendlichen hervorgehoben, wie er in dem Qualifikationstatbestand des § 29 a Abs. 1 Nr. 1 BtMG normativ zum Ausdruck kommt. Die Qualifikation betrifft jedoch nur die im Grundtatbestand des § 29 BtMG aufgeführte Tatmodalität der „Abgabe". Da die Tatmodalität „Handeltreiben" kein Sonderfall der Abgabe ist, gilt § 29 a Abs. 1 BtMG nicht generell für das Merkmal „Handeltreiben", sondern nur dann, wenn es zu einer Übertragung der tatsächlichen Verfügungsgewalt an den Betäubungsmitteln kommt[301]. Dies bedeutet aber keinesfalls, dass das Rechtsgut Jugendschutz nicht auch das Merkmal „Handeltrei-

---

297 JÖSchG vom 25.02.1985, geändert durch Gesetz vom 28.06.1990, BGBl. I, S. 1221).
298 GjS in der Fassung vom 12.07.1985, zuletzt geändert durch Gesetz vom 28.10.1994 (BGBl. I, S. 3186).
299 BGHSt 37, S. 55 (62).
300 BR-Drucks. 665/70, S. 2.
301 Weber, BtMG, § 29a Rn. 8.

ben" umfassen würde. Durch den Betäubungsmittelhandel unter erwachsenen Personen werden die Betäubungsmittel auch an Jugendliche herangebracht, da praktisch nicht auszuschließen ist, dass sich über den Handel auch Jugendliche in Einzelfällen Betäubungsmittel verschaffen. Mit dem Handel geht auch eine mittelbare Gefährdung Jugendlicher einher. Es ist ein unbestreitbar legitimes Ziel, Jugendliche nicht der Gefährdung durch den Konsum von Betäubungsmitteln auszusetzen. Legitimes und schützenswertes Rechtsgut ist in Bezug auf die Tatmodalität „Handeltreiben" damit auch der Jugendschutz. Diese Feststellung der schützenswerten Interessen sagt für sich genommen aber noch nichts darüber aus, ob das Rechtsgut des Jugendschutzes es auch rechtfertigt, eine Vorverlagerung des Strafrechtsschutzes, wie sie in der gegenwärtigen Form der Auslegung des Merkmals Handeltreiben praktiziert wird, vorzunehmen. Mögen spezifisch für den Schutz Jugendlicher dienende weitgefasste Verbote ihre Legitimität haben, so kann dies bei einem generellen strafrechtlichen Verbot des Umgangs mit Betäubungsmitteln, wie es durch das Handeltreiben erreicht werden soll, nicht gelten[302]. Der Jugendschutz kann ohne die Berücksichtigung des Autonomie-Prinzips, das die freiverantwortliche Selbstgefährdung von erwachsenen Personen auch gegenüber Dritten straffrei stellt, nicht als schrankenlose Legitimationsgrundlage für die Totalprohibition des Umgangs mit Betäubungsmitteln dienen. So wird auch der Genuss von Alkohol oder der Zugang zu jugendgefährdenden Schriften im Interesse des Jugendschutzes nicht allgemein untersagt, sondern nur für Jugendliche die Erreichbarkeit erschwert. Ob der Grundsatz der Verhältnismäßigkeit dieses durch das Betäubungsmittelgesetz normierte generelle Verbot gerade im Hinblick auf sog. „weiche Drogen" noch rechtfertigt, erscheint um so zweifelhafter.

ee) Die drogenfreie Gesellschaft

In dem Cannabis-Beschluss proklamiert das Bundesverfassungsgericht mit Blick auf das Betäubungsmittelgesetz eine Form des sozialen Zusammenlebens mit dem Ziel, die Gesellschaft von den sozialschädlichen Wirkungen des Umgangs mit Drogen freizuhalten.

Das auf den Gemeinschaftswert des Freiseins von Drogen abstellende Rechtsgutskonzept erscheint bereits unter Plausibilitätsgesichtspunkten problematisch. Denn hinter dem Ziel des sozialen Zusammenlebens frei von Drogengefahren und Abhän-

---

[302] Paeffgen, Betäubungsmittelstrafrecht und BGH, Festgabe Band IV, S. 695 (706).

gigkeit steht im Grunde die allgemeine Forderung nach einer drogenfreien Gesellschaft. Diese Forderung mag verfassungsrechtlich konform und wünschenswert sein, die proklamierte Zielsetzung begegnet aber insoweit Bedenken, dass es mit den Mitteln des Strafrechts durchgesetzt werden soll. Denn die Erreichung des Zieles einer drogenfreien Gesellschaft wird praktisch kaum möglich sein, genau so wenig, wie es niemals eine kriminalitätsfreie Gesellschaft geben kann[303]. Postuliert der Gesetzgeber aber das Ziel einer drogenfreien Gesellschaft, so fordert er im Grunde genommen Unmögliches ein. Realistisches Ziel kann allenfalls die Herbeiführung einer drogenarmen[304] Gesellschaft sein. Mit der Zielsetzung einer drogenfreien Gesellschaft würde der Gesetzgeber Gefahr laufen, den Boden rechtsstaatlich gesicherten Strafrechts zu verlassen, da sich das zum „erreichbaren Rechtsgüterschutz"[305] angestrebte Ziel an dem Verständnis der einzelnen Bürger orientieren muss[306]. Ist dieses Ziel jedoch unerreichbar oder illusionär, so ist das Gesetz unzweckmäßig und kann für die damit verfolgte bewusstseinsbildende und generalpräventive Wirkung in der Bevölkerung keinen Erfolg haben. Letztlich kann somit nur ein realistisches Ziel bei Abwägungsvorgängen eine Rolle spielen.

ff) Der Schutz vor organisierter Kriminalität

Der Zweck des Betäubungsmittelgesetzes und damit auch des Merkmals „Handeltreiben" ist nach der Auffassung des Bundesverfassungsgerichts auch der Schutz vor internationaler organisierter Kriminalität und dem illegalen Drogenmarkt[307]. Dieses Ansinnen hat legislativ bereits in der Änderung des Betäubungsmittelgesetzes von 1992 seinen Niederschlag gefunden[308]. Organisierte Kriminalität wird beschrieben als eine von Gewinnstreben bestimmte, planmäßige Begehung von Straftaten durch mehrere Beteiligte, die auf längere oder unbestimmte Dauer arbeitsteilig zusammenwirken. Dies kann unter Verwendung gewerblicher oder geschäftsähnlicher Strukturen, unter Anwendung von Gewalt oder anderer zur Einschüchterung geeigneter

---

[303] Hassemer, JuS 1992, S 110 (113).
[304] So auch die Entkriminalisierungsvorschläge der Hessischen Kommission „Kriminalpolitik" zum Betäubungsmittelstrafrecht, StV 1992, S. 249.
[305] BVerfG (3. Kammer des Zweiten Senats), Beschl. v. 05.02.2003 - 2 BvR 327/02 u.a.= NJW 2003, S. 2225.
[306] Kniesel, ZRP 1994, S. 352 (355).
[307] BVerfG, Beschl. v. 09.03.1994 - 2 BvL 43/92 = NJW 1994, S. 1577 (1579).
[308] Gesetz zur Bekämpfung des illegalen Rauschgifthandels und anderer Erscheinungsformen der organisierten Kriminalität (OrgKG) vom 15. Juli 1992 = BGBl. I, S. 1302.

Mittel sowie unter Einflussnahme auf die Politik, Medien, öffentliche Verwaltung, Justiz oder Wirtschaft geschehen[309]. Damit ist noch nichts über das zugrundeliegende Rechtsgut ausgesagt. Im Sinne einer rationalen Kriminalpolitik ist das Rechtsgut der Kern jeder Strafwürdigkeitsbestimmung und zugleich Maßstab für Schutzumfang und Schutztechnik[310]. Daraus folgt, dass das Schutzgut als Beschreibung von positiven Werten als das angestrebte Ziel zu verstehen ist[311], dessen Erreichung Inhalt des Gesetzeszwecks ist. Der Begriff der organisierten Kriminalität ist allenfalls die Umschreibung einer Gefährdung durch deren Mitglieder für ein wie auch immer geartetes Rechtsgut. Mag dieses Rechtsgut in der Form kollektiver „Zwischen-Rechtsgüter"[312] wie die rechtmäßige Wirtschaft und die Stabilität, Sicherheit und Souveränität der Staaten[313] bestehen, so ist der Schutz vor einer Gefährdung für diese Rechtsgüter selbst keine taugliche Beschreibung für ein schützenswertes Rechtsgut. Das Rechtsgut kann nicht gegen etwas gerichtet sein, sondern allenfalls in Konkurrenz zu anderen Rechtsgütern stehen. Der Schutz vor organisierter Kriminalität ist damit gleichbedeutend mit einem dem eigentlichen Rechtsgut des einzelnen weit vorverlagertem Schutz. Aus den gleichen Gründen sind auch die völkerrechtlichen Abkommen, welchen die Bundesrepublik Deutschland beigetreten ist[314], kein Rechtsgut, sie sind allenfalls Anlass für eine Pönalisierung für das jeweilige Mitglied der Staatengemeinschaft. Teilweise sind die internationalen Abkommen zudem mit ausdrücklichem Verfassungsvorbehalt[315] ausgestattet und auch kündbar[316], so dass in diesen Fällen selbst von einer besonderen Bindungswirkung für das Staatenmitglied nicht auszugehen sein wird[317]. Im Übrigen zeigt sich im Rechtsvergleich mit anderen Ländern der EU (Spanien, Niederlande), dass eine Liberalisierung des deutschen Betäubungsmittelrechtes nicht gleich einen nationalen Alleingang ohne Rücksicht auf internationale Abkommen bedeutet[318] in deren Folge Deutschland zu einem neuen „Mittelpunkt des internationalen Drogenhandels" werden würde[319].

309 Richtlinien über die Zusammenarbeit von Staatsanwaltschaft und Polizei bei der Verfolgung der Organisierten Kriminalität, Weber, BtMG, Einleitung Rn. 16, 17 m.w.N.
310 NK StGB-Hassemer, vor § 1 Rn. 260.
311 Jakobs, Strafrecht AT, 2. Abschn. Rn. 12.
312 Lüderssen, StV 2004, S. 97 (100).
313 BVerfG, Beschl. v. 09.03.1994 - 2 BvL 43/92 = NJW 1994, S. 1577 (1579).
314 Ausführungsgesetz Suchtstoffübereinkommen 1988 vom 02.08.1993, BGBl. I. S. 1407.
315 So der UN-Pakt in der Bundesrepublik in Kraft getreten am 22.07.1993 BGBl. II, S. 1137.
316 Gebhardt in: Kreuzer, Handbuch des Betäubungsmittelstrafrechts, § 9 Rn. 93; Weber, BtMG, Einleitung Rn. 177.
317 Paeffgen, Betäubungsmittelstrafrecht und BGH, Festgabe Band IV, S. 695 (706).
318 Entkriminalisierungsvorschläge der Hessischen Kommission „Kriminalpolitik" zum Betäubungsmittelstrafrecht, StV 1992, S. 249 (252).
319 So aber die Befürchtung des BVerfG im „Cannabis-Beschluss", NJW 1994, S. 1577 (1581).

Der Zweck „Schutz vor organisierter Kriminalität" trifft zudem keine Aussage darüber, von wem eine Gefahr für die Rechtsgüter ausgehen könnte. Da gesellschaftliche Phänomene alleine nicht geeignet sind, Rechtsgüter zu verletzen oder zu gefährden, kann nur auf die Personen abgestellt werden, die diesem Phänomen zugerechnet werden. Im Gegensatz zu den Konsumverhaltenstatbeständen (Erwerb, Besitz) mag dieser Schutzzweck für das Handeltreiben mit Betäubungsmitteln im Hinblick auf die notwendigerweise bestehende Verbindung zum illegalen Drogenmarkt aber noch nachvollziehbar sein, obgleich auch hier nicht immer im Rahmen einer übergeordneten Organisation oder Bande gehandelt wird, wie durch den sich insoweit vom Grundtatbestand des § 29 Abs. 1 BtMG abweichenden Qualifikationstatbestand des § 30 Abs. 1 Nr. 1 und 2 BtMG verdeutlicht wird. Im Hinblick auf das Gefahrenpotential, das von Aktivitäten der Mitglieder organisierter Kriminalität ausgeht, erscheint der Schutzzweck damit zumindest nicht illegitim, wenn er auch vage gefasst ist. Die Rechtfertigung für eine Pönalisierung des Umgangs mit Betäubungsmitteln kann sich also auch hier nur in Verbindung mit anderen Interessen und Rechtsgütern ergeben.

gg) Exkurs: Neuer Erkenntnisstand in Bezug auf Rechtsgutsverletzungen durch Cannabisprodukte

Im Rahmen des Cannabis-Beschlusses verpflichtete das Bundesverfassungsgericht den Bundesgesetzgeber zur Beobachtung und Überprüfung der wissenschaftlichen Diskussion über die vom Cannabiskonsum ausgehenden Gefahren im Hinblick auf das bestehende Verbot des Umgangs mit Cannabisprodukten[320]. Gegenstand ist also nicht ausschließlich der Konsumverhaltensbereich, zu dessen Entpönalisierung das Bundesverfassungsgericht in der Entscheidung bereits den ersten Schritt getan hat[321]. Betroffen ist bei der Frage der Gesamtkonzeption des Betäubungsmittelgesetzes auch die Tatmodalität „Handeltreiben" („Freigabe von Cannabis (...) Trennung der Drogenmärkte"[322]), jedenfalls soweit es sich um eine „Normalmenge" handelt[323].

[320] BVerfG, Beschl. v. 09.03.1994 - 2 BvL 43/92 = NJW 1994, S. 1577 (1584).
[321] BVerfG, Beschl. v. 09.03.1994 - 2 BvL 43/92 = NJW 1994, S. 1577 (1583).
[322] BVerfG, Beschl. v. 09.03.1994 - 2 BvL 43/92 = NJW 1994, S. 1577 (1584).
[323] So auch Schneider, StV 2000, S. 230 (231).

(1) Risiken des Cannabiskonsums

In der Folge des Beschlusses wurde durch das Bundesministerium für Gesundheit eine Studie in Auftrag gegeben, in der die aktuell vorliegende Forschungsliteratur zu pharmakologischen und toxikologischen Wirkungen sowie zu psychosozialen Konsequenzen des Cannabiskonsums zusammengefasst und ausgewertet werden sollte. Die Expertise wurde 1998 veröffentlicht[324]. Ihr stand eine im selben Jahr veröffentlichte Studie[325] zur Seite, die die Ergebnisse einer aktuellen, vierjährigen Forschungsarbeit zu Konsummuster und Risiken von Cannabiskonsum präsentierte. Beide Arbeiten setzten sich mit den Risiken auseinander, die der Gesetzgeber[326] und die Rechtsprechung des Bundesgerichtshofs[327] den Auswirkungen des Cannabiskonsums zurechnet und die auch im Cannabis-Beschluss[328], wenn auch in differenzierterer Form, die Grundlage der Entscheidung bildet.

Zusammenfassend kommen die Studien zu dem Ergebnis, dass die vom Bundesverfassungsgericht als „kaum bestritten"[329] eingestufte Möglichkeit einer psychischen Abhängigkeit durch Cannabisprodukte in gerade zwei Prozent der aktuellen Konsumenten festzustellen war, „schwer" abhängig waren maximal ein Prozent[330], wobei die Abhängigkeit nicht primär aus den pharmakologischen Wirkungen der Substanz, sondern auf vorab bestehende psychische Probleme zurückgeführt wurde[331]. Es seien auch eine „Schrittmacherfunktion" von Cannabis hin zu harten Drogen und auch das Bild der „Einstiegsdroge" nicht haltbar[332]. Die Forschungsgruppen[333] wiesen auf Grundlage heutiger wissenschaftlicher Erkenntnisse auch die Vorstellung eines sog. „Amotivationalen Syndroms" ausdrücklich zurück, das als mögliche Folge des Cannabiskonsums durch das Bundesverfassungsgericht in dem Cannabis-Beschluss 1994 nach damaligem Erkenntnisstand immerhin noch als „umstritten"[334] eingestuft wurde. Die Studien belegen schließlich nicht, dass Cannabis überhaupt zu nennens-

324 Kleiber/Kovar, Auswirkungen des Cannabiskonsums.
325 Kleiber/Soellner, Cannabiskonsum.
326 BtMG 1981, vgl. BT-Drucks. 8/1551, S. 24.
327 BGH, Urteil v. 25.08.1992 - 1 StR 362/92 = StV 1992, S. 513.
328 BVerfG, Beschl. v. 09.03.1994 - 2 BvL 43/92 = NJW 1994, S. 1577 (1579).
329 BVerfG, Beschl. v. 09.03.1994 - 2 BvL 43/92 = NJW 1994, S. 1577 (1580).
330 Kleiber/Soellner in: Berghaus/Krüger, Cannabis im Straßenverkehr, S. 25 ff. (36, 37).
331 Kleiber/Soellner in: Berghaus/Krüger, Cannabis im Straßenverkehr, S. 25 ff. (36).
332 Kleiber/Kovar, Auswirkungen des Cannabiskonsums, S. 180 f, 245.
333 Kleiber/Kovar, Auswirkungen des Cannabiskonsums, S. 216 f.
334 BVerfG, Beschl. v. 09.03.1994 - 2 BvL 43/92 = NJW 1994, S. 1577 (1580).

werten sozial- oder gesundheitsschädlichen Konsequenzen führt[335], so dass auch die vom Bundesverfassungsgericht zur Unterstützung der Gesamtkonzeption des Betäubungsmittelgesetzes angenommenen „nicht unbeträchtlichen Gefahren und Risiken" ausgehend von Cannabisprodukten weiter relativiert wurden.

(2) Die Bedeutung für das „Handeltreiben"

Der Begriff „Handeltreiben" bezieht sich auf alle in den drei Anlagen (I - III) des Betäubungsmittelgesetzes beschriebenen Betäubungsmittel („unerlaubt"). Für diese Gegenstände der gesetzlichen Regelung gilt eine einheitliche Begriffsanwendung aller Tatmodalitäten des § 29 Abs. 1 S. 1 Nr. 1 BtMG. Insbesondere kommt eine drogenspezifische Separierung zwischen „harten" und „weichen" Drogen, also eine je nach Gefährlichkeit der jeweiligen Droge ausgerichtete weite oder aber enge Auslegung des Begriffs Handeltreiben nach derzeitiger Gesetzeslage nicht in Betracht. Nach dem Gesetzlichkeitsprinzip (Art. 103 Abs. 2 GG) ist es die Aufgabe des Gesetzgebers, durch normativen Akt für die unterschiedlichen Arten von Betäubungsmitteln gegebenenfalls einen differenzierten Umgang zu regeln (Art. 74 Nr. 19 GG). Solche bedeutenden rechtspolitischen Fragen können nicht außerhalb gesetzlicher Regelungen geklärt werden. Mögen die neuen Forschungserkenntnisse zum Cannabiskonsum auch Fragen der Verfassungsmäßigkeit der Verbotsvorschriften in Bezug auf diese Produkte neu aufwerfen[336], für Auslegungsfragen in Bezug auf den Begriff „Handeltreiben" ist damit nichts gewonnen.

b) Zusammenfassung

Vermutlich auch unter dem Eindruck der zunehmend geführten öffentlichen Diskussion über die Strafbarkeit im Zusammenhang mit Haschisch sah das Bundesverfassungsgericht die Notwendigkeit, die Legitimität des Betäubungsmittelstrafrechtes im Lichte des gesellschaftspolitischen Wandels einer erneuten Bewertung zu unterziehen. Dabei blieb die höchstrichterliche Rechtsprechung (noch) bei ihrer ursprünglichen Beurteilung der verfassungsrechtlichen Legitimität des Betäubungsmittelgesetzes in seiner derzeit bestehenden Gesamtkonzeption. Unter dem (durch neuere Studien

[335] Kleiber/Kovar, S. 238 f.; Kleiber/Soellner, Cannabiskonsum, S. 201, 229 ff.
[336] Schneider, StV 2000, S. 230 (232).

bestätigten) Eindruck naturwissenschaftlicher Erkenntnisse, dass Cannabis bei mäßigem Gebrauch nicht geeignet ist, die körperliche und psychische Gesundheit in nennenswertem Maße zu gefährden, bemühte sich das Bundesverfassungsgericht, die Begründung insbesondere wegen der umstrittenen Vorschriften betreffend des Konsumverhaltensbereiches[337] zu differenzieren und zu aktualisieren. Neben den traditionellen Rechtsgütern wie die individuelle Gesundheit wird der allgemein in den Hintergrund tretende Begriff der „Volksgesundheit" als der Schutz der allgemeinen Gesundheit („Bevölkerung im ganzen") aufgefasst. Was unter Gesundheit der „Bevölkerung im ganzen" gemeint ist, kann auch unter Bezugnahme auf weitere Rechtfertigungshilfen nicht geklärt werden. Unter dem Postulat von Gemeinschaftsbelangen führt das Bundesverfassungsgericht das Ziel einer drogenfreien Gesellschaft sowie die Bekämpfung des internationalen Drogenmarktes und der an ihm beteiligten kriminellen Organisationen an. Als wesentliche Rechtsgüter werden der Schutz der Gesundheit und der Schutz der Jugend angeführt. Insgesamt nahm damit das Bundesverfassungsgericht eine „Rechtsgutsdehnung" vor[338]. Im Ergebnis stellt sich das der Pönalisierung des Handeltreibens mit Betäubungsmitteln zugrundeliegende schützenswerte Rechtsgut somit als ein Sammelbegriff für die vielfältigen Interessen der Allgemeinheit dar.

B. Schlussfolgerung der Untersuchung

Ob sich aus diesem Sammelbegriff für die vielfältigen Interessen der Allgemeinheit ein Universalrechtsgut im Sinne eines Hyper-Rechtsguts[339] ergibt, das über die Individualrechtsgüter gestellt werden kann, ist zweifelhaft. Ein von der Individualgesundheit völlig losgelöstes Rechtsgut, sei es unter dem Begriff „Volksgesundheit", „öffentliche" oder „allgemeine" oder Gesundheit der „Bevölkerung im ganzen", ist jedenfalls abzulehnen. Abgesehen von der historischen Belastung des Begriffs der „Volksgesundheit", sind auch die übrigen Begriffe als Konglomerat der vielfältigsten Interessen zu stark von den jeweiligen Moralvorstellungen geprägt und damit mit Unsicherheiten belastet, die eine akzeptable Anwendung im Rahmen einer rechtsgutsorientierten Auslegung nicht zulassen. Auch die Entscheidung des Bundesverfassungs-

[337] Schneider, StV 1994, S. 390.
[338] Schneider, StV 1994, S. 390.
[339] Köhler, MDR 1992, S. 739.

gerichts zeigt in ihrer Auseinandersetzung mit den einzelnen Schutzinteressen, aus denen sich die Legitimität der Gesamtkonzeption des Betäubungsmittelgesetzes ergeben soll, tendenziell einen anderen Weg. Hinsichtlich der Konsumverhaltensdelikte kann eine weite Auslegung von Strafvorschriften nicht ausschließlich mit Verweis auf kollektive Interessen erfolgen, wenn dadurch auch entgegenstehende individuelle Interessen verletzt werden. Grundrechte, wie das Recht eigenverantwortlicher Selbstgefährdung, sind schließlich Abwehrrechte gegen den Staat. In Zeiten des Rückzugs des Staates aus den Sozial- und Gesundheitssystemen und der verstärkten Aufforderung nach individueller Verantwortung, auch und gerade was die Gesundheit angeht, hat das Strafrecht Anlass zu der Überlegung, ob dies nicht konsequent auch mit einer Stärkung individueller Interessen gegenüber den Interessen von Gesellschaft und Staat einhergehen muss.

Beim „Handeltreiben" sind in Abgrenzung zu den Konsumverhaltensdelikten (Erwerb, Besitz) bei der rechtsgutsbezogenen Auslegung indes weitere Aspekte zu berücksichtigen. Der Handel mit Betäubungsmitteln stellt für die Individualrechtsgüter „Leben" und „Gesundheit" allenfalls eine mittelbare Gefährdung dar. Aus der Mittelbarkeit der Gefährdung kann aber nicht gefolgert werden, dass das Handeltreiben weniger strafenswert wäre als die Delikte im Konsumverhaltensbereich. Zum einen widerspricht es der Intention des Gesetzgebers diametral, den Händler und skrupellosen Geschäftemacher gegenüber dem Konsumenten, der Betäubungsmittel für den Eigenverbrauch erwirbt oder besitzt, zu bevorzugen. Es widerspricht auch der Gesetzessystematik, da sich im Gegensatz zum Konsumenten der Händler nicht auf Grundrechte wie dem Recht der eigenverantwortlichen Selbstgefährdung (Art. 2 Abs. 1 GG) berufen kann, da es um die Gefährdung fremder Rechtsgüter geht, dessen Rechtsgutsträger (= Konsument) im Zeitpunkt der Vornahme der Handlung (= Handeltreiben) zudem nicht feststeht. Es besteht daher zumindest die Möglichkeit, dass Konsumenten gefährdet werden, die entwicklungsbedingt (Kinder, Jugendliche) oder aus sonstigen Gründen (schwerste Abhängigkeit) nicht im vollem Umfang verantwortungsfähig sind.

Bei der Tatmodalität „Handeltreiben" sind die schützenswerten Rechtsgüter des Lebens- und Gesundheitsschutzes sowie der Jugendschutz somit der Disposition des

Einzelnen entzogen. Es handelt sich um hochwertige Schutzgüter, deren Schutz entsprechend intensiv ausgestaltet werden muss. Um ausreichenden Schutz zu gewähren, muss der Tatbestand entsprechend weit ausgelegt werden. Sehr umfassend hat dies der Bundesgerichtshof getan, indem er „Handeltreiben" als jede eigennützige Bemühung, die darauf gerichtet ist, den Umsatz mit Betäubungsmitteln zu fördern, definierte. Mit dieser Definition hat der Bundesgerichtshof aber zugleich ein Tatbestandsmerkmal geschaffen, das nicht nur alle nur denkbaren Tathandlungen im Vorfeld wie im Nachfeld des eigentlichen Umsatzgeschäftes in die Strafbarkeit mit einbezieht. Es werden unbegrenzt viele Lebenssachverhalte erfasst, die vom tatbestandlich geschützten Rechtsgut keine Begrenzung mehr erfahren. Ob diese lückenlose Erfassung mit Vollendungsstrafbarkeit noch zulässig ist, ist fraglich. Es ist gerade Ausdruck des fragmentarischen Charakters des Strafrechts, dass nicht alle Handlungen unter den Schutz des Strafrechtes gestellt werden müssen, die das Rechtsgut in irgendeiner Weise tangieren. Wie im Einzelnen noch darzustellen sein wird, hat die Auslegung aufgrund der Definition über das Handeltreiben dazu geführt, dass es den in § 29 Abs. 2 BtMG bestimmten (tauglichen[340]) Versuch eines Handeltreibens faktisch nicht gibt. Sowohl die Tathandlung als auch das Tatobjekt vergeistigen sich beim „Handeltreiben" zunehmend. Dies ist problematisch, denn jede Auslegung muss sich stets am Bestimmtheitsgrundsatz des Art. 103 Abs. 2 GG messen lassen. Die Auslegung einer vagen Strafnorm in einer Form, die deren Unbestimmtheit noch erhöht, ist bereits verfassungsrechtlich unzulässig[341], und eine Auslegung über den verfassungsrechtlichen Zweck hinaus führt unweigerlich zu unverhältnismäßigen Ergebnissen[342]. Eine engere Auslegung des Begriffs „Handeltreiben" ist damit geboten.

C. Kriminalpolitische Auslegung

Maßgebliche Ursache für die weite Auslegung des Begriffs „Handeltreiben" im Betäubungsmittelgesetz sind kriminalpolitische Erwägungen. Kriminalpolitik ist die Gesamtheit aller (über-)staatlichen Maßnahmen, die zum Schutz der Gesellschaft und des einzelnen Bürgers auf Verhütung und Bekämpfung von Kriminalität gerichtet sind[343].

---

[340] Vgl. 3. Kapitel, B, II, 3; zum untauglichen Versuch vgl. 3. Kapitel, B, II, 5.
[341] BVerfG, Beschl. v. 10.01.1995 - 1 BvR 718/89, 722/89, 723/89 = NJW 1995, S. 1141 (1143).
[342] Gaede, StraFo 2003, S. 392 (394).
[343] Schwind, Kriminologie, § 1 Rn. 37.

Als Teil der teleologischen Auslegung hat sich auch die kriminalpolitische Auslegung an den vorgegebenen Gesetzestext zu halten. Der Gesetzeswortlaut ist auch hier die äußerste Grenze, innerhalb derer drogenpolitische Änderungserfordernisse mittels Auslegung bestehender Gesetze für die künftige Rechtsanwendung Ausdruck finden können. Wie bei Gesetzesneufassungen, bei der die Zielvorstellungen der Kriminalpolitik Bestandteil des Gesetzestextes werden, hat die Frage richtiger Drogenpolitik auch Auswirkungen auf die Legitimität der Auslegung bestehender Tatbestände des Betäubungsmittelstrafrechtes. Die Definition des Begriffs des „Handeltreibens" ist daher auch nach kriminalpolitischen Auslegungskriterien anhand der kriminalpolitischen Zielvorstellungen des Betäubungsmittelgesetzes zu überprüfen.

I. Kriminalpolitische Zielvorstellung

Beginnend mit dem BtMG 1972 war der Schwerpunkt des Betäubungsmittelrechts auf die Durchsetzung von Drogenabstinenz mit den Mitteln des Strafrechts gelegt. Auch das folgende Betäubungsmittelgesetz von 1982 stand unter dem gesteigerten Kriminalisierungsbedürfnis der Öffentlichkeit, mit der Forderung nach drakonischen Strafen, wobei das Handeltreiben mit Betäubungsmitteln unter dem besonderen Bestrafungsdruck stand[344]. Daran hat sich bis heute nichts geändert. Es geht im Wesentlichen um die Unterbindung eines Marktes, was bereits auf gesetzgeberischer Ebene in der flächendeckenden Gründlichkeit der in den §§ 29 ff. BtMG bestimmten Verhaltensweisen augenscheinlich wird. Aber nicht nur auf tatbestandlicher Ebene, sondern auch durch die extensive Auslegung der Tatbestandsmerkmale spiegelt sich die aktuelle Drogenpolitik wider. Es soll nicht nur jeder verbotswidrige Umgang mit Betäubungsmitteln, sondern letztlich jede für die Marktbeteiligung typische Verhaltensweise sowohl im Vorfeld sowie im Nachfeld (z. B. Geldwäsche, § 261 StGB) des Umgangs mit Betäubungsmitteln lückenlos erfasst werden. Das vorrangige drogenpolitische Ziel ist damit die Totalprohibition von Betäubungsmitteln mit allen handelstypischen Erscheinungsformen.

Legt man diese drogenpolitische Prämisse des Totalverbots jeglichen Umgangs mit Drogen und entfernter Verhaltensweisen einer Auslegung zugrunde, so ist das Verständnis vom Handeltreiben als jede eigennützige Tätigkeit, die auf Ermöglichung oder Förderung des Umsatzes von Betäubungsmitteln gerichtet ist, auf den ersten

---

[344] Hassemer, JuS 1987, S. 257 (258).

Blick konsequent. Die Bestrafung von Tätigkeiten, die auf den Umsatz von Betäubungsmitteln lediglich abzielen[345], ist dabei die Formvollendung der lückenlosen Kriminalisierung mit (weitestem) Bezug. Sie umfasst nicht nur die Beschaffung und Lieferung von Zubehör, sondern auch die erforderlichen Zahlungsvorgänge[346]. Damit soll den Besonderheiten des Rauschgifthandels Rechnung getragen werden, soweit er sich durch sonstige Kriminalität strukturell unterscheidet und besonders bestimmt wird durch Organisation, Tarnung, Delegation und Konspiration[347]. Dadurch bedingte Beweisschwierigkeiten löst die weite Definition des Bundesgerichtshofs, indem die Strafbarkeitsschwelle erheblich herabgesetzt und der Tatbestand bei geringen Anforderungen erfüllt ist. Dies entspricht der alles sich unterordnenden Prämisse einer Erfüllung der Totalprohibition durch lückenlose Erfassung aller Handlungen und Ahndung mit der vollen Strafbarkeit.

II. Kritik am Konzept der Totalprohibition

Das gegenwärtige Konzept der Totalprohibition stößt auch in Bezug auf sog. harte Drogen keineswegs auf ungeteilte Zustimmung. So wird der Sinn des kriminalpolitischen Konzeptes der lückenlosen Pönalisierung von Betäubungsmitteln nach einer Kosten-Nutzen-Analyse in Zweifel gezogen[348]. Als Hauptkritikpunkte der negativen Folgen der Prohibition von Betäubungsmitteln werden Steigerungen gesundheitlicher Gefahren der Konsumenten durch Infektionen und verunreinigte Drogen auf dem illegalen Markt angeführt, da die Produktion und der Vertrieb der Betäubungsmittel keiner Regulierung unterliegt[349]. Auch der damit einhergehende Freiheitsverlust der Bürger durch den Schutz vor sich selbst schlage der Prohibition zu Buche. Es könne schließlich auch das angeführte Argument des Schutzes vor organisierter Kriminalität bei Konsumverhaltensdelikten keine befriedigenden Erklärungen erzielen. Zwar stütze auch der Konsument den illegalen Drogenmarkt, jedoch sei der Konsument Opfer, die Stützung des Marktes bloße Nebenfolge seines Handelns. Man könne „aber nicht das Opfer bestrafen", um es „so vor dem Schädiger zu schützen"[350]. Der

---

[345] BGH Urt. v. 20.08.1992 - 1 StR 1991 273/91 = StV 1992 S. 516.
[346] BGH, Urt. v. 17.07.1997 – 1 StR 791/96 = StV 1997, S. 589.
[347] Weber, BtMG, § 29 Rn. 144.
[348] Nestler in: Kreuzer, Handbuch des Betäubungsmittelstrafrechts, § 11 Rn. 271-278.
[349] Kniesel, ZRP 1994, S. 352 (357); Nestler in: Kreuzer, Handbuch des Betäubungsmittelstrafrechts, § 11 Rn. 272.
[350] Kniesel, ZRP 1994, S. 352 (355).

eigentliche „Ernährer“ der organisierten Kriminalität sei die Prohibition[351]. Was im Rahmen der Diskussion um die Effizienz der Totalprohibition des Betäubungsmittelgesetzes die sog. „weichen“ Drogen betrifft, so äußerte sich bereits das Bundesverfassungsgericht differenziert in Bezug auf die Cannabisprodukte, indem es zur Eindämmung des Betäubungsmittelkonsums eine Trennung der Märkte zumindest in Betracht zieht[352]. Hierdurch trägt das Bundesverfassungsgericht der geäußerten Kritik Rechnung, dass ein Umsteigeeffekt von weichen auf harte Drogen auch auf die Einheitlichkeit des Drogenmarktes zurückgeführt werden kann, da der Cannabisverbraucher das Haschisch häufig bei Dealern bezieht, die auch mit harten Drogen handeln.

1. Die Bedeutung für das Betäubungsmittelgesetz

Eine mögliche Tendenz zur Liberalisierung des Betäubungsmittelrechts unter Einbeziehung der aktuellen Erkenntnisse relativ geringer Gefahren für die zugrunde liegenden Rechtsgüter durch Cannabisprodukte bezieht sich primär auf die Tatmodalitäten, die eng mit dem Eigenkonsum (Erwerb, Besitz) verbunden sind, nicht aber dem sonstigen Umgang wie dem „Handeltreiben“. Aus der Perspektive des Betäubungsmittelrechtes, den illegalen Markt zu verhindern, ist der profitorientierte Umsatz neben der Einfuhr das schwerwiegendste Delikt. Zwischen den Konsumverhaltenstatbeständen und dem Handeltreiben muss daher unterschieden werden. Im Gegensatz zum Autonomie-Prinzip (Art. 2 Abs. 1 GG) der straflosen Selbstschädigung im Konsumverhaltensbereich steht dem Händler illegaler Drogen keine vergleichbare Rechtsposition zu, auf die er sich beziehen könnte. Dementsprechend zielen auch mögliche Wege einer geänderten Drogenpolitik, wie der Trennung der Märkte[353] oder die am weitesten gehende Forderung auf Freigabe der Drogen im Sinne eines unter der Kontrolle eines Staatsmonopols stehenden freien Verkaufs[354], nicht darauf, dem Handel mit Betäubungsmitteln dadurch Vorschub zu leisten, indem der Drogenhändler in eine bessere Rechtsposition gebracht werden soll. Die Intention dabei ist vielmehr, dass die auf den Konsum bezogenen Verhaltensweisen wie Besitz und Er-

---

[351] Schneider, StV 2000, S. 230 (232).
[352] BVerfG, Beschl. v. 09.03.1994 - 2 BvL 43/92 = NJW 1994, S. 1577 (1581); Hanssen, Trennung der Märkte, S. 51 ff.
[353] BVerfG, Beschl. v. 09.03.1994 - 2 BvL 43/92 = NJW 1994, S. 1577 (1584); Hanssen, Trennung der Märkte, S. 17 ff.
[354] Entkriminalisierungsvorschläge der Hessischen Kommission „Kriminalpolitik“ zum Betäubungsmittelstrafrecht, StV 1992, S. 249 (252).

werb zum Teil mit staatlicher Kontrolle entkriminalisiert werden. Der Handel mit Drogen, der außerhalb der staatlich kontrollierten Abgabe stattfindet, soll „unverändert strafbar" bleiben[355].

Da die Tat und der Täter beim „Handeltreiben" nicht den Konsum oder den Konsumenten betreffen, sondern der profitorientierte Rauschgiftumsatz des Händlers der Gegenstand dieser Verbotsvorschrift ist, können auch Argumente wie die mittelbaren gesundheitsschädlichen Auswirkungen der Prohibition durch Begleiterscheinungen der Illegalität beim Konsumenten kaum für eine einschränkende Auslegung des Begriffs „Handeltreiben" angeführt werden.

2. Die Bedeutung für das „Handeltreiben"

Kriminalpolitische Relevanz kommt für die Tatmodalität „Handeltreiben" indes der Argumentation zu, in der Steigerung der immensen Profite durch die Illegalität der Drogen liege gerade die Nährung illegaler Drogenorganisationen, deren Bekämpfung zugleich enorme (auch finanzielle) Ressourcen der Strafverfolgungsbehörden in Anspruch nehme, die an anderen nicht-repressiv ausgerichteten Stellen zur Vermeidung des Drogenproblems fehlen. Die Kriminalität im Betäubungsmittelbereich habe innerhalb der Strafjustiz den wohl am aufwendigsten und am meist spezialisiertesten Kontrollapparat geschaffen[356]. Die Diskussion um die Kosten für Strafverfolgung fördert die Bemühungen um eine einschränkende Auslegung des Begriffs „Handeltreiben" insoweit, dass der Nutzen der zunehmenden Ausweitung präventiv ausgerichteter Maßnahmen bezweifelt werden könne. Beispielhaft kann die Ausweitung akustischer Aufzeichnungen in der Privatsphäre im Rahmen verdeckter Ermittlungen angeführt werden. Bedingt durch die in Form des „verbalen Handeltreibens"[357] vorgelagerte Strafbarkeit kann diese Ermittlungsmethode zwar auf eine nicht unwesentliche Zahl von Verurteilungen zurückblicken. Da durch die weite Auslegung der Tatmodalität Handeltreiben nach der Rechtsprechung des Bundesgerichtshofs die Erfüllung des Tatbestandes bereits schon anzunehmen ist, ohne dass es auf den Umsatz oder auch nur die Existenz von Betäubungsmitteln ankommt[358], werden durch

[355] Entkriminalisierungsvorschläge der Hessischen Kommission „Kriminalpolitik" zum Betäubungsmittelstrafrecht, StV 1992, S. 249 (254).
[356] Nestler in: Kreuzer, Handbuch des Betäubungsmittelstrafrechts, § 11 Rn. 274.
[357] Handeltreiben als Erklärungsdelikt: Eberth/Müller, Verteidigung in Betäubungsmittelsachen, Rn. 29.
[358] BGH, Urteil v. 15.01.1992 - 2 StR 267/91 = StV 1992, S. 517; BGH, Beschl. v. 02.12.1999 - 3 StR 479/99 = NStZ 2000, S. 207.

den Zugriff der Ermittler nicht auch zwangsläufig Betäubungsmittel aus dem Verkehr gezogen, wenn lediglich Verkaufsverhandlungen stattgefunden haben. Auch erscheinen Zugriffe und Verurteilungen wegen vollendeten Handeltreibens von am eigentlichen Drogengeschäft (als Käufer oder Verkäufer) nicht beteiligter Drogenkuriere, deren Ware vor Entfaltung irgend einer Tätigkeit bereits polizeilich sichergestellt worden ist[359], eher wie Pyrrhussiege, die sich nur im Rahmen flächendeckender Kriminalisierung erklären lassen, keineswegs aber Ausdruck von Rechtsgüterschutz in Form effizienter Bekämpfung des illegalen Drogenmarktes sind. Damit ist jedenfalls ein Grund geschaffen, höhere Voraussetzungen besonders für die Fälle „verbalen Handeltreibens" zu fordern, worauf jüngst auch der Vorlagebeschluss des 3. Strafsenats des Bundesgerichtshofs zielte[360]. Aber auch wenn polizeiliche Zugriffe auf des illegalen Drogenhandels verdächtigte Personen mit der Sicherstellung von Betäubungsmitteln verbunden sind, hat auch diese vermeintliche Verfolgungseffizienz in der Vergangenheit weder Versorgungskrisen in Händlerkreisen provoziert noch Handelsorganisationen zerschlagen können, auch weil Eingriffe auf der Ebene der Drogenproduktion außerhalb nationalstaatlicher Steuerungsmöglichkeiten liegen[361]. Das im Rahmen polizeilicher Scheingeschäfte provozierte Anlocken ausländischer Drogenkuriere mit anschließendem Zugriff und Verurteilung wegen Handeltreibens kommt einem Kampf gegen Windmühlen gleich, wenn man in Ansehung des Weltrechtsprinzips (§ 6 Nr. 5 StGB) meint, damit den internationalen Drogenmarkt schwächen zu können. Zudem sind auch solche Maßnahmen bedingt durch den hohen logistischen Aufwand und Leistung von kriminaltaktischen Anlockzahlungen durch verdeckte Ermittler und Fangprämien für „Spitzel"[362] mit erheblichem finanziellen Aufwand verbunden, dem kaum ein nennenswerter Nutzen gegenüber steht („Straftaten aufklären, die erst noch begangen werden müssen"). Wegen seiner präventiven Ausrichtung und durch die niedrige Strafbarkeitsschwelle des Merkmals „Handeltreiben" besteht zudem die Gefahr, dass anhand der „Ermittlungserfolge" der zunehmende Einsatz verdeckter polizeilicher Maßnahmen „beflügelt" wird und sich mangels eingeschränkter Kontrolle zu Lasten rechtsstaatlicher Prinzipien[363] zu verselbständigen droht, da der Tatverdacht als Grundlage strafprozessualer Ermittlungsverfahren jede

[359] BGH, Urt. v. 20.08.1991 - 1 StR 273/91 = StV 1992, S. 516; 4. Kapitel, A, III, 1, b).
[360] BGH, Anfragebeschl. v. 10.07.2003 - 3 StR 61/02 u. 243/02 = StV 2003, S. 501.
[361] Entkriminalisierungsvorschläge der Hessischen Kommission „Kriminalpolitik" zum Betäubungsmittelstrafrecht, StV 1992, S. 249 (253).
[362] Paeffgen, Betäubungsmittelstrafrecht und BGH, Festgabe Band IV, S. 695 (734).
[363] Entkriminalisierungsvorschläge der Hessischen Kommission „Kriminalpolitik" zum Betäubungsmittelstrafrecht, StV 1992, S. 249 (253).

begrenzende Wirkung verliert[364]. Es wird daher auch die Befürchtung geäußert, die durch die einseitige Verschärfung der strafprozessualen Eingriffsrechte[365] bedingten Ermittlungsmethoden im Betäubungsmittelstrafrecht hätten zugleich auch die „Erosion des rechtsstaatlichen Strafverfahrensrechts“[366] zur Folge. Aber auch in dem Bereich des nicht nur verbalen Drogenhandels wird der größte Teil der Ressourcen auf die Verfolgung von Kleinkonsumenten und -dealern aufgewendet[367]. Strafverfahren gegen die „Großen“ der Branche oder internationale Drogenbosse sind demgegenüber eher selten Gegenstand der gerichtlichen Praxis, obwohl im Sprachgebrauch des Gesetzgebungsverfahrens Handeltreiben als das missbilligte Verhalten der Drahtzieher und skrupellosen Geschäftemacher bezeichnet wird[368]. Da bereits die Intention des Gesetzgebers verfehlt wird, kommt insgesamt dem kriminalpolitischen Argument des Schutzes vor der organisierten Kriminalität im Rahmen des internationalen Rauschgifthandels eher eine beschränkte Wirkung zu.

3. Stellungnahme

Es zeigt sich, dass die als „Totschlagsargument“[369] für die Weite der Definition des Handeltreibens vielzitierte Begründung, nämlich als ein kriminalpolitisches Erfordernis bedingt durch „die Besonderheiten des Rauschgifthandels“[370], durchaus Schwächen aufweist. Dabei ist die gegenwärtige Auslegung des Merkmals „Handeltreiben“ nicht zwingend, sondern den Einflüssen einer differenzierteren Drogenpolitik grundsätzlich zugänglich.

Insbesondere die mangelnde Effizienz, den Drogenmarkt durch verschärfte strafrechtliche Repression zu bekämpfen, lässt Zweifel am Nutzen der hierfür bereitgestellten finanziellen Mittel aufkommen. Die weite Auslegung der Tatmodalität bewirkt zwar eine flächendeckende Kriminalisierung, die aber bereits dort ansetzt, wo vom eigentlichen Drogenmarkt noch nicht gesprochen werden kann. Es entspricht nicht den Erfordernissen einer rationalen Drogenpolitik, die Strafbarkeitsgrenze dort anzusetzen, wo eine Verletzung oder Gefährdung von Rechtsgütern weithin noch nicht

[364] Endriß/Kinzig, NJW 2001, S. 3217 (3219).
[365] Hassemer, JuS 1992, S. 110 (113).
[366] Nestler in: Kreuzer, Handbuch des Betäubungsmittelstrafrechts, § 11 Rn. 275.
[367] Paeffgen, Betäubungsmittelstrafrecht und BGH, Festgabe Band IV, S. 695 (712).
[368] Nestler in: Kreuzer, Handbuch des Betäubungsmittelstrafrechts, § 11 Rn. 261.
[369] Schwitters, Die Vorverlagerung der Strafbarkeit beim unerlaubten Handeltreiben im Betäubungsmittelstrafrecht, S. 58.
[370] BGH, Urt. v. 04.10.1978 - 3 StR 232/78 = NJW 1979, S. 1259.

sichtbar ist. Geradezu kontraproduktiv wirken sich diese Erwägungen aus, wenn die Strafverfolgungsorgane flankiert von den Etats der Politikressorts ihre Ermittlungstätigkeiten auf die frühe Überschreitung der Strafbarkeitsgrenze und das Produzieren von Ermittlungserfolgen ausrichten. Hierzu gehört der Bereich des „verbalen Handeltreibens“, bei dem es nur noch die Ernsthaftigkeit eines Verkaufsgesprächs festzustellen gilt, um vollendetes Handeltreiben anzunehmen, ohne dass es auch zu einer Einigung oder gar den Umsatz von Drogen gekommen sein muss[371]. Auf der Kostenseite stehen dabei nicht nur die „irreparablen Schädigungen des Rechtsstaates durch verschärfte strafrechtliche Repression“[372] und Eingriffe in die Privatsphäre. Wie das Bundesverfassungsgericht jüngst betonte, müssen aber gerade bei den eingesetzten Mitteln der Strafverfolgung der erreichbare Rechtsgüterschutz und die zumutbaren Grundrechtsbeschränkungen des Betroffenen in einem angemessenen Verhältnis stehen[373]. Verheerend wirken sich in Zeiten leerer Staatskassen auch die hohen Kosten einer vermeintlichen Verfolgungseffizienz in Bezug auf finanzielle Kürzungen bei denjenigen Stellen aus, die sich mit nicht repressiven Steuerungsmitteln dem Kampf gegen das Drogenelend verschriebenen haben, wie beispielsweise den Therapie- und Übergangseinrichtungen oder Suchtberatungen. Eine einschränkende Auslegung der Tatmodalität „Handeltreiben“ und die Schaffung maßvoller Freiräume im Bereich des Vorfeldes zur Strafbarkeit könnten kostentechnisch im Sinne einer rationalen Drogenpolitik, die nicht ausschließlich auf Repression setzt, aber zur Bekämpfung des Drogenelends nicht weniger effektiv sein kann, umgesetzt werden.

3. Kapitel: Vorverlegung der Vollendung

A. Das Wesen des Deliktes „Handeltreiben“ nach der Begriffsbestimmung des Bundesgerichtshofs

Bei der Frage des Umfangs strafrechtlichen Schutzes reicht alleine die Feststellung und Abwägung der einzelnen Rechtsgüter nicht aus. Es ist vielmehr auch die Struktur des Tatbestandes zu untersuchen. Gemäß der geltenden Definition über das Handeltreiben im Betäubungsmittelgesetz als jede eigennützige Tätigkeit, die darauf gerich-

---

[371] BGH, Urteil v. 15.01.1992 - 2 StR 267/91 = StV 1992, S. 517; BGH, Beschl. v. 02.12.1999 - 3 StR 479/99 = NStZ 2000, S. 207.

[372] Entkriminalisierungsvorschläge der Hessischen Kommission „Kriminalpolitik“ zum Betäubungsmittelstrafrecht, StV 1992, S. 249 (253).

[373] BVerfG (3. Kammer des Zweiten Senats), Beschl. v. 05.02.2003 - 2 BvR 327/02 u.a.= NJW 2003, S. 2225.

tet ist, den Umsatz mit Betäubungsmitteln zu ermöglichen oder zu fördern, geht der Bundesgerichtshof davon aus, Handeltreiben sei kein Erfolgsdelikt, da es auf die tatsächliche Förderung des erstrebten Umsatzes nicht ankomme[374]. Es genüge, „wenn die entfaltete Tätigkeit auf die Übertragung von Betäubungsmitteln von einer Person auf eine andere abzielt"[375]. In der Literatur wird das „Handeltreiben" unter Zugrundelegung der Definition des Bundesgerichtshofs als schlichtes Tätigkeitsdelikt[376] („Verhaltensdelikt"[377]) und zugleich als abstraktes Gefährdungsdelikt[378] angesehen. Die Tatmodalität sei als ein (besonderes) Unternehmensdelikt[379] ausgestaltet. Da die Tatbestandsvollendung nach der Rechtsprechung des Bundesgerichtshofs einen Besitz von Betäubungsmitteln bei Verkaufsangeboten nicht voraussetzt und es auf die Erfüllung des Verpflichtungsgeschäftes, also das dingliche Geschäft (die Übergabe) der Betäubungsmittel, nicht ankommt[380], wird Handeltreiben auch als Erklärungsdelikt[381] („verbales Handeltreiben") bezeichnet.

Da die genannten Deliktstypen im strafrechtlichen Sprachgebrauch einen festen Platz haben und für die Auslegung hinsichtlich ihrer Strafbarkeitsgrenzen jeweils von eigenen Prämissen ausgehen, ist zunächst zu untersuchen, welche Voraussetzungen das Handeltreiben in der Form der Definition des Bundesgerichtshofs erfüllt, damit eine Einordnung in die jeweilige Deliktsform vorgenommen werden kann.

I. Handeltreiben als (schlichtes) Tätigkeitsdelikt

Fraglich ist zunächst, ob nach der Definition des Bundesgerichtshofs das „Handeltreiben" in die Kategorie der schlichten Tätigkeitsdelikte eingeordnet werden kann. Bei den Tätigkeitsdelikten beschreibt der Tatbestand einen Handlungsvollzug[382]. Der Unrechtstatbestand beschränkt sich auf eine Handlung des Täters, ohne dass ein Er-

---

[374] BGH Urt. v. 20.08.1992 - 1 StR 1991 273/91 = StV 1992 S. 516 m.w.N.; Kritisch dazu Paul, StV 1998, S. 623; Roxin, StV 1992, S. 517 (519).
[375] BGH Urt. v. 20.08.1992 - 1 StR 1991 273/91 = StV 1992 S. 516; 4. Kapitel, A, II, 1, b).
[376] Roxin, StV 1992, S. 517 (519).
[377] Roxin, StV 2003, S. 619 (621).
[378] Nestler in: Kreuzer, Handbuch des Betäubungsmittelstrafrechts, § 11 Rn. 98; Paeffgen, Betäubungsmittelstrafrecht und BGH, Festgabe Band IV, S. 695 (722, 723).
[379] Weber, BtMG, Vor §§ 29 ff. Rn. 116; Körner, BtMG, § 29 Rn. 319; Endriß/Malek Betäubungsmittelstrafrecht, Rn. 127; Krack, JuS, 1995, S. 585 (587); Eberth/Müller, Verteidigung in Betäubungsmittelsachen, Rn. 29; Franke/Wienroeder, BtMG, § 29 Rn. 17, 83; Joachimski/Haumer, BtMG, § 29 Rn. 27; Liemersdorf/Miebach, MDR 1979, S. 981 (982); Strate, ZRP 1987, S. 314 (316); wohl auch BGH, Beschl. v. 25.03.2004 - 1 ARs 21/03; Hügel/Junge/Lander/W., Dt. BtM-Recht, § 29 Rn. 4.1.1.
[380] BGH, Urteil v. 15.01.1992 - 2 StR 267/91 = StV 1992, S. 517; BGH, Beschl. v. 02.12.1999 - 3 StR 479/99 = NStZ 2000, S. 207; Körner, BtMG, § 29 Rn. 201.
[381] Eberth/Müller, Verteidigung in Betäubungsmittelsachen, Rn. 29; Körner, BtMG, § 29 Rn. 201.
[382] Jakobs, Strafrecht AT, 6. Abschn. Rn. 85.

folg im Sinne einer von der Handlung unterschiedenen raum-zeitlich abgrenzbaren Wirkung am Handlungsobjekt vorausgesetzt wird[383]. Die Literatur verwendet zwei verschiedene Erfolgsbegriffe[384], nämlich zum einen den eben genannten Erfolg im (engeren) Sinne als Eintritt einer von der Handlung gedanklich abgrenzbaren Wirkung in der Außenwelt. Dieser Erfolgsbegriff ist allgemein anerkannt[385]. Daneben wird mitunter auch ein anderer Erfolgsbegriff verwendet, nämlich der Erfolg im weiteren, allgemeineren Sinne, als die Erfüllung des Tatbestandes[386]. Dem liegt die Annahme zugrunde, dass jedes vollendete Delikt einen Erfolg habe und zur Begründung einer Vollendungsstrafbarkeit auch voraussetze. Einen „Erfolg" im weiteren Sinne hat somit auch die Kategorie der „schlichten" Tätigkeitsdelikte, dieser liegt in der Handlung an sich[387]. Mit der Existenz zweier Erfolgsbegriffe ist kein dogmatisches Problem verbunden, soweit diese von einander getrennt werden. Schließlich erkennen auch die Vertreter des „weiten" Erfolgsbegriffes an, dass es bei bestimmten Rechtsfiguren nur auf den Erfolg „im engeren Sinne" ankommt. Auch *Roxin*[388] nimmt in seinen neuerlichen Ausführungen zur Neubestimmung des Merkmals „Handeltreiben" demgegenüber auf den Erfolg im weiteren Sinne Bezug, wenn er Handeltreiben trotz Einforderung eines in der Umsatzhandlung liegenden Erfolges als Verhaltensdelikt[389] bzw. Tätigkeitsdelikt[390] klassifiziert.
Zusammenfassend sind schlichte Tätigkeitsdelikte also dadurch gekennzeichnet, dass die Handlung selbst den tatbestandsmäßigen Schlusspunkt bildet[391].

1. Abgrenzung zu den Erfolgsdelikten

Hierin unterscheiden sich die schlichten Tätigkeitsdelikte von den Erfolgsdelikten, bei denen der Erfolg noch nicht in der Handlung selbst eingeschlossen ist. Die Erfolgsdelikte setzten einen von der Handlung gedanklich trennbaren Erfolg voraus, der erst

---

[383] Jescheck/Weigend, Strafrecht AT, § 26 II 1 b).
[384] Jescheck/Weigend, Strafrecht AT, § 26 II 1 a; Maurach/Zipf, Strafrecht AT 1, § 20 Rn. 27.
[385] Graul, Abstrakte Gefährdungsdelikte und Präsumtion im Strafrecht, S. 20.
[386] Tenckhoff in: Spendel - FS, S. 347 (356).
[387] Roxin, StV 1992, S. 517 (519); den Begriff „Erfolg" ablehnend Strathenwerth/Kuhlen, § 8 Rn. 9.
[388] Roxin, StV 2003, S. 619 (621); Roxin, StV 1992, S. 517 (518); unten 5. Kapitel, A, II, 2.
[389] Roxin, StV 2003, S. 619 (621); unten 5. Kapitel, A, II, 2.
[390] Roxin, StV 1992, S. 517 (518); unten 5. Kapitel, A, II, 2.
[391] Maurach/Zipf, Strafrecht AT I, § 20 Rn. 27.

nach Ablauf einer vom Täter angestoßenen Kausalreihe[392] in zeitlich und räumlich getrennter Verletzungs- oder Gefährdungswirkung[393] am Handlungsobjekt eintritt.
Da beide der genannten Deliktskategorien also einen Erfolg voraussetzen, können Tätigkeitsdelikte und Erfolgsdelikte nur nach dem Grad der kausalen Verknüpfung unterschieden werden[394] und lassen sich nicht sauber trennen[395]. Der Grad der kausalen Verknüpfung zwischen Handlung und Erfolg wird durch die Auslegung des entscheidenden Tatbestandsmerkmals bedingt. Je früher ein Tatbestandsmerkmal als erfüllt angesehen wird, desto näher liegt der Erfolg im Bereich der Handlung, bis schließlich eine Unterscheidung zwischen dem Erfolg im engeren und dem Erfolg im weiteren Sinne nicht mehr möglich erscheint. Eine extensive Auslegung eines Tatbestandsmerkmals lässt nur noch einen Handlungserfolg zu. Die Auslegung bestimmter Strafvorschriften wird also nicht ausschließlich durch deren Einordnung in Tatbestandskategorien bestimmt, sondern die Einordnung folgt der Auslegung der einzelnen Tatbestandsmerkmale des jeweiligen Straftatbestandes.
Wie bereits ausgeführt[396], reicht nach der Definition des Bundesgerichtshofs für die Tatmodalität „Handeltreiben" jede eigennützige Bemühung aus, die darauf gerichtet ist, den Umsatz mit Betäubungsmitteln zu ermöglichen oder zu fördern[397]. Der Bundesgerichtshof hat sich im Anschluss an seine frühere Rechtsprechung für die extensive Auslegung des Begriffsmerkmals Handeltreiben entschieden. Eine auf den Erfolg zielende Handlung, also eine Erfolgstendenz als Erfüllung der Tatmodalität „Handeltreiben", ist gemäß der Rechtsprechung des Bundesgerichtshofs zur Vollendungsstrafbarkeit ausreichend. Der Erfolg liegt somit in der Handlung selbst.
Die Erfüllung des Handeltreibens kann nach der Definition des Bundesgerichtshofs vorliegen, unabhängig davon, ob eine räumlich-zeitlich abgrenzbare Wirkung der Handlung erforderlich ist. Die Vornahme einer Handlung, die auf Umsatz gerichtete Tätigkeit, ist ausreichend. Nach der Rechtsprechung verbietet sich damit die Annahme, Handeltreiben sei ein Erfolgsdelikt. Handeltreiben ist demzufolge als schlichtes Tätigkeitsdelikt[398] zu qualifizieren.

---

[392] Maurach/Zipf, Strafrecht AT I, § 20 Rn. 27; Schmidt, Strafrecht AT, S. 34.
[393] Roxin StV 1992, S. 517 (519).
[394] Maurach/Zipf, Strafrecht AT I, § 20 Rn. 27.
[395] Jakobs, Strafrecht AT, 6. Abschn. Rn. 85.
[396] 1. Kapitel, B, II.
[397] BGH, Urteil v. 01.07.1954 – 3 StR 657/53 = NJW 1954, S. 1537.
[398] So auch Maurach/Zipf, Strafrecht AT I, § 40 II Rn. 85; Roxin, StV 1992, S. 517 (518).

2. Erfolgsbezogenheit bei polizeilicher Tatprovokation ?

Fraglich ist, ob die Rechtsprechung des Bundesgerichtshofs in Bezug auf die Fälle polizeilicher Tatprovokation eine andere Wertung zulassen würde. Sowohl der 2. Strafsenat des Bundesgerichtshofs[399] als auch die übrigen Senate[400] verfolgen bei diesen Fällen zur Frage der Strafbarkeit in Bezug auf denjenigen Beteiligten eine einschränkende Linie, dessen Beteiligung an dem Rauschgiftgeschäft dem Zweck der Überführung der übrigen Beteiligten und Sicherstellung des Rauschgiftes dient. In diesem Zusammenhang hat der 2. Strafsenat als Begründung für die Straflosigkeit des Provokateurs ausgeführt, ein „missbilligter Erfolg im Sinne des Straftatbestandes des Handeltreibens mit Betäubungsmitteln" sei „nur ein solcher Vorgang, der das Rauschgift auf dem Weg zum Konsumenten weiterbringt...", nicht dagegen ein Umsatz, durch den es der „Polizei in die Hände gespielt und damit aus dem Verkehr gezogen"[401] werde.

Die Ausführungen könnten zunächst so verstanden werden, dass das „Weiterbringen" als zeitlich-räumlich außerhalb der umsatzfördernden Handlung liegender Erfolg gemeint ist. Damit vermittelt die Entscheidung den Eindruck, dass zur Vollendung des Handeltreibens ein „Erfolg" im Sinne eines Weiterbringens von Betäubungsmitteln auf den Weg zum Konsumenten notwendig sei[402]. Diese Ansicht relativiert sich jedoch im Lichte des Gesamtzusammenhangs der Taten, über die die Senate zu entscheiden hatten.

In der Entscheidung des 2. Senats[403] ging es um die Frage des Vorsatzes bei der Strafbarkeit der Beihilfe (§ 27 StGB) zum Handeltreiben mit Betäubungsmitteln. In der Entscheidung war die Frage wesentlich, ob jemand wegen Beihilfe zum Handeltreiben bestraft werden kann, wenn er den Verkauf von Betäubungsmitteln nur deshalb unterstützt hat, weil er „ernsthaft mit der Anwesenheit und dem Eingreifen der Polizei gerechnet und nur im Vertrauen darauf das Geschäft gefördert" hat. Nach der oben genannten Entscheidung ist eine Handlung nicht strafbar, bei der das Rauschgift von vorne herein aus dem Verkehr gezogen werden soll. Zu bestrafen sei nur, wer den zur Vollendung der Haupttat erforderlichen Erfolg, „die Verletzung des durch

---

399 BGH, Urt. v. 03.06.1981 - 2 StR 235/81 = StV 1981, S. 549.

400 BGH, Urt. v. 05.07.1988 - 1 StR 212/88 = StV 1988, S. 432; BGH, Urt. v. 07.03.1996 - 4 StR 742/95 = StV 1996, S. 424.

401 BGH, Urt. v. 03.06.1981 - 2 StR 235/81 = StV 1981, S. 549; 1. Kapitel, B, II, 4.

402 Schwarzburg, Tatbestandsmäßigkeit und Rechtswidrigkeit der polizeilichen Tatprovokation, S. 59; Seelmann, ZStW 95, S. 797 (807).

403 BGH, Urt. v. 03.06.1981 - 2 StR 235/81 = StV 1981, S. 549.

den Straftatbestand geschützten Rechtsgutes, wollte...[404]". Eine Strafbarkeit wegen Beihilfe käme nicht in Betracht, wenn sich der Vorsatz des Beteiligten nicht darauf bezieht, das Rauschgift auf dem Weg zum Konsumenten weiterzubringen. Mangels Rechtsgefährdung, welche Strafbarkeitsvoraussetzung ist, fehle es am erforderlichen tatbestandlichen „Erfolg" (im weiteren Sinne). In der Entscheidung begründet der 2. Senat also über eine restriktive Auslegung des Rechtsgutes durch Einführung des Begriffs „Weiterbringen" die Straflosigkeit des Angeklagten mangels Vollendungsvorsatzes der Haupttat.

Wäre ein „Erfolg" im (engeren) Sinne eines Weiterbringens der Betäubungsmittel gemeint, hätten die Täter lediglich wegen Versuchs bestraft werden können. Eine solche zwingende Konsequenz wäre mit der Rechtsprechung über das Tatbestandsmerkmal „Handeltreiben" aber unvereinbar[405]. Nach ständiger Rechtsprechung hindert die Überwachung des Rauschgifthandels, oder wenn eine Vertrauensperson der Polizei nur zum Schein sich als Käufer an den Verhandlungen beteiligt und der erstrebte Umsatz nicht erreicht werden kann, nicht den Eintritt der Vollendung des Handeltreibens beim Verkäufer[406]. Ob das im Endeffekt gewünschte und der Entscheidung zugrundeliegende Ergebnis, nämlich Vollendungsstrafbarkeit des Täters bei gleichzeitiger Straflosigkeit des Teilnehmers, dogmatisch haltbar ist, wird dennoch bezweifelt[407].

Dass der Bundesgerichtshof in Fällen polizeilicher Tatprovokation vollendete Handlungen ablehnt mit der Begründung der mangelnden Erfolgsverursachung, lässt somit auch keinen Rückschluss darauf zu, ob nach dieser Auslegung Handeltreiben als Erfolgsdelikt einzustufen ist. Denn dogmatische Bedeutung für die Abgrenzung zwischen Tätigkeits- und Erfolgsdelikt hat nur der Erfolgsbegriff im engeren Sinne, da nur hier sich das Problem des Kausalzusammenhangs stellt[408]. Hier hat der Bundesgerichtshof aber den Erfolg im weiteren Sinne verneint, da die Tätigkeiten der Tatbeteiligten nicht auf den Umsatz des Stoffes abzielten[409] und somit bereits mangels Rechtsgutsgefährdung keine Tatbestandserfüllung vorliege.

---

[404] BGH, Urt. v. 03.06.1981 - 2 StR 235/81 = StV 1981, S. 549; jüngst auch BGH, Beschl. v. 25.03.2003 - 1 StR 9/03 = StV 2003, S. 618.

[405] BGH, Urteil v. 21.10.1981 - 2 StR 294/81 = StV 1982, S. 51.

[406] Körner, BtMG, § 29 Rn. 247.

[407] Schwarzburg, Tatbestandsmäßigkeit und Rechtswidrigkeit der polizeilichen Tatprovokation, S. 59; Nestler in: Kreuzer, Handbuch des Betäubungsmittelstrafrechts, § 11 Rn. 371, 397; Roxin StV 1992, S. 517 (520); Harzer, StV 1996, S. 336 (341); Endriß, NStZ 1998, S. 463 (464).

[408] Jescheck/Weigand, Strafrecht AT, § 26 II 1 a.

[409] BGH, Urteil vom 05.07.1988 - 1 StR 212/88 = StV 1988, S. 432.

Auch *Roxin*[410] geht offensichtlich davon aus, dass insbesondere die Entscheidung des 2. Senats vom 03.06.1981 keine Kehrtwende in der Annahme von Literatur und Rechtsprechung zur Folge hatte, Handeltreiben als schlichtes Tätigkeitsdelikt zu klassifizieren.

3. Zusammenfassung

In der Entscheidung des 2. Senats[411] werden die Voraussetzungen des Merkmals „Handeltreiben" nicht neu definiert, sondern es wird eine Restriktion des objektiven Tatbestandes über das geschützte Rechtsgut in Fällen polizeilicher Tatprovokation konstruiert. Der Erfolg im Sinne der Erfüllung des Tatbestandes[412] soll in den Fällen versagt bleiben, bei denen eine Gefährdung des Rechtsgutes unter keinen Umständen in Betracht kommen kann, wenn der Beteiligte das Rauschgift der Polizei in die Hände spielt.

Der Bundesgerichtshof hat soweit ersichtlich außerhalb der Fälle polizeilicher Tatprovokation eine am Schutzzweck des Tatbestandes orientierte Restriktion abgelehnt[413]. Die diesbezüglich ergangenen Urteile sind damit als fallspezifische Entscheidungen zu bezeichnen, die eine Verallgemeinerung nicht zulassen. Eine Generalisierung für den gesamten Tatbestand des Handeltreibens hat seitens der Rechtsprechung nicht stattgefunden.

Nach der herrschenden Rechtsprechung handelt es sich beim „Handeltreiben" um ein schlichtes Tätigkeitsdelikt.

II. Handeltreiben als Verletzungs- oder Gefährdungsdelikt

Es stellt sich die Frage, ob sich die Tatbestandsmodalität Handeltreiben nach der gängigen Auslegungspraxis des Bundesgerichtshofs als Verletzungs- oder als Gefährdungsdelikt darstellt. Da die Übergänge zwischen den Verletzungs- und Gefährdungsdelikten fließend[414] sind, bedarf es Abgrenzungskriterien.

---

[410] Roxin, StV 1992, S. 517 (519).
[411] BGH, Urt. v. 03.06.1981 - 2 StR 235/81 = StV 1981, S. 549.
[412] Franke/Wienroeder, BtMG, § 29 Rn. 86.
[413] Schwarzburg, Tatbestandsmäßigkeit und Rechtswidrigkeit der polizeilichen Tatprovokation, S. 58; Der BGH gewichtet den Grad der Rechtsgutsgefährdung aber im Rahmen der Schuldzumessung, BGH, Urt. v. 14.04.1999 - 3 StR 22/99 = StV 1999, S. 432 ff.
[414] Maurach/Zipf, Strafrecht AT I, § 20 Rn. 29.

1. Allgemeine Abgrenzungskriterien

Teilweise wird die Unterscheidung zwischen Verletzungs- und Gefährdungsdelikten anhand der Intensität des Rechtsgutsangriffes getroffen[415]. Der Gegenstand des Verletzungs- und konkreten Gefährdungserfolges - ebenso wie der Begriff des abstrakten Gefährdungsdeliktes - sei vom Schutzobjekt im Sinne des Rechtsguts her vorzunehmen[416]. Teilweise wird demgegenüber vertreten, es sei bei diesen Deliktskategorien als Abgrenzungskriterium nach der Intensität der Beeinträchtigung des Handlungsobjekts zu unterscheiden[417]. Rechtsgut als Schutzobjekt auf der einen Seite und Handlungsobjekt auf der anderen Seite sind begrifflich streng zu trennen[418]. Auch Verletzungs- und abstrakte Gefährdungsdelikte sind zu trennen und da die Einordnung eines Delikts in beide Kategorien unzulässig ist, kann die formal vom Handlungsobjekt ausgehende Methode keine befriedigenden Ergebnisse erzielen[419], so dass sich nur vom geschützten Rechtsgut (Leben, körperliche Unversehrtheit) her das für den Tatbestand relevante Objekt ausmachen[420] lässt. Relevant ist das Rechtsgut, das durch die der fraglichen Strafvorschrift zugrundeliegende Strafnorm geschützt werden soll und den materiellen und damit den entscheidenden Orientierungspunkt für die Beurteilung der Deliktskategorie eines Straftatbestandes darstellt.

2. Einordnung

Nach dem oben Festgestellten können Verletzungsdelikte als Delikte qualifiziert werden, bei denen der Erfolg im engeren Sinne in der Verletzung des Rechtsguts besteht. Die Tatbestandserfüllung der Modalität Handeltreiben mit Betäubungsmitteln setzt unstreitig nicht voraus, dass eine Verletzung eines der zugrundeliegenden Rechtsgüter des § 29 Abs. 1 Nr. 1 BtMG (Leben, Gesundheit) eingetreten sein muss, so dass das „Handeltreiben" kein Verletzungsdelikt ist. Innerhalb der Gruppe der Gefährdungsdelikte ist zwischen den abstrakten und den konkreten Gefährdungsdelikten zu unterscheiden. Bei den konkreten Gefährdungsdelikten liegt der Erfolg im engeren Sinne[421] in dem Eintritt einer konkreten Gefahr für das Rechtsgut. Dabei ist

415 Maurach/Zipf, Strafrecht AT I, § 20 Rn. 29.
416 Graul, Abstrakte Gefährdungsdelikte und Präsumtion im Strafrecht, S. 34.
417 Roxin, Strafrecht AT I, § 10 Rn. 122.
418 NK StGB-Hassemer, vor § 1 Rn. 264; Baumann/Weber/Mitsch, Strafrecht AT, § 3 Rn. 18.
419 Graul, Abstrakte Gefährdungsdelikte und Präsumtion im Strafrecht, S. 36.
420 Graul, Abstrakte Gefährdungsdelikte und Präsumtion im Strafrecht, S. 36.
421 Oben 3. Kapitel, A, I.

der Eintritt der Gefahr Tatbestandsmerkmal und muss im Einzelfall festgestellt werden[422]. Vorsatz oder Fahrlässigkeit sind dem Täter auch bezüglich dieser Gefahr nachzuweisen[423]. § 29 Abs. 1 S. 1 Nr. 1 BtMG enthält keinen Eintritt einer konkreten Gefahr in seinem Tatbestand, sondern fordert lediglich die Vornahme einer Handlung, nämlich das „Handeltreiben". Damit sind die Voraussetzungen für das Vorliegen eines konkreten Gefährdungsdelikts beim Handeltreiben nicht gegeben.

Bei den abstrakten Gefährdungsdelikten beruht demgegenüber die Strafwürdigkeit auf der generellen Gefährlichkeit der tatbestandsmäßigen Handlung für bestimmte Rechtsgüter. Die „Abstraktheit" der Gefährdung ist dabei eine Metapher für den Angriffsweg zur Rechtsgutsverletzung, dessen besonders weit ausgreifende Blockierung durch abstrakte Gefährdungsdelikte gewährleistet werden soll[424]. Erforderlich ist in Abgrenzung zu den oben genannten Deliktskategorien also weder die Herbeiführung eines Verletzungserfolges im engeren Sinne noch der Eintritt einer zum Tatbestand gehörenden konkreten Gefahr[425].

Beim „Handeltreiben" ist die Gefährlichkeit von Betäubungsmitteln der gesetzliche Grund der Strafandrohung. Nach der herrschenden Definition in der Rechtsprechung muss eine Verletzung des Rechtsgutes nicht eingetreten sein, um den Tatbestand des Handeltreibens zu erfüllen. Das Handeltreiben ist danach im Hinblick auf die potentiell schädlichen Folgen des Konsums als Vorverlagerung des Strafrechtsschutzes vor jene Verhaltensweise zu begreifen, die den (möglicherweise nicht voll verantwortungsfähigen) Konsumenten die Verfügung über die Betäubungsmittel und damit den Konsum ermöglichen[426].

Von den ganz überwiegenden Teilen der Rechtsprechung und der Literatur wird Handeltreiben folgerichtig als abstraktes Gefährdungsdelikt angesehen[427].

Teilweise wird die Legitimität der Ausgestaltung der Tatmodalität Handeltreiben in § 29 Abs. 1 Nr. 1 BtMG als abstraktes Gefährdungsdelikt kritisiert, da nicht notwendigerweise jede Verhaltensweise, die den Konsum ermöglicht, als strafrechtliches Unrecht verstanden werden könne[428]. Dabei wird auf die verfassungsrechtliche Vorgabe

---

[422] Jescheck/Weigend, Strafrecht AT, § 26 II 2.
[423] Maurach/Zipf, Strafrecht AT I, § 20 Rn. 31.
[424] Lüderssen, StV 2004, S. 97 (101).
[425] Graul, Abstrakte Gefährdungsdelikte und Präsumtion im Strafrecht, S. 35 (36).
[426] Nestler in: Kreuzer, Handbuch des Betäubungsmittelstrafrechts, § 11 Rn. 99; oben 2. Kapitel, B.
[427] Körner, BtMG, § 29 Rn. 201; BVerfG, Beschl. v. 09.03.1994 - 2 BvL 43/92 = NJW 1994, S. 1577 (1581); Endriß/Malek Betäubungsmittelstrafrecht, Rn. 186; Nestler in: Kreuzer, Handbuch des Betäubungsmittelstrafrechts, § 11 Rn. 97; a. A. Schwitters, Die Vorverlagerung der Strafbarkeit beim unerlaubten Handeltreiben im Betäubungsmittelstrafrecht, S. 144.
[428] Nestler in: Kreuzer, Handbuch des Betäubungsmittelstrafrechts, § 11 Rn. 99.

verwiesen, dass die Ermöglichung eigenverantwortlicher Selbstgefährdung grundsätzlich zu Straflosigkeit führe. Verhaltensweisen im Vorfeld, die, wie das Handeltreiben, den Konsum ermöglichen, seien im Lichte dieser verfassungsrechtlichen Vorgabe dahingehend zu prüfen, ob es als strafrechtliches Unrecht überhaupt zugerechnet werden kann, wenn der Konsum im konkreten Fall zu Verletzungen der Rechtsgüter des Konsumenten führt[429].

Auch seien abstrakte Gefährdungsdelikte bereits wegen ihrer Schwierigkeiten mit dem Schuldgrundsatz belastet[430]. Man könne die abstrakten Gefährdungsdelikte nur zulassen, wenn sie Handlungen bezeichnen, die nach ihrer Ausgestaltung durch eine typische Gefährdung und eine Unbeherrschbarkeit des Eintrittes einer Verletzung gekennzeichnet seien[431]. Dies könne bei der durch den Bundesgerichtshof definierten Begriffsbestimmung über das Handeltreiben nicht der Fall sein, insbesondere nicht wegen der Erweiterung über die „darauf gerichtete Tätigkeit". Diese weite Definition werde nicht einmal den weit vom Rechtsgut entkoppelten Ordnungswidrigkeiten gerecht[432] und verstoße daher gegen das Gesetzlichkeitsprinzip.

Selbst wenn man die Legitimität der abstrakten Gefährdungsdelikte im Bereich des Betäubungsmittelhandels generell anzweifelt, so wird von den einzelnen Autoren die Einordnung des Merkmals „Handeltreiben" nach der konkreten Auslegung durch den Bundesgerichtshof in die Kategorie der abstrakten Gefährdungsdelikte rechtsdogmatisch anerkannt.

Die Tatmodalität „Handeltreiben" mit Betäubungsmitteln ist nach der Rechtsprechung des Bundesgerichtshofs (auch) ein abstraktes Gefährdungsdelikt.

III. Handeltreiben als Unternehmenstatbestand

Fraglich ist, ob das „Handeltreiben" auch in die Deliktskategorie der Unternehmensdelikte einzuordnen ist.

Die Rechtsprechung geht offenbar davon aus, dass es sich beim „Handeltreiben" um einen „Unternehmenstatbestand"[433] bzw. um ein Unternehmensdelikt handelt[434].

---

[429] Nestler in: Kreuzer, Handbuch des Betäubungsmittelstrafrechts, § 11 Rn. 100, 101.
[430] Harzer, StV 1996, S. 336 (338).
[431] Harzer, StV 1996, S. 336 (338).
[432] Harzer, StV 1996, S. 336 (338).
[433] BGH Urt. v. 01.07.1988 - 2 StR 330/88 = BGHR BtMG § 29 Abs. 1 Nr. 1 Handeltreiben 9.
[434] Jüngst wohl auch der 1. Senat des BGH, Beschl. v. 25.03.2004 - 1 ARs 21/03; weitere Aufzählung in Körner, BtMG, § 29 Rn. 201, 244.

Bereits aus begrifflichen Gründen bestehen Bedenken, „Handeltreiben" als Unternehmenstatbestand im Sinne des § 11 Abs. 1 Nr. 6 StGB einzuordnen. Danach umfasst das Unternehmen einer Tat deren Versuch und Vollendung. Nach dieser gesetzlichen Definition ist ein Unternehmensdelikt bereits mit dem Eintritt in das Versuchsstadium vollendet. Da ein Unternehmensdelikt den Versuchsbereich aber per Definition bereits abdeckt, ist nach einhelliger Ansicht der Versuch eines Unternehmensdelikts nicht möglich[435]. Da der Begriff „Handeltreiben" aber nur die Vollendung umschreibt und in § 29 Abs. 2 BtMG eine gesonderte Versuchsstrafbarkeit enthält, scheidet die Annahme, es handele sich um ein „echtes" Unternehmensdelikt, jedenfalls aus.

1. „Unechte" Unternehmensdelikte

Im Anschluss an *Schröder*[436] wird neben den „echten" Unternehmensdelikten die Kategorie der „unechten" Unternehmensdelikte vertreten. Die Bezeichnung „unechte" Unternehmensdelikte findet ihre Anwendung auf diejenigen Straftatbestände, bei denen Bestandteil der vollendeten Tatbegehung bereits jene Tätigkeiten sind, die materiell dem Bereich des Versuchs zuzuordnen sind.

2. Struktur des „unechten" Unternehmensdelikts

Die „unechten" Unternehmensdelikte weisen dieselbe Deliktsstruktur wie die „echten" Unternehmensdelikte auf. Der Tatbestand der „unechten" Unternehmensdelikte knüpft jedoch nicht ausdrücklich an den Begriff des „Unternehmens" an, durch den die „echten" Unternehmensdelikte im Gesetzestext als Unternehmenstatbestände im technischen Sinne qualifiziert sind[437], so dass § 11 Abs. 1 Nr. 6 StGB jedenfalls nicht unmittelbar auf die erstgenannte Deliktsgruppe angewendet werden kann. Dies folgt bereits aus der Tatbestandsgarantie des Art. 103 Abs. 2 GG. Ungeachtet der strukturellen Gemeinsamkeiten sind die „unechten" Unternehmensdelikte daher unter der Sicht des jeweiligen Tatbestandes zu interpretieren und gegenüber den „echten" Unternehmensdelikten eigenständig zu behandeln[438]. Bei den Delikten, die den „unech-

---

[435] Paul, StV 1998, S. 623 (624).
[436] Schröder, Kern-FS S. 457ff (464 ff.).
[437] Schönke/Schröder/Eser, StGB, § 11 Rn. 52.
[438] LK-Gribbohm, § 11 Rn. 95.

ten" Unternehmensdelikten zugeschrieben werden[439], ist das tatbestandliche Verhalten auf eine bestimmte Dauer angelegt. Die Einordnung als „unechte" Unternehmensdelikte wird bei Strafvorschriften vorgenommen, die eine finale Handlungsbeschreibung besitzen, ohne dass diese einen tatsächlichen „Erfolg" (im engeren Sinne) zu haben brauchen. Nicht die Erfolgsverursachung, sondern das lediglich auf Herbeiführung eines bestimmten Erfolgs gerichtete Verhalten, eine bestimmte Tendenz des Täters[440], reicht für die Erfüllung des Tatbestandes aus. Es muss also lediglich der Erfolg im engeren Sinne, also das Ziel der Handlung, bei den „unechten" Unternehmensdelikten nicht erreicht werden, damit formelle Vollendung eintreten kann, auch wenn materiell noch ein Versuch vorliegt[441].
Grund für die Vorverlagerung der Vollendungsstrafbarkeit beim „unechten" Unternehmensdelikt ist der Gedanke, dass eine Tätigkeit deswegen bereits strafbar sein soll, weil der Täter mit ihr bestimmte deliktische Absichten verfolgt.[442]

3. Kritik an der Dogmatik der „unechten" Unternehmensdelikte

An der rechtswissenschaftlich überwiegend anerkannten Rechtsfigur der „unechten" Unternehmensdelikte wird teilweise Kritik geübt. Da die (formelle) Tatvollendung der Unternehmensdelikte bei materieller Betrachtung als bloßer Versuch erscheine, ergäben sich Probleme bei der Einordnung in die Kategorie der „unechten" Unternehmensdelikte in Bezug auf den verfassungsrechtlich garantierten Bestimmtheitsgrundsatz des Art. 103 Abs. 2 GG, § 1 StGB. Die Klassifizierung gewisser Tatbestände des StGB aufgrund der Tatsache, dass sie eine finale Handlungsbeschreibung besitzen, die von der bloßen Zielrichtung des Täters, also einer „Tendenzbetätigung" ohne Rücksicht auf einen rechtsgutsverletzenden Erfolg (im engeren Sinne), geprägt ist, sei vage[443] und oft zweifelhaft[444], da im Grunde die spezifische Tathandlung jedes Vorsatzdeliktes durch eine finale Tätigkeitsbeschreibung dargestellt werde[445]. Hinzu komme, dass der Umstand des Verzichts auf den Erfolgseintritt gleichermaßen als Wesensmerkmal der abstrakten Gefährdungsdelikte gilt. Beim „unechten" Unterneh-

[439] Aufzählung in: LK-Gribbohm, § 11 Rn. 95.
[440] Sowada, Das „unechte Unternehmensdelikt", GA 1988, S. 195 (199).
[441] Jakobs, Strafrecht AT, 25. Abschn. Rn. 7.
[442] Schönke/Schröder/Eser, StGB, § 11 Rn. 52.
[443] Sowada, GA 1988, S. 195 (200).
[444] Lackner/Kühl, StGB, § 11, Rn. 19.
[445] Sowada, GA 1988, S. 195 (200).

mensdelikt handele es sich daher um eine rein klassifikatorische Bezeichnung, der lediglich Ordnungsfunktion zukomme[446], denn die Einordnung in die Tatbestandskategorie richte sich nach der zunächst vorzunehmenden Auslegung und nicht umgekehrt[447]. Darüber hinaus seien die Übergänge zwischen noch straffreiem und schon tatbestandsmäßigem Verhalten beim „unechten" Unternehmensdelikt nur schwer bestimmbar. Der Gesetzgeber lasse die Strafbarkeitsgrenze mit unter Umständen fließenden Übergängen beginnen, wobei diese aber deutlich vor dem Zeitpunkt liegen könne, bei dem die Strafbarkeit des Versuchs eines entsprechenden Erfolgsdelikts beginnt[448]. Problematisch sei auch die Konsequenz aus der Schaffung der Gruppe der „unechten" Unternehmensdelikte bei einem Ausschluss der fakultativen Strafmilderung des § 23 Abs. 2 StGB auf der Rechtsfolgeseite. Letztlich stelle sich auch das Problem des Rücktritts, da die Vornahme einer Handlung mit bestimmter Tendenz bereits die formelle Vollendung der Tat begründe und § 24 StGB schon dadurch praktisch ausgeschlossen sei[449].

4. Handeltreiben im Sinne des § 29 Abs. 1 BtMG als „unechtes" Unternehmensdelikt

Zum Teil wird vertreten, § 29 Abs. 1 Nr. 1 BtMG in der Form des „Handeltreibens" sei kein „unechtes" Unternehmensdelikt[450]. Bei den „unechten" Unternehmensdelikten handele es sich „ausschließlich um Straftatbestände, die keine Versuchsstrafbarkeit"[451] normierten, da ein Unternehmensdelikt bereits Versuch und Vollendung zusammenfasse. Da hierbei jede Form des Versuchs gemeint sei, wäre es „widersprüchlich anzunehmen, dass es sonst noch Versuche geben könnte"[452]. Es sei daher unrichtig, eine Strafvorschrift wie § 29 Abs. 1 BtMG, in dessen Absatz 2 ausdrücklich die Versuchsstrafbarkeit angeordnet ist, in die Kategorie der „unechten" Unternehmensdelikte einzuordnen[453].

---

[446] Sowada, GA 1988, S. 195 (203); a. A. Wolters, Das Unternehmensdelikt, S. 326.
[447] BGH, Anfragebeschl. v. 10.07.2003 - 3 StR 61/02 u. 243/02 = StV 2003, S. 501 (503).
[448] LK-Gribbohm, § 11 Rn. 95.
[449] Schönke/Schröder-Eser, StGB, § 11 Rn. 55; unten 3. Kapitel, B, II, 6.
[450] Paul, StV 1998, S. 623 (624), wohl auch Harzer, StV 1996, S. 336 (337); Roxin, StV 2003, S. 619; Nestler in: Kreuzer, Handbuch des Betäubungsmittelstrafrechts, § 11 Rn. 365; Schwitters, Die Vorverlagerung der Strafbarkeit beim unerlaubten Handeltreiben im Betäubungsmittelstrafrecht, S. 90.
[451] Paul, StV 1998, S. 623 (624); Neuhaus, NStZ 2001, S. 39 (41).
[452] Harzer, StV 1996, S. 336 (337); Nestler in: Kreuzer, Handbuch des Betäubungsmittelstrafrechts, § 11 Rn. 365 (Fn. 903).
[453] Roxin, StV 2003, S. 619.

Die überwiegende Ansicht in der Literatur geht zumeist ohne Begründung davon aus, dass es sich bei dem Merkmal „Handeltreiben" um ein „unechtes" Unternehmensdelikt[454] handelt, bzw. als ein solches „ausgestaltet"[455] ist. Dieser Ansicht ist zuzustimmen.

Nach der Definition des Bundesgerichtshofs reicht für die Tatbestandskategorie des Handeltreibens jede eigennützige Bemühung aus, die darauf gerichtet ist, den Umsatz mit Betäubungsmitteln zu ermöglichen oder zu fördern[456]. Eine den Absatz vorbereitende Handlung reicht aus, soweit sie vom Willen zum späteren Verkauf der Droge getragen ist. Der „Wille", Umsatz herbeizuführen, ist die vom Täter verfolgte Tendenz, durch den das vom objektiven Tatbestand erfasste Täterverhalten erst seine strafrechtliche Bedeutung erhält. Der erfolgreiche Verkauf des Rauschmittels ist in den Tatbestand nicht als notwendiger Bestandteil des Delikts aufgenommen worden und wird von der Rechtsprechung auch nicht gefordert. Da die Tatbestandskategorie des Handeltreibens in der Form der weiten Definition des Bundesgerichtshofs und der damit verliehene Regelungsinhalt somit die Struktur eines Unternehmensdeliktes aufweist, der Tatbestand aber nicht ausdrücklich den Begriff des Unternehmens enthält, handelt es sich bei § 29 Abs. 1 Nr. 1 BtMG in der Variante des Handeltreibens nach der Auslegung des Bundesgerichtshofs[457] um ein „unechtes" Unternehmensdelikt.

Problematisch erscheint die Einordnung des Handeltreibens als unechtes Unternehmensdelikt allerdings unter dem Gesichtspunkt des § 29 Abs. 2 BtMG. Durch die Versuchsstrafbarkeit normierende Vorschrift wird strukturell eine Strafbarkeitserweiterung gefordert, deren Sinn im Falle des „unechten" Unternehmensdeliktes zweifelhaft ist. Denn durch die Struktur des unechten Unternehmensdeliktes, bereits die Tendenztätigkeit als Vollendungsstrafbarkeit zu qualifizieren, wird der materielle Versuchsbereich von dem Bereich der formellen Vollendung umfasst. Formelle Vollendung des Deliktes liegt also bereits dann vor, wenn der Bereich des (materiellen)

[454] Weber, BtMG, Vor §§ 29 ff. Rn. 116; Körner, BtMG, § 29 Rn. 319; Endriß/Malek Betäubungsmittelstrafrecht, Rn. 127, Krack, JuS, 1995, S. 585 (587); Eberth/Müller, Verteidigung in Betäubungsmittelsachen, Rn. 29; Wagner/Kallin/Kruse, Betäubungsmittelstrafrecht, Rn. 36; Endriß, NStZ 1998, S. 463; Hügel/Junge/Lander-Winkler, Dt. BtM-Recht, § 29 Rn. 4.1.1.

[455] Franke/Wienroeder, BtMG, § 29 Rn. 17, 83; Joachimski/Haumer BtMG, § 29 Rn. 27; Liemersdorf/-Miebach, MDR 1979, S. 981 (982); Strate, ZRP 1987, S. 314 (316); kritisch Paeffgen, Betäubungsmittelstrafrecht und BGH, Festgabe Band IV Fußnote 111.

[456] BGH, Urteil v. 01.07.1954 - 3 StR 657/53 = NJW 1954, S. 1537.

[457] So auch Endriß/Kinzig, NJW 2001, S. 3217 (3218); Strate, ZRP 1987, S. 314 (316).

Versuchs erreicht ist. Für einen Versuch, der gesetzlich vorgesehen und gefordert wird, ist damit praktisch kein Raum, es sei denn, man würde einen weiteren Versuch zulassen.

Ein struktureller Versuch des Versuchs[458] würde jedoch den Rahmen des Art. 103 Abs. 2 GG sprengen und wird auch von keiner Meinung ernsthaft vertreten, ginge doch die Strafbarkeit weit in das Vorfeld der Tathandlung bis in den Bereich der straflosen Vorbereitung und dabei in den Bereich der ersten Ausführungshandlung. Die Bestimmtheit des Tatbestandes ginge verloren[459].

Da der Versuch des Handeltreibens als „unechtes" Unternehmensdelikt nach der Definition des Bundesgerichtshofs zumindest im Rahmen eigener Umsatzgeschäfte nicht möglich erscheint, fragt sich, ob dies eine Qualifizierung des „Handeltreibens" als „unechtes" Unternehmensdelikt insgesamt in Frage stellt. Dieser Schluss wäre naheliegend, wenn § 29 Abs. 2 BtMG durch § 29 Abs. 1 Nr. 1 BtMG vollständig ausgehebelt wäre.

Zu bedenken ist, dass § 29 Abs. 2 BtMG allenfalls eingeschränkt auf das Merkmal „Handeltreiben" anwendbar sein kann. Die außerhalb des Merkmals Handeltreiben liegenden übrigen Tatmodalitäten des § 29 Abs. 1 Nr. 1 BtMG sind zum Teil strukturell nicht als „unechte" Unternehmensdelikte ausgestaltet, wie z. B. bei den erfolgsgebundenen Tatbestandsmerkmalen des Erwerbs, der Ein- und Ausfuhr. Bei ihnen wird die Strafbarkeitsgrenze über §§ 29 Abs. 2 BtMG, 22 StGB bestimmt.

§ 29 Abs. 2 BtMG kann beim „Handeltreiben" nur diejenigen Fälle erfassen, bei denen sich die materielle Versuchsstrafbarkeit nicht bereits als vollendetes Handeltreiben darstellt, sondern in denen die Handlung vielmehr im Versuchsstadium stecken bleibt. Als „Auffangtatbestand"[460] kommt § 29 Abs. 2 BtMG namentlich in der Konstellation des untauglichen Versuchs[461] in Betracht, mit der Konsequenz, dass hier auch die fakultative Strafmilderung des § 23 Abs. 2 StGB zu beachten wäre. Die gesetzlich geregelte Versuchsstrafbarkeit der Tatbestandskategorie Handeltreiben in der Form des „unechten" Unternehmensdeliktes ist nicht außergewöhnlich. Im Strafgesetzbuch finden sich weitere Tatbestände, die strukturell als „unechte" Unternehmensdelikte anzusehen sind, bei denen ebenfalls spezielle Versuchstatbestände vorgesehen

---

458 Jakobs, Strafrecht AT, 25. Abschn. Rn. 6; unten 3. Kapitel, B, II, 2.
459 Jakobs, Strafrecht AT, 25. Abschn. Rn. 6; Wolters, Das Unternehmensdelikt, S. 319.
460 Körner, BtMG, § 29 Rn. 319.
461 Unten 3. Kapitel, B, II, 5.

sind, wie z. B. im Falle des sicherheitsgefährdenden Nachrichtendienstes gem. § 109 f Abs. 1 Nr. 3 i.V.m. Abs. 2 StGB[462], der Absatzhilfe bei der Hehlerei gem. § 259 Abs. 1 StGB[463] oder der Gefangenenmeuterei gem. § 121 Abs. 1 Nr. 1 StGB[464].

§ 29 Abs. 2 BtMG steht der Annahme eines „unechten" Unternehmensdeliktes in der Kategorie Handeltreiben des § 29 Abs. 1 Nr. 1 BtMG somit nicht entgegen.

B. Versuchshandlungen

I. Allgemeine Voraussetzungen der Versuchsstrafbarkeit / keine Vollendung

Nachdem die Deliktsstruktur der Tatmodalität „Handeltreiben" festgestellt worden ist, ist das Verhältnis zur Versuchsstrafbarkeit zu untersuchen. Aus dem Verhältnis der Deliktskategorien zur Versuchsstrafbarkeit ergeben sich zugleich Erkenntnisse für die bestehende Vorverlagerung der Strafbarkeit beim „Handeltreiben". Der Versuch ist gekennzeichnet durch das Fehlen der Tatbestandsvollendung, eines bestimmten Tatentschlusses und durch das unmittelbare Ansetzen zur Tatbestandsverwirklichung. Die Abgrenzungsfragen bei der Versuchsstrafbarkeit, also zwischen Vorbereitung, Versuch und Vollendung, sind durch die jeweiligen Auslegungen der Tatbestände beeinflusst[465] und damit eine „tatbestandsspezifische Frage"[466]. Beim „Handeltreiben" ist die Strafbarkeit des Versuchs in § 29 Abs. 2 BtMG geregelt.

II. Versuchsbereich beim „unechten" Unternehmensdelikt

Da § 29 Abs. 1 Nr. 1 BtMG in der Form des Handeltreibens als „unechtes" Unternehmensdelikt den materiellen Bereich des Versuches mit abdeckt, ist zunächst festzustellen, wann der Strafbarkeitsbeginn überhaupt anzusetzen ist, ob und inwieweit untaugliche Versuchshandlungen zur formellen Vollendung des Tatbestandes führen.

---

462 Maurach/Gössel/Zipf, AT 2, § 40 II, Rn. 89.
463 So auch Krack, NStZ 1998, S. 462; Ebert, Das Handeltreiben mit Betäubungsmitteln im Sinne von § 29 I 1 Nr. 1 BtMG, S. 119; Maurach/Gössel/Zipf, AT 2, § 40 II, Rn. 89.
464 Wolters, Das Unternehmensdelikt, S. 322.
465 Lackner/Kühl, StGB, § 22 Rn. 4.
466 LK-Hillenkamp, § 22 Rn. 86.

1. Unmittelbares Ansetzen beim „unechten“ Unternehmensdelikt nach § 22 StGB?

Fraglich ist, wie die Strafbarkeitsgrenzen beim „unechten“ Unternehmensdelikt im Allgemeinen abzustecken sind. Für den Bereich der „echten“ Unternehmensdelikte gilt die nahezu einhellige Ansicht[467], dass die Abgrenzung des Bereichs der straflosen Vorbereitungshandlung von der Strafbarkeit nach den allgemein entwickelten Grundsätzen über das unmittelbare Ansetzen des § 22 StGB vorzunehmen ist. Hierfür spricht zum einen der Umstand, dass die Einführung der „echten“ Unternehmenstatbestände durch den Gesetzgeber nicht dazu dienen sollte, die Strafbarkeit auf den Bereich der Vorbereitungshandlung auszudehnen[468]. Darüber hinaus spricht der Wortlaut des § 11 Abs. 1 Nr. 6 StGB mit der ausdrücklichen Einbeziehung des Begriffs des „Versuchs“ für diese Ansicht[469].
Mangels eindeutiger gesetzlicher Regelung über die Grundsätze des „unechten“ Unternehmensdeliktes ist die Abgrenzung zwischen strafloser Vorbereitung und bereits formeller Vollendung, mag diese sich auch als materieller Versuch darstellen, schwierig und umstritten.

a) Meinungsstand

Teilweise wird davon ausgegangen, dass die „unechten“ Unternehmensdelikte wegen der starken strukturellen Übereinstimmungen mit den gesetzlich verankerten „echten“ Unternehmensdelikten sowohl in den Voraussetzungen als auch den Rechtsfolgen weitgehend gleichgestellt seien[470]. Demnach würden die für die Abgrenzung zwischen Vorbereitung und Versuch geltenden Grundsätze des § 22 StGB für beide Deliktskategorien gleichermaßen gelten[471].
Dagegen wird vorgebracht, dass aus den strukturellen Gemeinsamkeiten zwischen den gesetzlich geregelten „echten“ Unternehmensdelikten und der Figur der „unechten“ Unternehmensdelikte ohne weiteres keine weitergehenden Folgen gezogen werden könnten[472]. Die Grenzziehung zwischen noch straffreiem und schon tatbestands-

---

[467] Sowada, GA 1988, S. 195 (197).
[468] SK-Rudolphi, 28. Lfg., 6. Aufl. Mai 1998, § 11 Rn. 41.
[469] Sowada, GA 1988, S. 195 (197).
[470] Berz, Formelle Tatbestandsverwirklichung und materieller Rechtsgüterschutz, S. 135 (138).
[471] Berz, Formelle Tatbestandsverwirklichung und materieller Rechtsgüterschutz, S. 135 (138).
[472] LK-Gribbohm, § 11 Rn. 93; MK-Radtke, § 11 Rn. 93.

mäßigem Verhalten sei bei den „unechten" Unternehmensdelikten schwer aufweisbar, da das tatbestandsmäßige Verhalten auf eine bestimmte Dauer angelegt sei. Das allgemeine Kriterium des § 22 StGB erweise sich in dieser Situation als ungeeignet[473]. Darüber hinaus sei die Einbeziehung von Versuchsaspekten bei den „unechten" Unternehmensdelikten lediglich Folge einer Tatbestandsinterpretation, aber keine gesetzgeberische Anweisung wie bei den „echten" Unternehmensdelikten. Das Gesetz verzichte bewusst darauf, zur Ausermittlung der Strafbarkeitsgrenze an den „Versuch" im technischen Sinne anzuknüpfen. Ein Rückgriff auf die §§ 22 StGB ff. stelle daher auch eine unzulässige Analogie dar[474].
Die Grenze der Strafbarkeit ergebe sich bei den „unechten" Unternehmensdelikten vielmehr aus der „Aussagekraft der Beschreibung der Tathandlung"[475] und verlange eine sorgfältige Analyse des betreffenden Deliktstatbestandes.[476]

b) Stellungnahme

Die Ansicht, den Beginn der Strafbarkeit bei den „unechten" Unternehmensdelikten durch die Aussagekraft der Beschreibung der Tathandlung des jeweiligen Tatbestandes individuell zu bestimmen, birgt die Gefahr des Verstoßes gegen das Bestimmtheitsgebot des Art. 103 Abs. 2 GG, § 1 StGB in sich. Die Interpretation über die Aussagekraft der Beschreibung der Tathandlung ohne Berücksichtigung des § 22 StGB kann dazu führen, dass der Strafbarkeitsbereich durch eine zu extensive Auslegung überdehnt wird und der Tatbestand seine strafbegrenzende Funktion verliert. Insoweit kann auf die nicht übersehbare Tendenz im Falle des „unechten" Unternehmensdeliktes der Jagdwilderei (§ 292 StGB) verwiesen werden, bei der bereits die Reichsgerichtsrechtsprechung den Beginn der Strafbarkeit im Bereich der materiellen Vorbereitungshandlung ausgemacht hat[477], was von der Rechtsprechung der Bundesgerichte übernommen wurde. Im Hinblick darauf kann eine Strafbarkeitsbestimmung über das Kriterium des § 22 StGB einen festen Bezugspunkt bilden, auf den bei ausufernder Tatbestandsauslegung verwiesen werden könnte. Die Wesensgleichheit der „unechten" Unternehmensdelikte und der „echten" Unternehmensdelikte, bei denen § 22 StGB als Strafbarkeitsgrenze und als Regulativ Anwendung fin-

[473] LK-Gribbohm, § 11 Rn. 95.
[474] Sowada, GA 1988, S. 195, 206; LK-Gribbohm, § 11 Rn. 95.
[475] LK-Tröndle (10. Aufl.) § 11 Rn. 79.
[476] Sowada, GA 1988, S. 195 (206); MK-Radtke, § 11 Rn. 93.
[477] Z. B. RG 11, Urt. v. 09.10.1884, Rep. 1910, S. 249 (251).

det, könnte auf den ersten Blick ein Argument für deren Gleichbehandlung bei den Voraussetzungen der Strafbarkeit sein.
Die konsequente Anwendung der §§ 22 ff. StGB würde aber auch die gesamte Palette der darin enthaltenen Versuchsformen automatisch der Vollendungsstrafe unterwerfen[478], was für die „unechten" Unternehmensdelikte faktisch einer über den Wortlaut des Tatbestandes hinausgehenden Strafbarkeitserweiterung gleichkommen und gegen das Verbot einer den Täter belastenden Analogie[479] verstoßen würde. Die Vorschriften des Art. 103 Abs. 2 GG und § 1 StGB, die ihrerseits besondere gesetzliche Vorschriften für den Fall einer Strafbarkeitserweiterung fordern, lassen den Rückgriff auf das „vollständige Normenprogramm"[480] des § 22 StGB beim „unechten" Unternehmensdelikt damit nicht generell zu.
Allerdings kann eine selektive Anwendung des § 22 StGB ausschließlich in Bezug auf die Strafbarkeitsgrenze begründet sein. Da die konkrete Ausgestaltung eines Deliktes Unterscheidungen im praktischen Umgang zu anderen Delikten innerhalb einer Rechtsfigur zulässt, lässt sich die Frage nur mit Blick auf den spezifischen Tatbestand beantworten. Eine für jeden „unechten" Unternehmenstatbestand allgemeingültige Aussage ist dementsprechend nicht möglich.

2. Unmittelbares Ansetzen beim „Handeltreiben" nach § 22 StGB ?

Für die hier zu untersuchende Strafbarkeitsgrenze des „unechten" Unternehmensdelikts „Handeltreiben" ist damit die konkrete Ausgestaltung des Tatbestandes maßgeblich.
Der § 29 Abs. 2 BtMG ordnet für § 29 Abs. 1 Nr. 1 BtMG und damit auch für die Tatbestandsmodalität des „Handeltreibens" ausdrücklich die Versuchsstrafbarkeit an. Zwar bedeutet dies keine Strafbarkeitserweiterung in das Vorfeld der ersten Tathandlung, da der Versuch der durch das Unternehmensdelikt beschriebenen Tendenztätigkeit einem „Versuch des Versuches" gleichkäme[481] und eine solche Auslegung den Rahmen des Art. 103 Abs. 2 GG sprengen würde. Dennoch wird für den Rahmen der Möglichkeiten, in dem die Vorschrift des § 29 Abs. 2 BtMG beim Merkmal „Handeltreiben" als Auffangtatbestand dienen kann, der Beginn der Strafbarkeit

---

[478] Sowada, GA 1988, S. 195 (206).
[479] Sowada, GA 1988, S. 195 (206).
[480] Sowada, GA 1988, S. 195 (208).
[481] Jakobs, Strafrecht AT, 2. Aufl. 25. Abschn. Rn. 6; Wolters, Das Unternehmensdelikt, S. 323.

durch die Vorschrift des § 22 StGB angezeigt[482]. Hierfür spricht nach gesetzessystematischer Auslegung bereits der Wortlaut des § 29 Abs. 2 BtMG mit der ausdrücklichen Einbeziehung des Begriffs „Versuch". Anders als bei den sonstigen „unechten" Unternehmensdelikten ohne gesonderte Androhung einer Versuchsstrafbarkeit muss bei solchen Delikten dieser Rechtsfigur mit ausdrücklich angeordneter Versuchsstrafbarkeit die Grenze zwischen strafloser Vorbereitung und dem Bereich der Strafbarkeit, somit auch über die in § 22 StGB normierten Grundsätze, ermittelt werden.

3. Der Versuch des „Handeltreibens"

Die Ausgestaltung der Tatmodalität Handeltreiben im Sinne des § 29 Abs. 1 BtMG nach der Definition des Bundesgerichtshofs hat im Bereich der Versuchsstrafbarkeit die Konsequenz, dass mit Überschreitung der Strafbarkeitsgrenze des unmittelbaren Ansetzens im Sinne des § 22 StGB der Delikttatbestand formell vollendet wird. Da mit Überschreitung der Strafbarkeitsgrenze des § 22 StGB der Bereich des materiellen Versuchs von der formellen Vollendung überlagert wird und damit nicht stattfindet, ist ein tauglicher Versuch nach § 29 Abs. 2 BtMG für die Tatmodalität „Handeltreiben" praktisch nicht möglich[483]. Der Bundesgerichtshof konstatierte hierzu, dass nur noch „wenige Verhaltensweisen" denkbar seien, die über die Vorbereitung hinaus einen Versuch darstellen[484] könnten, allerdings besteht kein denkbarer Fall, der sich im Rahmen der materiellen Versuchsstrafbarkeit nicht bereits als vollendetes Handeltreiben darstellt, sondern im Versuchsstadium steckenbleibt. Der 2. Strafsenat des Bundesgerichtshofs[485] hat in einer singulären Entscheidung, die die Strafbarkeit eines Kuriers betraf[486], festgestellt, dass unter bestimmten Umständen in Bezug auf das „Handeltreiben" „allenfalls" ein Versuch in Betracht kommt. Soweit ersichtlich ist, existiert in der höchstrichterlichen Rechtsprechung jedoch kein einziger Fall, in dem ein (tauglicher) Versuch des Handeltreibens rechtskräftig[487] festgestellt worden wäre.

---

[482] Endriß/Malek, Betäubungsmittelstrafrecht, Rn. 187.
[483] LK-Hillenkamp, § 22, Rn. 13.
[484] BGH, Urt. v. 20.08.1991 - 1 StR 321/91 BGHR BtMG § 29 Abs. 1 Nr. 1 Handeltreiben 29; Körner, BtMG, § 29 Rn. 319.
[485] BGH, Urteil v. 18.06.1986 - 2 StR 201/86 = StV 1986, S. 527.
[486] 1. Kapitel, B, II, 5; 4. Kapitel II, 1, c).
[487] Eine Verurteilung durch das LG Braunschweig wegen versuchten Handeltreibens wurde mit der gängigen Begründung aufgehoben, vgl. BGH, Urt. v. 15.04.1980 - 5. StR 135/80 = NJW 1980, S. 2204; vgl. auch unten 3. Kapitel, C, I, 1, b).

4. Der untaugliche Versuch beim „unechten" Unternehmensdelikt

Eigenständige Bedeutung könnte der Versuchstatbestand des § 29 Abs. 2 BtMG aber in Bezug auf die Strafbarkeit des sog. „untauglichen" Versuchs haben.
Fraglich ist zunächst das Verhältnis „untauglicher Versuch" in Bezug auf die „unechten" Unternehmensdelikte im Allgemeinen.
Von einem untauglichen Versuch ist zunächst dann auszugehen, wenn die Ausführung des Tatentschlusses aus tatsächlichen oder rechtlichen Gründen nicht zur vollständigen Verwirklichung des objektiven Tatbestandes führen kann, der Täter aber subjektiv davon ausgeht, sein auf die Erfüllung des Tatbestandes abzielendes Verhalten werde das tatbestandliche Unrecht verwirklichen[488]. Ein untauglicher Versuch ist möglich in drei Fallgruppen, dem Versuch am untauglichen Objekt, dem Versuch mit untauglichen Mitteln und dem Versuch des untauglichen Subjekts. Im Gegensatz zu den beiden erstgenannten, ist die letztgenannte Fallvariante nicht ausdrücklich durch § 23 Abs. 3 StGB geregelt.

a) Versuch am untauglichen Objekt und Subjekt und mit untauglichen Mitteln

Ob bei den „unechten" Unternehmensdelikten untaugliche Versuche zu einer Strafbarkeit führen können, ist mangels einer gesetzlichen Richtschnur umstritten.[489] Eine in der Literatur vertretene Ansicht[490], nach der „unechte" Unternehmensdelikte jeden Untauglichkeitsfall erfassen würden, kann nicht gefolgt werden, da die Auffassung kaum mit dem Bestimmheitsgebot in Einklang zu bringen ist.
Nach der überwiegenden Ansicht in der Literatur[491] wird jedenfalls die Konstellation des Versuchs am untauglichen Objekt oder des untauglichen Subjekts[492] von vorne herein durch „unechte" Unternehmensdelikte nicht erfasst, zumindest, wenn der Versuch des Delikts nicht strafbar ist[493]. Ein Teil dieser Auffassung[494] begründet den

[488] LK-Hillenkamp, § 22 Rn. 179; Wessels/Beulke, Strafrecht AT, § 14 III, Rn. 619.
[489] Krack, Jus 1995, S. 585 (587).
[490] Bockelmann, NJW 1951, S. 620 (622); Waider, GA 1962, S. 176 (181; 183).
[491] LK-Gribbohm, § 11, Rn. 96; Schönke/Schröder-Eser, StGB, § 11 Rn. 54; Jescheck/Weigend, § 49 VIII 2; MK-Radtke, § 11 Rn. 93.
[492] Bejahend: Bockelmann, NJW 1951, S. 620 (622); Waider, GA 1962, S. 176 (181; 182).
[493] LK-Gribbohm, § 11, Rn. 96; MK-Radtke, § 11 Rn. 93.
[494] Schönke/Schröder-Eser, StGB, § 11 Rn. 54.

Ausschluss der Strafbarkeit für den Bereich der untauglichen Versuche mit der Wesensart dieses Deliktes, lediglich eine bestimmte Tendenz des Täters unter Strafe zu stellen. Da die finale Handlungsbeschreibung von der bloßen Zielrichtung des Täters ohne Rücksicht auf einen Erfolg getragen ist, könnten die Versuchsgrundsätze auch nur in Bezug auf die Handlung übertragen werden und nicht auf die rechtliche Qualität des Handlungsobjekts[495]. Nach dieser Ansicht wäre also der Versuch mit untauglichen Mitteln strafbar.

Die Rechtsprechung[496] hat demgegenüber im Falle des „unechten" Unternehmensdeliktes der Strafvereitelung gemäß § 257 a. F. StGB für das Merkmal Beistandleisten stets ein objektiv geeignetes Verhalten gefordert, also in den Tatbestand nur taugliche Versuchshandlungen einbezogen. Schon im Hinblick auf Art. 103 Abs. 2 GG, § 2 StGB müsse das Vorliegen aller objektiven Tatbestandsmerkmale gegeben sein[497].

b) Kein untauglicher Versuch beim „unechten" Unternehmensdelikt

Teilweise wird daher vertreten, die Strafbarkeit beim „unechten" Unternehmensdelikt generell auf die Fälle tauglicher Versuche zu beschränken.

Die Erstreckung der Strafbarkeit auf untaugliche Versuche sei generell abzulehnen, ganz gleich auf welchem Grund die Untauglichkeit beruhe[498]. Die finalen Tätigkeitsbeschreibungen der unechten Unternehmensdelikte seien grundsätzlich dahin auszulegen, dass sie nur für die jeweils geschützten Rechtsgüter konkret gefährliche und damit taugliche Versuchshandlungen umfassen. Eine generelle Übertragung der subjektiven Versuchslehre, die den Versuch mit untauglichen Mitteln, also untaugliche Handlungsversuche unter Strafe stellen würde, sei im Falle der „unechten" Unternehmensdelikte nicht möglich. Möglich wäre eine solche generelle Übertragung der Grundsätze der subjektiven Versuchslehre nur dann, wenn die beim untauglichen Versuch erfolgende Pönalisierung reiner Handlungsunwerte ein allgemeiner Grundsatz des Strafrechtes wäre, was aber nicht der Fall sei[499].

---

[495] Schönke/Schröder-Eser, StGB, § 11 Rn. 54.
[496] RGSt 35, S. 77; 58, S. 15; 76, S. 132; BGHSt 4, S. 225 (Begünstigung).
[497] So auch LK-Gribbohm, § 11, Rn. 96; Jakobs, Strafrecht AT, 25. Abschn. Rn. 7.
[498] SK-Rudolphi, 28. Lfg., 6. Aufl. Mai 1998, § 11 Rn 46; Sowada, GA 1988, S. 195 (207).
[499] SK-Rudolphi, 28. Lfg., 6. Aufl. Mai 1998, § 11 Rn. 46.

c) Stellungnahme

Der oben genannten Ansicht, die Konstellation des untauglichen Versuchs durch die „unechten" Unternehmensdelikte grundsätzlich nicht erfassen zu lassen, ist zuzustimmen. In dem auf konkreten Rechtsgüterschutz gerichteten Erfolgsstrafrecht bildet die Bestrafung des untauglichen Versuch lediglich eine vom Gesetzgeber in § 22 StGB ausdrücklich angeordnete Ausnahme. Die Grundsätze der subjektiven Versuchslehre lassen sich auf die unechten Unternehmensdelikte auch nicht über die wesensverwandten echten Unternehmensdelikte übertragen, da diese über § 11 Abs. 1 Nr. 6 StGB unmittelbar mit § 22 StGB verbunden sind und der Gesetzgeber bei den „unechten" Unternehmensdelikten diesen Schritt bewusst nicht vollzogen hat. Für eine formelle Tatbestandsverwirklichung müssen schon im Hinblick auf Art 103 Abs. 2 GG, § 2 StGB alle Tatbestandsmerkmale objektiv gegeben sein.

5. Der untaugliche Versuch beim „Handeltreiben" als „unechtes" Unternehmensdelikt

Etwas anderes muss bei der Frage der Strafbarkeit des untauglichen Versuchs gelten, wenn das Gesetz ausdrücklich die Strafbarkeit des Versuches des „unechten" Unternehmensdeliktes anordnet, wie dies durch § 29 Abs. 2 BtMG bei der Tatmodalität Handeltreiben der Fall ist[500]. § 29 Abs. 2 BtMG nimmt durch die ausdrückliche Einbeziehung des Begriffs „Versuch" gesetzessystematisch Bezug auf § 22 StGB, wonach auch der untaugliche Versuch einen strafbaren Versuch darstellt. Die Vorschrift des § 29 Abs. 2 BtMG gewinnt somit im Rahmen der untauglichen Versuche eine eigenständige Bedeutung[501] und zwar unabhängig davon, ob die Untauglichkeit auf das Tatmittel oder aber das Tatobjekt bezogen ist. Lediglich der Versuch des untauglichen Subjektes ist bei der Vorschrift über das Handeltreiben nicht möglich, da sich jeder wegen eines Verstoßes gegen die Strafvorschriften strafbar machen kann und eine eventuelle Erlaubnis zum Handeltreiben i. S. d. § 3 BtMG keine hinreichende Charakterisierung des Subjekts darstellt. Der untaugliche Versuch des „Handeltreibens" mit Betäubungsmitteln ist in Bezug auf das Objekt und die Mittel gemäß der

[500] Endriß/Malek, Betäubungsmittelstrafrecht, Rn. 190; LK-Gribbohm, § 11 Rn. 96.
[501] Endriß/Malek, Betäubungsmittelstrafrecht, Rn. 190.

Auffangfunktion des § 29 Abs. 2 BtMG somit strafbar und auch faktisch möglich[502]. Im Gegensatz zu den „echten" Unternehmensdelikten, bei denen die fakultative Strafmilderung des § 23 Abs. 2 StGB nicht eröffnet[503] ist, ist § 23 Abs. 2 StGB über § 29 Abs. 2 BtMG, § 22 StGB anwendbar.

6. Rücktritt beim „unechten" Unternehmensdelikt

Die allgemeine Rücktrittsvorschrift des § 24 StGB ist nach einhelliger Meinung[504] im Bereich der „unechten" Unternehmensdelikte grundsätzlich unanwendbar. Obwohl die Vornahme einer Handlung mit bestimmter Tendenz bereits die formelle Vollendung der Tat begründet, ein Rücktritt daher praktisch nicht vorstellbar ist, wird teilweise aber die analoge Anwendung von Rücktrittsregelungen bzw. Regelungen der tätigen Reue anderer Unternehmensdelikte diskutiert[505]. Dabei wird gefordert, die §§ 31 Abs. 1 83a, 314a Abs. 1, Abs. 2 Nr. 1 StGB als Modell für eine Rücktrittsregelung heranzuziehen[506]. Diese Ansicht stößt aber auf Kritik. Eine entsprechende Anwendung auf sämtliche „unechten" Unternehmenstatbestände widerspreche den besonderen Rücktrittsvorschriften, die eine auf die jeweiligen Tatbestände bezogene Ausformung erfahren hätten und keine generelle Übertragbarkeit zuließen[507]. Der Gesetzgeber habe solche Vergünstigungen nur für bestimmte Straftatbestände aus besonderen kriminalpolitischen Erwägungen vorgesehen. Eine analoge Anwendung anderer Rücktrittsvorschriften missachte den Willen des Gesetzgebers[508] und führe zu kriminalpolitisch unerwünschten Ergebnissen[509].

7. Rücktritt beim „Handeltreiben" als „unechtes" Unternehmensdelikt

Die „unechten" Unternehmensdelikte sind untereinander außerordentlich vielgestaltig[510], und jeder Deliktstatbestand ist nach seinen spezifischen Besonderheiten einer

---

502 In Fällen fremder Umsatzgeschäfte (Kurierfälle), vgl. Körner, BtMG, § 29 Rn. 359, 361.
503 Schönke/Schröder-Eser, StGB, § 11 Rn. 50.
504 SK- Rudolphi, 28. Lfg., 6. Aufl. Mai 1998, § 11 Rn 47; LK-Gribbohm, § 11 Rn. 97; Berz, Formelle Tatbestandsverwirklichung und materieller Rechtsgüterschutz, S. 135 (136).
505 Schönke/Schröder-Eser, StGB, § 11 Rn. 55; Joecks, StGB, § 11 Rn. 9.
506 Schröder, Kern-FS, S. 457ff, (467 ff); Baumann/Weber/Mitsch, Strafrecht AT, § 8 Rn. 51; ohne Begründung auch Jakobs, 25. Abschn. Rn. 7.
507 LK-Gribbohm, § 11 Rn. 97.
508 SK-Rudolphi, 28. Lfg., 6. Aufl. Mai 1998, § 11 Rn. 47.
509 Für § 323c StGB, BGHSt 14, S. 213 (217); SK- Rudolphi, 28. Lfg., 6. Aufl. Mai 1998, § 11 Rn 47.
510 LK-Gribbohm, § 11 Rn. 97.

individuellen Interpretation zugänglich. Eine einheitliche Beurteilung in der Frage der tätigen Reue oder Rückgriff auf eine bestimmte Rücktrittsvorschrift ist daher nicht möglich[511]. Beim „Handeltreiben“ im Sinne des § 29 Abs. 1 BtMG ist § 29 Abs. 2 BtMG zu beachten, der es theoretisch ermöglicht, auf § 24 Abs. 2 StGB Rückgriff zu nehmen. Ein Rücktritt vom Versuch ist beim „Handeltreiben“ aber bereits wegen des engen Raumes zwischen strafloser Vorbereitungshandlung und formeller Tatbestandsvollendung praktisch kaum denkbar[512]. Da der Gesetzgeber in Bezug auf § 29 Abs. 1 BtMG keinen spezifischen Fall der tätigen Reue normiert hat, scheidet jedenfalls die analoge Anwendung von Rücktrittsregelungen anderer Unternehmensdelikte aus.

III. Versuchsbereich des (schlichten) Tätigkeitsdelikts

Fraglich ist, wie im Rahmen der schlichten Tätigkeitsdelikte der Versuch zu behandeln ist. Die Deliktskategorie der schlichten Tätigkeitsdelikte ist rechtsdogmatisch uneingeschränkt anerkannt. Bei dieser Art von Delikten wird die Strafbarkeitsgrenze über § 22 StGB ermittelt. Grundsätzlich ist bei dieser Deliktskategorie „die Versuchsstrafbarkeit denkbar und auch möglich“[513]. Für die Fälle ausdrücklich angeordneter Versuchsstrafbarkeit, wie es beim Handeltreiben im Sinne von § 29 Abs. 2 BtMG der Fall ist, ist es grundsätzlich problematisch, ob und inwieweit jedes unmittelbare Ansetzen zur Tatbestandsverwirklichung im Sinne des § 22 Abs. 1 StGB bereits notwendig die Vollendung der tatbestandlich beschriebenen Handlung (schlichte Tätigkeit) bedeutet[514]. Bedeutsam ist diese Frage zur Ermittlung desjenigen Bereiches, der ausschließlich dem materiellen Versuch zuzuordnen ist. Denn soweit nach der tatbestandsspezifischen Auslegung der Versuch des schlichten Tätigkeitsdelikts möglich ist und das Verhalten über das Versuchsstadium nicht hinausgelangt, sind sämtliche Versuchsregeln anwendbar mit den Möglichkeiten des strafbefreienden Rücktritts (§ 24 StGB) und der fakultativen Strafmilderung (§ 23 Abs. 2 StGB). Gleiches gilt auch für die Strafbarkeit des untauglichen Versuchs[515].

---

[511] LK-Gribbohm, § 11 Rn. 97.
[512] Endriß/Malek Betäubungsmittelstrafrecht, Rn. 191.
[513] Maurach/Zipf, Strafrecht AT I, § 40 II Rn. 83.
[514] Maurach/Zipf, Strafrecht AT I, § 40 II Rn. 84.
[515] Maurach/Zipf, Strafrecht AT I, § 40 II Rn. 86.

1. Keine formelle Vollendung

Die Ermittlung des Bereiches, in dem die Vornahme der strafbaren Handlung nicht bereits die formelle Vollendung herbeiführt, ist nicht einheitlich möglich, sondern unter Bezugnahme auf das jeweilige Tatbestandsmerkmal von Wertungsgesichtspunkten abhängig. Als Maßstab gelten zwei verschiedene Ansätze, zum einen, ob die „tatsächlich beschriebene Handlung (schlichte Tätigkeit) in mehrere Teilakte zerlegbar ist“[516] oder aber zum anderen, ob die Handlung zu ihrer Vornahme „einen gewissen Zeitraum beansprucht“[517]. Soweit die Handlung in diesem Sinne zerlegbar ist, ist lediglich von Versuch auszugehen, wenn der letzte Teilakt nicht erreicht ist. Wenn die Vornahme einen gewissen Zeitraum in Anspruch nimmt, ist der Täter lediglich wegen Versuchs zu bestrafen, wenn seine Handlung innerhalb dieses Zeitraumes und damit des Bereiches im Vorfeld der formellen Vollendung beschränkt bleibt.
Diese rechtliche Konstruktion kann dazu führen, dass bei einaktigen Handlungen, die gewissermaßen in einem Augenblick vorgenommen werden können, der verbleibende Zeitraum des Versuches denknotwendig nicht existiert. Der Versuch ist also faktisch ausgeschlossen, weil die erste denkbare Handlung bereits gleichbedeutend ist mit der Vollendung des gesamten Tatbestandes. Dies ist beispielsweise bei der eidesgleichen Bekräftigung gemäß § 66 d Abs. 2 StPO der Fall, da die Schwurformel als Tathandlung nur aus dem Wort „ja“ bestehen kann. Hier ist der Grund für den faktischen Ausschluss der an sich gegebenen Versuchsstrafbarkeit der Wortlaut des Tatbestandes selbst.
Der Grund für eine Einschränkung oder auch der Ausschluss der Versuchsstrafbarkeit kann darüber hinaus in der extensiven Auslegung des Tatbestandes oder eines Tatbestandsmerkmals liegen. Je früher die tatbestandlichen schlichten Tätigkeiten als vollständig verwirklicht angesehen werden, desto weiter wird die Vorverlagerung der Strafbarkeit erreicht. Bei weitestmöglicher Auslegung wird auf Kosten der Versuchsstrafbarkeit der Beginn der Vollendungsstrafbarkeit bis an die Strafbarkeitsgrenze des § 22 StGB herangeführt.

[516] Maurach/Zipf, Strafrecht AT I, § 40 II Rn. 84.
[517] Jescheck/Weigand, Strafrecht AT, § 49 VII 1.

2. Versuch des „Handeltreibens" als (schlichtes) Tätigkeitsdelikt

Wie oben bereits festgestellt[518], handelt es sich beim Merkmal Handeltreiben nach der Definition des Bundesgerichtshofs (auch) um ein schlichtes Tätigkeitsdelikt. Die Vornahme der tendenzbezogenen Handlung führt zur tatbestandlichen Vollendung. Dennoch ist nach dem Gesetzeswortlaut eine Zerlegbarkeit der Tathandlung in verschiedene Teilakte grundsätzlich denkbar und nachvollziehbar. So können das Anbahnen, das Verhandeln und der spätere Abschluss eines Vertrages über den Kauf von Betäubungsmitteln als verschiedene Teilakte verstanden werden. Auch ist das „Handeltreiben" in seiner facettenreichen Ausgestaltung von der Anbahnung bis zu einer etwaigen Übergabe von Betäubungsmitteln in der Praxis keine augenblickliche Handlung, die einen gewissen Zeitraum entbehren würde, mangels dessen bereits aus Gründen zeitlicher Beschränkung der Versuch de facto ausgeschlossen wäre. Tatsächlich liegt nur in der durch die Rechtsprechung geschaffenen Definition die Konsequenz begründet, dass beim „Handeltreiben" als schlichte Tätigkeit bereits in der Anbahnung eines Rauschgiftgeschäftes der Tatbestand als vollendet anzusehen ist[519]. Der gesetzlich geregelte und vom Wortsinn her denkbare Versuch ist damit zumindest nach derzeitiger Begriffsauffassung faktisch ausgeschlossen. Das Ergebnis ist, wie im Bereich der „unechten" Unternehmensdelikte festzustellen, dass nur der Bereich des untauglichen Versuchs (Objekt und Mittel) bei der gegenwärtigen Auslegung des Begriffs „Handeltreiben" eine Rolle spielen kann[520].

IV. Versuchsbereich des abstrakten Gefährdungsdelikts

Fraglich ist das Verhältnis zwischen § 22 StGB bzw. der Versuchsstrafbarkeit im Allgemeinen und der Rechtsnatur der abstrakten Gefährdungsdelikte. Bei den (abstrakten) Gefährdungsdelikten ist ebenso wie bei den gewöhnlichen Verletzungsdelikten ein strafbarer Versuch grundsätzlich möglich. Wie die abstrakten Gefährdungsdelikte selbst bewirkt auch die Versuchsstrafbarkeit die Vorverlagerung des tatbestandlich relevanten Verhaltens. „Statt an Verletzungstätigkeit oder an Verletzungserfolg ist hier die Strafbarkeit an die Gefährdungstätigkeit oder den Gefährdungserfolg ge-

---

[518] 3. Kapitel, A, I, 3.
[519] So auch LK-Hillenkamp, § 22, Rn. 13.
[520] 3. Kapitel, B, II, 5.

knüpft"[521]. Liegt also lediglich der Beginn der gefährdenden Tätigkeit vor und kommt es nicht zur Rechtsgutsgefährdung, d. h. der Erfolg im „engeren" Sinne bleibt aus, so ist das materielle Versuchsstadium erreicht bzw. überschritten. Die Anordnung der Versuchsstrafbarkeit bei einem abstrakten Gefährdungsdelikt bewirkt somit die doppelte Vorverlagerung der Strafbarkeit und nicht lediglich eine Bestätigung der durch das abstrakte Gefährdungsdelikt selbst festgelegten Grenzen[522]. Soweit der Gesetzgeber die Strafbarkeit des Versuches eines abstrakten Gefährdungsdeliktes geregelt hat, hat er damit faktisch eine Strafbarkeitserweiterung für dieses Delikt geschaffen[523]. Bei besonderen Deliktsformen stellt sich die Frage, ob ein Versuch und damit die Vorverlagerung der Strafbarkeit begrifflich überhaupt noch möglich ist[524]. Darüber hinaus erscheint es fraglich, ob die Anordnung der Versuchsstrafbarkeit von Tatbeständen dieser Deliktskategorie verfassungsrechtlich zulässig ist. Bei den als Verbrechenstatbeständen ausgestalteten abstrakten Gefährdungsdelikten mit genereller Versuchsstrafbarkeit (§ 23 Abs. 1 StGB) wird dies sicherlich zu bejahen sein. Inwieweit bei einzelnen Vergehenstatbeständen die Anordnung der Versuchsstrafbarkeit gerechtfertigt ist, hängt grundsätzlich von der Gewichtigkeit der zu schützenden Rechtsgüter ab.

Bei der Tatmodalität „Handeltreiben" mit Betäubungsmitteln im Sinne des § 29 Abs. 1 Nr. 1 BtMG sind als Rechtsgüter der Schutz des Lebens, der individuellen Gesundheit und auch der Jugendschutz[525] betroffen. Es handelt sich hierbei um gewichtige Rechtsgüter, so dass eine Anordnung von Versuchsstrafbarkeit gerechtfertigt sein dürfte. Da die Vorverlagerung der Strafbarkeitsgrenze nicht über die in § 22 StGB beschriebene hinausgeht, ist in diesem Bereich auch ein strafbefreiender Rücktritt gemäß § 24 StGB theoretisch möglich, wenn er auch bei der gegenwärtigen Auslegung des Begriffs „Handeltreiben" nach Auffassung des Bundesgerichtshofs praktisch nicht denkbar ist.

V. Zusammenfassung

Durch die spezifische Ausgestaltung des Tatbestandes des § 29 Abs. 1 BtMG und der in Absatz 2 angeordneten Versuchsstrafbarkeit ergibt sich, dass die Strafbar-

---

[521] Baumann/Weber, Strafrecht AT, (9. Aufl.) § 33 I 1 e).
[522] Baumann/Weber, Strafrecht AT, (9. Aufl.) § 33 I 1 e).
[523] Arzt/Weber, Strafrecht BT, § 35 Rn. 117.
[524] LK-Hillenkamp, vor § 22, Rn. 99.
[525] 2. Kapitel unter B.

keitsgrenze bei der Einordnung in alle drei Deliktstypen jeweils durch § 22 StGB bestimmt wird. Für das Handeltreiben als „unechtes" Unternehmensdelikt hat dies die Bedeutung, dass durch die gesetzlich angeordnete Versuchsstrafbarkeit keine Vorverlagerung der Strafbarkeit über die Grenze des § 22 StGB hierbei erreicht wird. Eine Vorverlagerung der Strafbarkeitsgrenze in den Bereich der materiellen Versuchsstrafbarkeit ist bereits durch die Ausformulierung des Tatbestandes als „unechtes" Unternehmensdelikt gegeben. § 29 Abs. 2 BtMG hat in straferweiternder Hinsicht vielmehr nur die Konsequenz, dass der durch das „unechte" Unternehmensdelikt grundsätzlich nicht erfasste Bereich des untauglichen Versuchs pönalisiert wird. Darin liegt auch gleichzeitig die Berechtigung des § 29 Abs. 2 BtMG. Zudem wird die Milderungsmöglichkeit des § 23 Abs. 2 StGB und der Bereich des strafbefreienden Rücktritts (theoretisch) eröffnet, auch wenn dieser bei der Ausgestaltung als „unechtes" Unternehmensdelikt stark reduziert erscheint, da mit der Überschreitung der Grenze des § 22 StGB formelle Vollendung eintritt, so dass für den Bereich des (tauglichen) Versuchs kein Raum mehr verbleibt.
Die Ausgestaltung des Begriffs Handeltreiben nach seiner derzeitigen Definition und folgerichtigen Einordnung in die Kategorie der abstrakten Gefährdungsdelikte bewirkt, dass durch die Anordnung der Versuchsstrafbarkeit die doppelte Vorverlagerung der Strafbarkeit erreicht wird. Die extensive Auslegungspraxis des Bundesgerichtshofs hat mithin zur Konsequenz, dass der Bereich materieller Vollendung der Tat an die Strafbarkeitsgrenze des § 22 StGB herangeführt wird, da der Bereich des materiellen Versuchs kaum denkbar ist. Dasselbe gilt für den Deliktstyp des schlichten Tätigkeitsdelikts, soweit das Tatbestandsmerkmal „Handeltreiben" mit Betäubungsmitteln in der gegenwärtigen Auslegungspraxis durch den Bundesgerichtshof beibehalten wird. Der Umstand, dass das Merkmal Handeltreiben sich in alle drei genannten Deliktskategorien gleichzeitig einordnen lässt, ist unproblematisch und führt nicht zur Kumulation der Vorverlagerungen der Strafbarkeitsgrenze. Eine bewusste Vorverlagerung über die Grenze des § 22 StGB würde den Rahmen des Art. 101 Abs. 2 GG, § 1 StGB jedenfalls sprengen und wäre verfassungsrechtlich unzulässig. Die gleichzeitige Einordnung in alle drei Deliktskategorien führt aber unweigerlich dazu, dass die Grenze und Ausgestaltung von Versuch und Strafbarkeit an derjenigen Kategorie ausgerichtet wird, die den weitesten Strafbarkeitsrahmen in zulässiger Weise eröffnet. Daher folgt die gerichtliche Praxis den Regeln, die das Tat-

bestandsmerkmal Handeltreiben als „unechtes" Unternehmensdelikt klassifizieren. Daraus ergeben sich für die Praxis folgende Konsequenzen:

Bei Zugrundelegung der Definition des Bundesgerichtshofs[526] über das „Handeltreiben" mit Betäubungsmitteln ist die Strafbarkeitsgrenze der §§ 29 Abs. 1 Nr. 1 BtMG, 22 StGB überschritten und damit der Bereich des (materiellen) Versuchs dann erreicht, wenn der Täter nach seiner Vorstellung zur Tat unmittelbar ansetzt.

Als Strafbarkeitsbegrenzung kommt in objektiver Hinsicht lediglich eine Tendenztätigkeit hinzu, nämlich den Umsatz mit Betäubungsmitteln zu ermöglichen oder zu fördern, was in mannigfacher Weise möglich ist. Der Umstand, dass also die Vorstellung des Täters von einer tendenzbezogenen Tätigkeit ausreichend ist[527], Versuchsstrafbarkeit anzunehmen, bedingt die frühe Überschreitung der Grenze zur Strafbarkeit.

Im Folgenden ist zu klären, wo genau die Strafbarkeitsgrenze bei der Tatmodalität Handeltreiben mit Betäubungsmitteln liegt bzw. welche Tätigkeit allenfalls als straflose Vorbereitung qualifiziert werden kann.

C. Die Strafbarkeitsgrenze

Die vor dem Versuchsstadium liegende Tätigkeit, die zwar auf die Tatbestandsverwirklichung hinzielt, aber noch nicht dazu unmittelbar ansetzt, ist Vorbereitung. Der Bereich der Vorbereitung ist grundsätzlich nur in den im Gesetz ausdrücklich genannten Fällen strafbar und mangels entsprechender Regelung beim Handeltreiben mit Betäubungsmitteln damit straflos.

Wann der straflose Bereich bei der Tatmodalität „Handeltreiben" gegeben oder bereits überschritten ist, bedarf der fallbezogenen Untersuchung. Beim Handeltreiben mit Betäubungsmitteln kann aufgrund der Tatsache, dass gewisse Lebenssachverhalte in der gerichtlichen Praxis in vergleichbarer Weise häufig wiederkehren, der schmale Bereich der Vorbereitungshandlungen überwiegend in typische Fallgruppen eingeteilt werden. Anhand dieser Fallgruppen kann die Grenze zwischen straflosem und bereits strafbarem Verhalten aufgezeigt werden.

---

[526] 1. Kapitel, B, II.

[527] 1. Kapitel, B, II, d).

I. Eigennützige Verkaufs- und Kaufbemühungen

Grundsätzlich sind Unterhaltungen allgemeiner Art in Bezug auf Betäubungsmittel bloße Vorbereitungshandlungen. Bloße Voranfragen, ob jemand über „Stoff" verfüge, sind daher noch kein Handeltreiben[528].
Auch sind allgemeine Tätigkeiten, wie die allgemeine Suche nach Lieferanten, Kaufinteressenten[529], Transportunternehmen oder Absatzmärkten bloße Vorbereitungshandlungen. Hinsichtlich des Verkaufsobjektes ist eine Verurteilung wegen vollendeten Handeltreibens nur dann zulässig, wenn die Art und Menge eines oder mehrerer Betäubungsmittel sowie das strafbare Verhalten des Angeklagten so konkret bezeichnet werden können, dass erkennbar wird, welche Taten von der Verurteilung umfasst werden sollen[530]. Nicht ausreichend ist, wenn der Beteiligte nur allgemein weiß, dass der Stoff oder Gegenstand im Rahmen des Umsatzes von Betäubungsmitteln verwendet werden soll[531].

In einem durch den 2. Senat des Bundesgerichtshofs entschiedenen Grenzfall, bei dem sich der Angeklagte unschlüssig war, ob er das bereits in seinem Besitz befindliche Rauschgift mit Gewinn weiterveräußern sollte, wurde das Vorliegen von „Handeltreiben"[532] mangels festzustellender Eigennützigkeit hingegen verneint. In dem der Entscheidung zugrundeliegenden Sachverhalt gelangte der Angeklagte über einen Kurier, den er auch bezahlte, in den Besitz von 14 Kg Heroin. Drei Wochen später erstattete er Selbstanzeige bei der Polizei. Das Landgericht Aachen verurteilte den Angeklagten lediglich wegen Besitzes, nicht aber wegen Handeltreibens. Die Revision blieb erfolglos. Dass der Angeklagte erst nach drei Wochen die Ermittlungsbehörden über das Heroin informierte und während dieser Zeit die Absicht des Angeklagten zur gewinnbringenden Veräußerung des Heroins bestanden haben könnte, reichte dem 2. Senat nicht für die Feststellung von „Eigennützigkeit" aus. Diese setze eine täterschaftliche Erwartung voraus, „aus einer irgendwie gearteten Mitwirkung am Umsatz des Rauschgifts einen Vorteil" ziehen zu können. Die Erwartung bestehe nicht schon, wenn der Täter die gewinnbringende Weiterveräußerung des aufbe-

---

[528] Körner, BtMG, § 29 Rn. 306.
[529] BGH, Beschl. v. 06.11.1991 - 3 StR 406/91 = BGHR BtMG § 29 Abs. 1 Nr. 1 Handeltreiben 30.
[530] BGH, Beschl. v. 28.11.1990 - 2 StR 536/90 = StV 1991, S. 245.
[531] BGH, Beschl. v. 23.04.1993 - 3 StR 145/93 = StV 1993, S. 473.
[532] BGH, Urteil v. 04.08.1999 - 2 StR 100 / 99 = NStZ 1999, S. 572.

wahrten Heroins neben der Alternative einer Unterrichtung der Ermittlungsbehörden nicht lediglich erwägt, „sondern erst, wenn er sich dazu entschließt (...)".
Nicht wegen des Ergebnisses (Straflosigkeit bez. Handeltreiben), sondern wegen der Begründung ist die Entscheidung in die Kritik geraten[533]. Alleine durch den Entschluss, früher oder später umsatzfördernd tätig zu sein, könne sich die verwirklichte Tatbestandserfüllung des unerlaubten Besitzes von Betäubungsmitteln nicht nachträglich in vollendetes Handeltreiben umwandeln, wenn keine weitere Handlung hinzutritt. Allein der böse Gedanke reiche jedenfalls nicht aus. „Wollte das Kriminalrecht das bloße Denken der Menschen regeln, dann regierte das Schreckensinstrument des Gesinnungsstrafrechts"[534].
Bei aller Kritik kann die Entscheidung nicht als abweichend von der bisherigen Linie gewertet werden, da auch nach früherer Rechtsprechung des Bundesgerichtshofs die Förderung oder Ermöglichung des Umsatzes keine nach außen erkennbare Tätigkeit sein muss, sondern die bloße Verwertungsabsicht ausreicht.[535]
In ähnlicher Weise bewertete der 2. Strafsenat einen Fall als Vorbereitung zum Handeltreiben, in dem der Angeklagte von dem vorrätig gehaltenen Heroingemisch eines Bekannten vereinbarungsgemäß gewinnbringende Verkäufe vornehmen durfte, der Angeklagte aber noch keine auf Absatz gerichtete Tätigkeit entfaltet hatte,[536] die einen Rückschluss auf die innere Tatseite zugelassen hätte.

1. Liefervereinbarungen ohne Besitz und Verfügbarkeit von Betäubungsmitteln

a) Verkaufsbemühungen

Umstritten ist die Frage, ob die Grenze der Strafbarkeit des § 22 StGB auch dann überschritten ist, wenn im Rahmen eines Rauschgiftgeschäftes der potentielle Verkäufer zum Zeitpunkt der Liefervereinbarung über die Betäubungsmittel weder verfügt noch eine gesicherte Lieferquelle hat.
Teilweise wird durch die Rechtsprechung des Bundesgerichtshofs (3. Strafsenat) für die Überschreitung der Strafbarkeitsgrenze gefordert, dass dem Verkaufswilligen das

---

[533] Neuhaus, NStZ 2001, S. 39 (40).
[534] Neuhaus, NStZ 2001, S. 39 (40).
[535] BGH, Urt. v. 20.01.1982 - 2 StR 593/81 = StV 1982, S.260; oben 1. Kapitel, B, II, 2, d); 3. Kapitel, C, II, 2.
[536] BGH, Beschl. v. 07.06.1991 - 2 StR 204/91 = bei Schoreit NStZ 1992, S. 320 (322) (Fn. 29); Endriß/Malek, Betäubungsmittelstrafrecht, Rn. 189.

Betäubungsmittel „ernsthaft angeboten“ worden sein muss und ihm auch „wirklich zur Verfügung“ steht[537]. Nach einer neuerlichen Entscheidung lässt es der 2. Strafsenat des Bundesgerichtshofs -soweit ersichtlich- bereits genügen, wenn dem potentiellen Verkäufer weder das Betäubungsmittel zur unmittelbaren Verfügung steht, noch er dafür eine gesicherte Lieferquelle in Aussicht hat[538]. Wenn jemand als Verkäufer auftretend ernsthaft und in Gewinnerzielungsabsicht eine reelle Chance sieht, mit Hilfe bereits bestehender Kontakte eine solche Bezugsquelle zu erschließen und vereinbarungsgemäß liefern zu können, reicht das nach der oben genannten Entscheidung bereits für Vollendungsstrafbarkeit aus. Dies gilt auch dann, wenn die Beschaffung der Betäubungsmittel schließlich scheitert[539]. In dem der letztgenannten Entscheidung zugrundeliegenden Sachverhalt fragte der Angeklagte erfolglos bei Personen an, die aus seiner Sicht Verbindungen zu Drogenkreisen hatten, um die mit einem potentiellen Käufer vereinbarte Lieferung einer größeren Menge Betäubungsmittel innerhalb der drei Wochen ermöglichen zu können.

Die in dieser Entscheidung dokumentierte Tendenz des Bundesgerichtshofs zur Subjektivierung der Definition über das Handeltreiben wird zu Recht kritisiert. Teilweise wird durch die Literatur versucht, durch das Aufstellen objektiver Grenzen einer Überdehnung der Strafbarkeit beim besitzlosen Handeltreiben entgegenzuwirken[540].

Die Überschreitung der Strafbarkeitsgrenze erfordere in Fällen, in denen der Anbieter nicht selbst über Betäubungsmittel verfügt, in objektiver Hinsicht, dass er neben einem ernsthaften Angebot einen Lieferanten bereits kennt und von diesem eine feste Lieferzusage eingeholt habe[541]. Ansonsten könne auch subjektiv nicht der Bereich strafbaren Tuns angenommen werden, da beim Fehlen einer konkreten Beziehung zum Tatmittel auch nach der Vorstellung des Täters die Schwelle zum unmittelbaren Ansetzen nicht erreicht sei. Zwar erkläre sich zum Handeltreiben mit Betäubungsmitteln grundsätzlich bereit, wer wie im oben geschilderten Fall die Beschaffung von Betäubungsmitteln verspricht. Das Bereiterklären könne allenfalls nur nach Maßgabe des § 30 Abs. 2 StGB zur Strafbarkeit führen, was für die Tatmodalität des „Handel-

[537] BGH, Urteil v. 25.10.1989 - 3 StR 313/89 = BGHR BtMG § 29 Abs. 1 Nr. 1 Handeltreiben 19.
[538] BGH, Urteil v. 15.01.1992 - 2 StR 267/91 = StV 1992, S. 517.
[539] BGH, Urteil v. 15.01.1992 - 2 StR 267/91 = StV 1992, S. 517; BGH, Beschl. v. 02.12.1999 - 3 StR 479/99 = NStZ 2000, S. 207.
[540] Endriß/Malek, Betäubungsmittelstrafrecht, Rn. 188.
[541] Endriß/Malek, Betäubungsmittelstrafrecht, Rn. 188.

treibens" in § 29 Abs. 1 Nr. 1 BtMG mangels Verbrechenstatbestand ohnehin nicht zutreffe. Die erfolglose Anfrage bei ungeeigneten Personen zunächst zur Beschaffung der zur gewinnbringenden Veräußerung beabsichtigten Betäubungsmittel könne daher nur als Vorbereitung zu qualifizieren sein[542].

b) Kaufbemühungen

In einem vom 1. Strafsenat des Bundesgerichtshofs entschiedenen Fall[543], bei dem es um Kaufbemühungen ging, hatte der Angeklagte den Zeugen, von dem er wusste, dass er Beziehungen zu Heroinlieferanten hatte, auf die Lieferung einer größeren Menge Heroin angesprochen. In insgesamt elf Telefonanrufen versuchte er dann, über ihn größere Mengen Heroin zum gewinnbringenden Weiterverkauf zu erwerben. Das Geschäft scheiterte schließlich, als der Zeuge trotz ernsthafter Bemühungen keinen Lieferanten fand.
Hier ging die Verteidigung von strafloser Vorbereitung aus, das erkennende Landgericht verurteilte den Angeklagten erstinstanzlich wegen versuchten Handeltreibens. Der 1. Strafsenat hob unter Zugrundelegung der Definition über das unerlaubte Handeltreiben mit Betäubungsmitteln die Entscheidung des Landgerichts auf und verurteilte den Angeklagten wegen vollendeten Handeltreibens. Sobald das Stadium allgemeiner Anfragen verlassen worden ist, reichen nach der Rechtsprechung aller Senate[544] bereits ernsthafte Verhandlungen über den Ankauf von zum gewinnbringenden Weiterverkauf bestimmten Betäubungsmitteln für die Annahme vollendeten Handeltreibens aus. Entgegen dieser Entscheidung wird, soweit ersichtlich, von einer einzelnen Literaturmeinung[545] bei diesem Fall davon ausgegangen, es handele sich um einen Fall des (tauglichen) Versuchs des Handeltreibens. „Der Versuch des Handeltreibens ist denkbar, wenn sich der zum weiteren Absatz entschlossene Käufer von einem anderen Händler vergeblich bemüht, Betäubungsmittel zu erwerben (tauglicher Versuch)"[546]. Diese Ansicht ist im Ergebnis jedoch rechtsdogmatisch auch mit der Definition des Bundesgerichtshofs über das Handeltreiben nicht in Einklang zu

---

[542] Roxin, StV 1992, S. 517 (520); vgl. dazu auch 5. Kapitel, A, III, 1.
[543] BGH, Urteil v. 12.08.1986 - 1 StR 360/86 = StV 1986, S. 527.
[544] BGH, Urteil v. 15.03.1995 - 2 StR 15/95 = NStZ-RR 1996, S. 48; BGH, Urteil v. 12.04.1995 - 3 StR 31/95 = BGHR BtMG § 29 a Abs. 1 Nr. 2 Handeltreiben 1; BGH, Beschl. v. 22.11.1994 - 4 StR 516/94 = NJW 1995, S. 470; BGH, Urteil v. 15.04.1980 - 5 StR 135/80 = BGHSt 29, S. 239.
[545] Endriß/Malek, Betäubungsmittelstrafrecht, Rn. 190.
[546] Endriß/Malek, Betäubungsmittelstrafrecht, Rn. 190.

bringen. Denn nach Auffassung des Bundesgerichtshofs reicht es für die Vollendung des Tatbestandes aus, „dass der Täter das Stadium allgemeiner Anfragen verlässt und sich mit dem – von der Absicht zur gewinnbringenden Weiterveräußerung getragenen – ernsthaften Anerbieten, Rauschgift zu erwerben, an eine Person wendet, die nach seiner Vorstellung als Verkäufer oder Vermittler in Betracht kommt“[547].

2. Zusammenfassung

Es kann also festgestellt werden, dass nach der bisher geltenden Auslegung des Begriffs „Handeltreiben“ mit Betäubungsmitteln durch den Bundesgerichtshof im Rahmen von Verkaufsbemühungen bereits das Reden über Betäubungsmittelverkäufe oder Liefervereinbarungen vollendetes Handeltreiben bedeuten kann, wenn der Inhalt ernst und verbindlich gemeint ist, d. h. der Bereich der Unverbindlichkeit bereits verlassen ist. Der mit Weiterveräußerungsabsicht handelnde potentielle Käufer überschreitet mit seinen Bemühungen die Grenze der Straflosigkeit bereits bei der Äußerung seines ernsthaften Kaufwillens.

II. Die Erlangung von Betäubungsmitteln durch strafbare Handlungen

Umstritten ist, ob die Erlangung von Betäubungsmitteln durch strafbare Handlungen zum Zwecke des Weiterverkaufs „Handeltreiben“ darstellt.

1. Differierende Rechtsprechung bis 1992

In Fällen der Aneignung von Betäubungsmitteln durch strafbare Handlungen war der 3. Strafsenat[548] in zwischenzeitlich ausdrücklich aufgegebener Rechtsprechung bestrebt, den Begriff des Handeltreibens bei natürlicher Betrachtung nach seinem Wortsinn in einschränkender Weise auszulegen. Der Senat verneinte vollendetes Handeltreiben, wenn die Inbesitznahme der Betäubungsmittel durch den Täter mittels Diebstahls erfolgte. Zwar sei auch die Inbesitznahme von Betäubungsmitteln im Wege des Diebstahls in der Absicht, diese gewinnbringend zu veräußern, eine auf Umsatz

[547] BGH, Urteil v. 12.08.1986 - 1 StR 360/86 = StV 1986, S. 527; vgl. aber unten 5. Kapitel, A, III, 1.
[548] BGH, Beschl. v. 04.12.1981 - 3 StR 408/81 = StV 1982, S. 169; oben 1. Kapitel, B, II, 4.

von Betäubungsmitteln gerichtete Tätigkeit „im weitesten Sinne". Jedoch verlange das „Handeltreiben" nach seinem Wortsinn ein Verhalten, „das dem Tätigkeitsbereich eines Händlers zugerechnet werden kann". Erst wenn durch eine weitere Handlung seine Absicht, Handel zu treiben, nach außen erkennbar wird, wie etwa durch das Führen von Verkaufsverhandlungen, könne Handeltreiben auch in denjenigen Fällen in Betracht kommen, in denen sich der Täter den Besitz an den Betäubungsmitteln nicht im Wege des abgeleiteten Besitzes verschafft hat.

2. Einheitliche Rechtsprechung seit 1992

Die einschränkende Auslegung des Begriffs „Handeltreiben" nach dem Wortsinn gab der 3. Senat im Jahre 1992[549] ausdrücklich auf und schloss sich den abweichenden Auffassungen des 2. Strafsenats[550] und des 4. Strafsenats[551] an, indem er feststellte, dass die „Inbesitznahme eines Betäubungsmittels, auf welchem Weg auch immer, mit der Absicht, es gewinnbringend zu verwerten, als unerlaubtes Handeltreiben mit Betäubungsmitteln anzusehen ist". Insbesondere der 2. Strafsenat machte seit jeher bei gleicher Absatzabsicht keinen Unterschied, ob der Besitz durch Rechtsgeschäft oder durch verbotene Eigenmacht erlangt wurde. Als Argument für diese Auffassung wird angeführt, dass der Dieb sonst besser gestellt werde als der „ehrliche Erwerber" von Betäubungsmitteln[552].

3. Stellungnahme

Es bestehen erhebliche Zweifel, ob für diese weite Auslegung ein Bedürfnis besteht, denn mit dem Neuordnungsgesetz vom 28. Juli 1981"[553] wurde in § 29 Abs. 1 S. 1 Nr. 1 BtMG die Tatmodalität „Sichverschaffen in sonstiger Weise" ergänzend eingefügt, der gerade für die Fälle der Erlangung der Betäubungsmittel ohne abgeleiteten Erwerb[554] gelten sollte. Der Gesetzgeber beabsichtigte hierdurch den bis dahin als regelungsbedürftig empfundenen Zustand zu beseitigen, dass bei Begründung des Eigenbesitzes an Betäubungsmitteln mittels strafbarer Handlungen, z. B. durch

---

549 BGH, Urteil v. 23.09.1992 - 3 StR 275/92 = NStZ 1993, S. 44.
550 BGH, Urteil v. 20.01.1982 - 2 StR 593/81 = StV 1982, S. 260.
551 BGH, Beschl. v. 18.06.1993 - 4 StR 318/93 = BGHR BtMG § 29 Abs. 1 Nr. 1 Sichverschaffen 1.
552 BGH, Urteil v. 20.01.1982 - 2 StR 593/81 = StV 1982, S. 260.
553 BGBl. I, S. 681.
554 Körner, BtMG, § 29 Rn. 270.

Raub, Diebstahl oder Erpressung, lediglich eine Bestrafung wegen unerlaubten Besitzes gemäß § 29 Abs. 1 S. 1 Nr. 3 BtMG in Betracht kam[555], der, anders als die in § 29 Abs. 1 S. 1 Nr. 1 BtMG aufgeführten Tatmodalitäten, keine Versuchsstrafbarkeit im Sinne des § 29 Abs. 2 BtMG vorsieht. Ein Erfassen dieser Fälle durch das Merkmal „unerlaubter Erwerb" scheidet deswegen aus, da hier die Erlangung des Eigenbesitzes aufgrund rechtsgeschäftlicher Grundlage Voraussetzung ist. Das Schließen dieser Strafbarkeitslücke durch die Einführung von „Sichverschaffen in sonstiger Weise" bedeutete damit die Einführung einer Art „Spezialvorschrift", die für die Fälle unerlaubter Besitzbegründung an Betäubungsmitteln gelten soll, soweit die Tathandlung im Übrigen kein Handeltreiben darstellt („ohne Handel zu treiben" § 29 Abs. 1 S. 1 Nr. 1 BtMG). Für die Annahme einer kumulativen Erfüllung der Tatmodalität „Handeltreiben" bei der unerlaubten Inbesitznahme von Betäubungsmitteln zum Zwecke des Weiterverkaufs besteht mithin kein Erfordernis, zumal die Handlungsmodalitäten in § 29 Abs. 1 S. 1 Nr. 1 BtMG auch in ihrer Strafandrohung gleichgestellt sind.

Das „Handeltreiben" wird dadurch auch nicht in unzulässiger Weise verdrängt, da im Falle des Hinzutretens einer weiteren Handlung nach der unerlaubten Inbesitznahme der Betäubungsmittel, durch die die Absicht des Täters, Handel zu treiben, nach außen erkennbar wird, das „Sichverschaffen in sonstiger Weise" rechtlich als unselbständiger Teilakt in dem Gesamtgeschehen des Handeltreibens aufgeht. Kann nicht festgestellt werden, auf welche Weise der Eigenbesitz begründet wurde, ist zwischen den Tatmodalitäten „Erwerb" und „Sichverschaffen in sonstiger Weise" Wahlfeststellung möglich[556].

Schließlich spricht auch die wörtliche Auslegung dagegen, eine (unerlaubte) Inbesitznahme von Betäubungsmitteln in Weiterverkaufsabsicht als Handeltreiben zu bezeichnen. Dabei auf den „Tätigkeitsbereich eines Händlers" abzustellen, wie es sich der Rechtsprechung des 3. Strafsenats bis 1993 entnehmen lässt, ist indes mit Unsicherheiten belastet, da der Begriff des Händlers zu nahe am Kaufmannsbegriff des HGB und eine auf Dauer gerichtete Tätigkeit, die zum Kaufmann gehört, für einen Rauschgifthändler nicht gelten kann[557]. Vielmehr kann bereits im allgemeinen Sprachgebrauch der Begriff „Handeltreiben" nicht als Umschreibung für etwas gebraucht werden, was sowohl nach dem äußeren Erscheinungsbild als auch der Tat-

---

555 Körner, BtMG, § 29 Rn. 1044.
556 Körner, BtMG, § 29 Rn. 1044.
557 Harzer, StV 1996, S. 336 (337).

bestandsmäßigkeit schlichtweg einen Diebstahl darstellt. Die Auslegung erscheint daher auch mit der Tatbestandsgarantie des Art. 103 Abs. 2 GG, § 1 StGB kaum vereinbar.

4. Kapitel: Die Ausbildung der Beteiligungsformen

A. Die Ausweitung der Täterschaft, dargestellt an den Kurierfällen

Innerhalb der Tatbegehungsweisen, die das Handeltreiben mit Betäubungsmittel betreffen, sind die sogenannten Kurierfälle[558] hervorgetreten. Es handelt sich dabei um Fälle, bei denen das tatrelevante Verhalten lediglich in der Vornahme eines Rauschgift*transportes* liegt. Zu unterscheiden sind dabei Kuriertätigkeiten im Rahmen einer *Mittäterschaft*[559] oder in Abgrenzung dazu meist untergeordnete Tätigkeiten, die als *Beihilfe* qualifiziert werden[560]. Hier reichen für die Strafbarkeit bereits Tathandlungen aus, die im Bereich der Vorbereitung angesiedelt sein können und erst in Verbindung mit den Tatbeiträgen anderer durch die Haupttat zu einer strafbaren Handlung verknüpft werden.

Davon sind die Fälle selbständiger Kuriertätigkeiten abzugrenzen. Gemäß ständiger Rechtsprechung des Bundesgerichtshofs treibt der Kurier, „der gegen Entlohnung selbständig Rauschgift transportiert und einführt oder dies versucht, ohne selbst Käufer oder Verkäufer zu sein", Handel[561]. Hierbei erfüllt der Beteiligte, der in diesem Sinne als Kurier eigennützig und selbständig für ein fremdes Umsatzgeschäft tätig wird, die tatbestandlichen Voraussetzungen des Handeltreibens in (allein-) täterschaftlicher Hinsicht, ohne dass es dabei auf die Tatbeiträge anderer ankommt. In diesen Fällen bestehen im Grenzbereich zwischen (schon) strafbarer Handlung und (noch) strafloser Vorbereitung besondere Abgrenzungsschwierigkeiten. In den soweit ersichtlich allermeisten höchstrichterlichen Entscheidungen, bei denen die Tathandlungen Rauschgifttransporte zum Gegenstand haben, wurden durch das Gericht jeweils die Voraussetzungen der Mittäterschaft oder der Beihilfe bejaht, so dass es auf die Grenze der Strafbarkeit für selbständige Kuriertätigkeit nicht ankam. Gerade aber

[558] Körner, BtMG, § 29 Rn. 310.
[559] Unten, 4. Kapitel, A, I.
[560] Unten, 4. Kapitel, B.
[561] BGH, Urt. v. 04.10.1978 - 3 StR 232/78 = NJW 1979, S. 1259.

in Fällen selbständiger Kuriertätigkeit hat die Rechtsprechung durch die Aufstellung strafbarkeitsbegrenzender Kriterien teilweise eine Einschränkung der Auslegung des Begriffs des Handeltreibens erreicht. Abzugrenzen sind im Folgenden zunächst die Fälle mittäterschaftlichen Handelns.

I. Mittäterschaftliche Transporttätigkeit i. S. d. § 25 Abs. 2 StGB

In den Fällen mittäterschaftlichen Handeltreibens handeln die Täter nach dem äußeren Erscheinungsbild zwar auch als Drogenkuriere, in diesen Fällen wird die Strafbarkeitsgrenze aber durch die Begehungsform der Mittäterschaft bestimmt. Der Anknüpfungspunkt für die Strafbarkeit im Rahmen der Mittäterschaft kann gegenüber den Fällen der selbständigen Kuriertätigkeit vorverlagert sein. Nach der Rechtsprechung des Bundesgerichtshofs genügt für die Annahme vollendeten mittäterschaftlichen Handeltreibens und damit für die gegenseitige Zurechnung objektiver Tatbestandsmerkmale auch eine Handlung, die im Vorbereitungsstadium erbracht werden kann[562]. Der Täter kann also einen strafrechtlichen Tatbestand auch dann erfüllen, wenn er sich auf Tätigkeiten beschränkt, die für sich nicht zum tatbestandlichen Handeln gehören, die aber andere Mittäter bei deren tatbestandlichem Handeln unterstützen[563]. Die vorbereitende Handlung wird im Rahmen der gemeinschaftlichen Tatausführung gem. § 25 Abs. 2 StGB mit der durch einen anderen vorgenommenen eigentlichen Tathandlung als „Teilakt einheitlicher Willensbildung“[564] zu einer Tat verknüpft[565]. Mittäterschaftliche Begehungsweise ist also dann anzunehmen, wenn die Tatbeiträge der Beteiligten Teil einer Tat sind und nur das Zusammenwirken der verschiedenen Tatbeiträge zur Verwirklichung des gesetzlichen Tatbestandes des § 29 Abs. 1 Nr. 1 BtMG geführt hat.

II. Selbständige Kuriertätigkeit als täterschaftliche Transporttätigkeit i. S. des § 29 Abs. 1 S. 1 Nr. 1 BtMG

Soweit nach den oben dargestellten Grundsätzen eine Strafbarkeit des Kuriers wegen Mittäterschaft nicht in Betracht kommt, prüft der Bundesgerichtshof, ob der Angeklagte als selbständig handelnder Kurier die Grenze strafloser Vorbereitung über-

---

562 BGH, Beschl. v. 05.07.1989 - 2 StR 17/89; kritisch dazu Kühl, Strafrecht AT, § 20 Rn. 110, 113.
563 BGH, Beschl. v. 05.11.1991 - 1 StR 361/91 = NStZ 1992, S. 495.
564 OLG Frankfurt, Beschl. v. 24.11.1977 - 4 JES 252/77; Körner, BtMG, § 29 Rn. 317.
565 Einschränkend LK-Roxin, § 25 Rn. 181 f.

schritten und sich somit in (allein-) täterschaftlicher Form wegen unerlaubten Handeltreibens strafbar gemacht haben könnte.

Das ist dann der Fall, wenn er selbständig und eigennützig für andere Betäubungsmitteltransporte durchführt hat, ohne selbst Käufer oder Verkäufer zu sein[566]. Eine Anknüpfung an Tätigkeiten im Vorbereitungsstadium kann für die Fälle selbständiger Kuriertätigkeit nicht gelten. Daher wird in diesen Fällen der Beginn der Strafbarkeit mit Hilfe des § 22 StGB ermittelt[567], wenn der Täter unmittelbar zur Tatbegehung ansetzt.

Der selbständig und eigennützig handelnde Kurier kann unter bestimmten Umständen, also ohne mittäterschaftliche Beteiligung, in seiner Person den Tatbestand des Handeltreibens erfüllen, da nach der Definition des Bundesgerichtshofs der Tatbestand des Handeltreibens mit Betäubungsmitteln nicht nur bei der Ausrichtung auf *eigene* Umsatzgeschäfte erfüllt ist. Zur Tatbestandsvollendung ist ausreichend, wenn das Ziel des Handelns *fremde*[568] Umsatzgeschäfte sind, da auch der eigene Transport zum Zweck der Veräußerung von Betäubungsmitteln durch einen Dritten generell eine umsatzfördernde Tätigkeit darstellt. Es besteht bei den bisher entschiedenen Kurierfällen innerhalb aller Senate des Bundesgerichtshofs die einheitliche Linie, dass der Bereich strafloser Vorbereitung im Bereich fremder Umsatzgeschäfte regelmäßig dann überschritten ist, wenn der selbständige Kurier bereits die tatsächliche Verfügungsgewalt über das Rauschgift übernommen hat, wenn also „der Täter mit dem Betäubungsmittel selbst befasst ist“[569]. Dies gilt auch dann, wenn er mit seinem Transportgut nicht sein vorgesehenes Ziel erreicht[570]. Die durch die Rechtsprechung aufgestellten Grundsätze über die Beihilfe zum Handeltreiben sind davon unberührt[571].

Weniger einheitlich wird innerhalb der Senate demgegenüber die Situation beurteilt, in der der Kurier zu keinem Zeitpunkt seines Tätigwerdens Verfügungsgewalt über die Betäubungsmittel erlangt. Ein solcher Sachverhalt kann zum einen dadurch gegeben sein, dass die Betäubungsmittel zum Zeitpunkt der Kurierhandlung bereits polizeilich sichergestellt waren und dadurch die tatsächliche Inbesitznahme unmöglich

---

566 Körner, BtMG, § 29 Rn. 310.
567 3. Kapitel, B, II, 2.
568 BGH, Urt. v. 20.07.1995 - 4 StR 112/95 = NStZ - RR 1996, S. 20 (21).
569 BGH, Urt. v. 04.10.1978 - 3 StR 232/78 = NJW 1979, S. 1259; BGH, Urt. v. 23.04.1993 - 3 StR 145/93 = BGHR BtMG § 29 Abs. 1 Nr. 1 Handeltreiben 37.
570 BGH, Urt. v. 04.10.1978 - 3 StR 232/78 = NJW 1979, S. 1259; BGH, Urt. v. 23.04.1993 - 3 StR 145/93 = BGHR BtMG § 29 Abs. 1 Nr. 1 Handeltreiben 37.
571 Dazu unten 4. Kapitel unter B.

geworden ist[572], oder aber sonstige außerhalb der Sphäre des Kuriers stehende Umstände es unmöglich werden lassen[573], die tatsächliche Verfügungsgewalt über die Betäubungsmittel zu erlangen.
Aufgrund der weiten Definition des Begriffs „Handeltreiben“ und die Ausgestaltung als „unechtes“ Unternehmensdelikt ist die Abgrenzung zwischen Vorbereitung und bereits strafbaren Verhaltens in den Fällen des besitzlosen Handeltreibens problematisch, da jedes unmittelbare Ansetzen zur Tatbestandsverwirklichung zur (formellen) Vollendungsstrafbarkeit führt[574]. Die Voraussetzungen strafloser Vorbereitungshandlungen im Rahmen selbständiger Kuriertätigkeiten können daher nicht abstrakt, sondern nur anhand beispielhafter Entscheidungen dargestellt werden.

1. Erfolglose Anreise des Kuriers nach polizeilicher Sicherstellung der Betäubungsmittel

a) BGH, Beschluss vom 05.07.1984 - 1. Strafsenat (Fall 1)

In einem Fall fuhr der Angeklagte von Frankfurt nach München, um dort aus der Türkei eingeschmuggeltes Heroingemisch als Kurier zu übernehmen, um es einem anderen zu übergeben. Dabei führte er DM 3.000,-- für den Schmuggler mit sich. Infolge des Eingreifens der Polizei kam es am Bestimmungsort weder zur Übergabe des Geldes noch des Heroins. Es kam auch zu keinem Kontakt des Angeklagten mit dem Schmuggler[575].
Das Landgericht München verurteilte den Angeklagten als Rauschgiftkurier wegen vollendeten unerlaubten Handeltreibens mit Betäubungsmitteln in Mittäterschaft. Der 1. Strafsenat des Bundesgerichtshofs hob das Urteil auf und bewertete die Tat als straflose Vorbereitungshandlung zum (selbständigen) Handeltreiben. Der Angeklagte habe eine Kuriertätigkeit weder entfaltet, noch habe er zu einer Kuriertätigkeit unmittelbar angesetzt, so dass ein Schuldspruch nicht auf eine solche Tätigkeit gestützt werden könne[576]. Nachdem das Landgericht in seinen Urteilsgründen keine „näheren Feststellungen, insbesondere zu Art und Dauer der Transporttätigkeit sowie zu Art und Umfang des vom Angeklagten erwarteten finanziellen Vorteils“ getroffen hatte,

---

572 4. Kapitel, A, II, 1.
573 4. Kapitel, A, II, 2.
574 3. Kapitel, B, II, 3.
575 BGH, Beschl. v. 05.07.1984 - 1 StR 318/84 = StV 1985, S. 14.
576 BGH, Beschl. v. 05.07.1984 - 1 StR 318/84 = StV 1985, S. 14.

schloss der 1. Strafsenat auch eine Bewertung des Sachverhaltes als Handeltreiben in Mittäterschaft aus, der Tatbeitrag rechtfertigte „allenfalls" Beihilfe.

In einer anderen Entscheidung des 1. Strafsenates, bei dem es wie oben im Fall 1 zu keiner Entfaltung von Kuriertätigkeit kam und die Betäubungsmittel zum Zeitpunkt des Tätigwerdens des Angeklagten bereits polizeilich sichergestellt waren, bewertete der Senat die Handlung demgegenüber als vollendetes Handeltreiben.

b) BGH, Urteil vom 20.08.1991 - 1. Strafsenat (Fall 2)

Ein Rauschgiftkurier, der 12 kg Heroin von der Türkei nach Deutschland für einen Kurierlohn von DM 75.000,-- transportieren sollte, wurde an der Grenze festgenommen und das Rauschgift sichergestellt. Auf Anweisung der Polizei rief er seinen Auftraggeber an und teilte ihm mit, er habe das Heroin bei sich. Der Auftraggeber beauftragte den Angeklagten, an einem bestimmten Ort die 12 kg Heroin gegen Übergabe des Kurierlohns zu übernehmen und schließlich an ihn zu übergeben. Dem Angeklagten sollten als Gegenleistung Spielschulden in Höhe von DM 8.000,-- erlassen werden. Auftragsgemäß sammelte der Angeklagte bei Dritten den vereinbarten Kurierlohn ein und fuhr zum Übergabeort, um das Rauschgift zu übernehmen. Dort wurde er festgenommen[577].

Der Generalbundesanwalt bewertete die Tat als einen Versuch des Handeltreibens, die Revision des Angeklagten demgegenüber als Beihilfehandlung. Der 1. Strafsenat entschied, dass sich der Angeklagte wegen vollendeten Handeltreibens strafbar gemacht habe. Die eigennützige Förderung des Umsatzes von Betäubungsmitteln beziehe sich nicht auf eine bestimmte, tatsächlich vorhandene Rauschgiftmenge. Es komme auch nicht darauf an, ob das Betäubungsmittel, das der Täter anbietet, überhaupt zu seiner Verfügung steht. Es genüge vielmehr, „wenn die entfaltete Tätigkeit auf die Übertragung von Betäubungsmitteln von einer Person auf die andere abzielt". Auf die erstrebte Förderung des erstrebten Umsatzes komme es nicht an, „Handeltreiben ist kein Erfolgsdelikt".
Die Handlungen des Täters im Vorfeld der geplanten Übernahme des Rauschgiftes sind nach der Auffassung des Senates als Bestandteile tatbestandsmäßiger Ausfüh-

---

[577] BGH, Urt. v. 20.08.1991 - 1 StR 273/91 = StV 1992, S. 516.

rungshandlungen des Handeltreibens i. S. d. § 29 Abs. 1 Nr. 1 BtMG anzusehen und reichen zur Verurteilung wegen vollendeten Handeltreibens aus. Der Senat stellte fest: „So gesehen, waren schon das Einsammeln des Geldes, dann dessen Transport nach G., um dort im Austausch das Heroin in Empfang zu nehmen, Handlungen, die generell geeignet waren, das in Gang befindliche konkrete Umsatzgeschäft zu fördern. Dass das Rauschgift in den Händen der Polizei war, ändert nichts".
Unter Bezugnahme auf die oben dargestellte Entscheidung des 1. Strafsenats führte der 3. Senat[578] im Jahre 1993 aus: „Die eigennützige Förderung fremder Umsatzgeschäfte mit Betäubungsmittel - also ohne mittäterschaftliche Beteiligung - kann zwar den Begriff des unerlaubten Handeltreibens mit den Betäubungsmitteln erfüllen (...), setzt aber regelmäßig voraus, dass der Täter mit dem Betäubungsmittel selbst befasst (...) oder, wie etwa bei dem Einsammeln oder der Übermittlung des Geldbetrages für das Betäubungsmittel an den Lieferanten, unmittelbar in das Rauschgiftgeschäft eingebunden ist". Dieser Bewertung schloss sich der 2. Senat in einer Entscheidung aus demselben Jahr ausdrücklich an[579].

aa) Verhältnis zur Rechtsprechung

Auf den ersten Blick mag erstaunen, dass nach normalem Sprachgebrauch im Vorfeld des Handeltreibens liegende Tätigkeiten wie das Einsammeln des Geldes zur Bezahlung des Rauschgiftkuriers selbst zu einer Vollendungsstrafbarkeit und Aburteilung als Rauschgiftkurier wegen unerlaubten, täterschaftlichen Handeltreibens mit Betäubungsmitteln führen können. Der 1. Senat folgt hierbei dem Grunde nach dem bisher eingeschlagenen Weg des Bundesgerichtshofs einer extensiven Anwendung des Begriffs „Handeltreiben". Er merkt in seiner Entscheidung zugleich an, dass dem Aspekt der tatsächlichen Verfügungsgewalt über die Betäubungsmittel bei der Frage, ob Handeltreiben vorliege, eine „zu hohe Bedeutung" beigemessen werde, und hält zugleich daran fest, dass die objektive Unmöglichkeit des Beschaffens von Betäubungsmitteln kein Hinderungsgrund für die strafrechtliche Annahme des Handeltreibens sei. Schließlich reicht nach der Rechtsprechung des Bundesgerichtshofs bereits der bloße Abschluss eines schuldrechtlichen Vertrages über den Umsatz mit Betäu-

[578] BGH, Urt. v. 23.04.1993 - 3 StR 145/93 = BGHR BtMG § 29 Abs. 1 Nr. 1 Handeltreiben 37.
[579] BGH, Beschl. v. 21.07.1993 - 2 StR 331/93 = BGHR BtMG § 29 Abs. 1 Nr. 1 Handeltreiben 39.

bungsmitteln aus, um vollendetes Handeltreiben zu begründen, oder das Unterbreiten eines ernsthaften Verkaufsangebotes, selbst wenn derjenige keine Betäubungsmittel in den Händen hält und noch überhaupt keine gesicherte Lieferquelle besitzt[580].

Gemessen an dieser Prämisse, dass nach der bisherigen Auslegungspraxis durch den Bundesgerichtshof Handeltreiben „jede eigennützige, auf Umsatz gerichtete Tätigkeit" ist, bei der es auf eine tatsächliche Umsatzförderung nicht ankommt sowie der Gegenstand des Handeltreibens weder erlangbar oder existent zu sein braucht, kann im vorliegenden Fall die Entscheidung des 1. Strafsenats daher kaum als dogmatisch unzutreffend kritisiert werden.

bb) Auswirkungen auf die Beteiligungsformen

Dennoch lässt die konkrete Wortwahl, wie sie sich in den Entscheidungsgründen erstmals findet, kaum noch die Möglichkeit einer einschränkenden Auslegung zu. Wenn bereits jedes im Endergebnis auf Umsatz *abzielende* Verhalten den Tatbestand des Handeltreibens erfüllt, laufen die im allgemeinen Teil des Strafgesetzbuches normierten Formen der Beteiligung wie Täterschaft und Teilnahme vollständig leer. Denn bei einer Ausrichtung der Frage der Strafbarkeit, für deren Beantwortung es ausschließlich auf die Zielsetzung der durch den Täter vorgenommenen Tätigkeit ankommt, ist die für die einzelnen Unterscheidungsmerkmale des allgemeinen Teils notwendige Differenzierung gar nicht erst enthalten. Wer bei Umsatzgeschäften hilft oder dazu anstiftet, entfaltet immer auch schon eine Tätigkeit, die auf Umsatz abzielt[581]. Durch die erweiterte Interpretation des Begriffs Handeltreiben entzieht der 1. Senat der gesetzlich vorgeschriebenen objektiven Unterscheidung zwischen den Handlungsformen den Raum. Der Senat musste sich im vorliegenden Fall 2 dementsprechend auch nicht mehr mit der Frage beschäftigen, ob und inwieweit im Falle bereits sichergestellter Betäubungsmittel die Annahme einer Beihilfe gerechtfertigt ist. Die Entscheidung ist gemessen an den Maßstäben einer rechtsstaatlichen Strafrechtsdogmatik insgesamt bedenklich und stellt jedenfalls einen Vorstoß in die falsche Richtung dar.

---

[580] BGH, Urt. v. 15.01.1992 - 2 StR 267/91 = StV 1992, S. 517.
[581] Roxin, StV 1992, S. 517 (518).

cc) Auswirkung auf die Strafbarkeitsgrenze

Darüber hinaus erlaubt die Formulierung „abzielt" eine massive Ausdehnung des Bereiches der Vollendungsstrafbarkeit in den Bereich des materiellen Vorfeldes der Tat, da sie auch die in § 29 Abs. 2 BtMG spezialgesetzlich geregelte Unterscheidung zwischen den Phasen der Deliktsverwirklichung nicht mehr zulässt. Nur dadurch erreicht der Senat, bereits das Einsammeln des Geldes und dessen Transport zum Übergabeort als vollendetes Handeltreiben zu qualifizieren, ohne sich mit der Frage auseinander zu setzen, ob und inwieweit hier ein an sich nahe liegender untauglicher Versuch[582] in Betracht kommt. Die Entscheidung wirkt daher zugleich kontraproduktiv für die Beantwortung der Frage, wo die Grenze zur straflosen Vorbereitungshandlung gerade in den besonderen Fällen von Kuriertätigkeiten zu ziehen ist. Dies wäre aber gerade in diesen Fällen rechtsdogmatisch geboten und wünschenswert, denn der selbständig handelnde Kurier ist nicht selbst Käufer oder Verkäufer bei dem seinen Aktivitäten zugrundeliegenden Drogengeschäft. Sein Interesse gilt primär der geschuldeten Transporttätigkeit, für die er seine Entlohnung erhält, das eigentliche Rauschgiftgeschäft ist für ihn ein fremdes Geschäft.

Soweit die Entscheidung, wohl mit Blick auf die Bemühungen des Angeklagten auf das Einsammeln des Geldes, darauf abhebt, in anderen entschiedenen Fällen des Bundesgerichtshofs handele es sich um verschiedene Sachverhalte, da es sich „ausschließlich" um Kuriertätigkeit handele, überzeugt diese Argumentation nicht.

Denn bei der darin zitierten Entscheidung des 2. Strafsenats, die im Folgenden dargestellt wird, ging es ebenfalls um nicht unerhebliche, aber gleichsam vergebliche Bemühungen bei der Vornahme einer Kuriertätigkeit, wobei auch hier die Betäubungsmittel im Zeitpunkt des Tätigwerdens des Kuriers bereits sichergestellt waren. Hier entschied der 2. Strafsenat allerdings anders.

c) BGH, Urteil vom 18.06.1986 - 2. Strafsenat (Fall 3)

Ein Rauschgiftkurier, der Heroin von Pakistan nach Malaga transportieren sollte, wurde im Transitbereich des Frankfurter Flughafens mit 1.495 g Heroin im Gepäck festgenommen und das Rauschgift sichergestellt. Er rief im Auftrag der Zollfahndung seinen Auftraggeber in Pakistan an und teilte diesem mit, ihm seien Pass, Geld und

[582] Krack, JuS 1995, S. 585 (587); Roxin, StV 1992, S. 517 (519).

Flugticket abhanden gekommen, so dass er nicht weiterfliegen könne. Er bat um einen Ersatzkurier, der einen angeblich am Flughafen arbeitenden Landsmann, der in Wirklichkeit V-Mann der Polizei war, kontaktieren sollte, um von diesem den Koffer mit dem Rauschgift übergeben zu bekommen. Nachdem der Ersatzkurier mit dem V-Mann Kontakt aufnahm, flog er von Barcelona nach Frankfurt in der Absicht, den Koffer mit dem Rauschgift von diesem zu übernehmen und von Frankfurt nach Malaga zu überführen. Nachdem der Ersatzkurier zweimal vergeblich den V-Mann telefonisch zwecks Übergabe des Koffers zu erreichen versuchte, wollte er -erfolglos- abreisen und wurde festgenommen, als er an Bord der Maschine gehen wollte[583].

Das Landgericht Frankfurt am Main hatte den Angeklagten (Ersatzkurier) zunächst wegen unerlaubten Handeltreibens mit Betäubungsmitteln verurteilt. In der Revision hob der 2. Strafsenat das Urteil auf. Mit dem Flug von Barcelona nach Frankfurt und den zweifachen telefonischen Versuchen, die Übergabe des Rauschgiftkoffers an ihn zu vollziehen, habe der Angeklagte eine Kuriertätigkeit noch nicht entfaltet. Zwar habe der Angeklagte mit seinen Bemühungen zur Inbesitznahme des Koffers „den Zweck, den Umsatz des Rauschgiftes zu fördern" verfolgt, denn er wollte das Rauschgift als Kurier weitertransportieren. Er habe „mit diesen Bemühungen auch auf Güterumsatz gerichtete Tätigkeiten im weitesten Sinne entfaltet". Diese Tätigkeiten seien „jedoch nicht als tatbestandsmäßige Ausführungshandlungen des Handeltreibens i. S. v. § 29 Abs. 1 Nr. 1 BtMG zu bewerten." Durch den Umstand, dass der erste Rauschgiftkurier festgenommen und das Rauschgift polizeilich sichergestellt worden war, war aus Sicht des 2. Senats, nach dem Verlust der Verfügungsmacht des Kuriers am Rauschgift, der ursprünglichen Übertragungsakt unterbrochen worden. Für die Bewertung einer Kuriertätigkeit als vollendetes Handeltreiben ist für den 2. Senat demnach die Frage entscheidend, ob der Kurier Verfügungsgewalt über das Rauschgift hat. Solange dies nicht der Fall ist, sei die Tätigkeit nicht als tatbestandliche Ausführungshandlung des Handeltreibens mit Betäubungsmitteln zu bewerten. Mit seinen Bemühungen, in den Besitz des Rauschgiftkoffers zu gelangen, habe der Angeklagte „unter den hier gegebenen Umständen allerdings unmittelbar zu einer tatbestandsmäßigen Handlung, nämlich die Inbesitznahme des Rauschgiftes zum Zweck des Weitertransportes angesetzt". Nach Ansicht des 2. Senats sei „dieses

[583] BGH, Urteil v. 18.06.1986 - 2 StR 201/86 = StV 1986, S. 527.

Ansetzen aber allenfalls als Versuch des unerlaubten Handeltreibens mit Betäubungsmitteln oder der unerlaubten Ausfuhr von Betäubungsmitteln zu beurteilen".

aa) Verhältnis zur Rechtsprechung

Der 2. Senat verneint in dem oben ausgeführten Fall 3 also eine Vollendungsstrafbarkeit, hält jedoch einen Versuch für möglich. Wie bereits ausgeführt, besteht Einigkeit zwischen den Senaten, dass durch die Inbesitznahme der selbständige Kurier den Tatbestand des vollendeten Handeltreibens erfüllt. Der 2. Senat ging im vorliegenden Fall davon aus, dass durch die Festnahme des ersten Kuriers und Sicherstellung des Rauschgiftes der eingeleitete Übertragungsakt zunächst unterbrochen war, durch die zweimalige vergebliche Kontaktaufnahme zumindest nach den Vorstellungen des Täters aber wieder unmittelbar bevor stand. Durch die Bemühungen habe der Angeklagte die Grenze des § 22 StGB überschritten und sei mangels Vollendung der Tat in das Versuchsstadium eingetreten.
Diese Auffassung mag im Ergebnis zutreffend sein, lässt sich jedoch mit den in Fall 2[584] dargestellten Ausführungen des 1. Strafsenats kaum in Einklang bringen. Denn für den 1. Strafsenat stellt sich für die Frage der Einordnung einer Handlung als vollendetes Handeltreiben nicht, ob der Täter Verfügungsmacht über die Betäubungsmittel hat oder eben nicht. Daher hat der 1. Senat keine Probleme, vollendetes Handeltreiben mit bereits sichergestellten Betäubungsmitteln zu bejahen, was im Übrigen mit der bereits aufgeführten Rechtsprechung anderer Senate konform geht, dass auch derjenige Handel treibt, der einem anderen Kaufangebote unterbreitet, selbst wenn er keine Betäubungsmittel in den Händen hält und noch keine gesicherte Lieferquelle besitzt[585]. Die für den 1. Senat maßgebliche subjektive Voraussetzung für das vollendete Handeltreiben, nämlich dass die entfaltete Tätigkeit auf die Übertragung von Betäubungsmitteln von einer Person auf die andere lediglich abzielen muss, wird im vorliegenden Fall 3 sicherlich auch zu bejahen sein. Denn zumindest nach Vorstellung des Angeklagten stand das Rauschgift für den Weitertransport durch ihn zur Verfügung. Seine Bemühungen, den vermeintlichen Inhaber des Rauschgiftes zu kontaktierten, *zielten* damit auch auf die Übertragung des Rausch-

---

[584] 4. Kapitel, A, II, 1, b).
[585] BGH, Urteil v. 15.01.1992 - 2 StR 267/91 = StV 1992, S. 517; BGH, Beschl. v. 02.12.1999 - 3 StR 479/99 = NStZ 2000, S. 207.

giftes ab. Dass der Angeklagte zuerst Verfügungsmacht an den Betäubungsmitteln besaß, diese verloren oder zwischenzeitlich wiedererlangt hat, ist damit unbeachtlich. Nach Auffassung des 1. Senats in der Form der in Fall 2 beschriebenen Entscheidung wäre hier vollendetes Handeltreiben im Ergebnis als zutreffend zu bejahen. Eine in qualitativer Hinsicht bestehende Abweichung der beiden Sachverhalte, die eine unterschiedliche Beurteilung von Fall 2 und 3 als einerseits Vollendungs-, andererseits Versuchsstrafbarkeit rechtfertigen könnte, ist nicht ersichtlich.

bb) Auffassung in der Literatur

Bezeichnend für den untauglichen Versuch ist es gerade, dass die Unmöglichkeit vollständiger Tatbestandsverwirklichung schon bei Versuchsbeginn feststeht, der Täter dies jedoch nicht erkennt. Zum Teil wird in der Literatur[586] davon ausgegangen, dass nach Sicherstellung der Betäubungsmittel bereits in umgangssprachlicher Hinsicht kein „Handeltreiben" mehr in Betracht kommen kann. Wo kein Betäubungsmittel mehr ist, könne mit diesem auch nicht mehr Handel getrieben werden. Da der umgangssprachliche Wortlaut die Grenze jeglicher den Täter belastenden Norminterpretation darstelle, verbiete bereits die Tatbestandsgarantie des Art. 103 Abs. 2 GG, § 1 StGB die Annahme, vollendetes Handeltreiben bei bereits sichergestellten Betäubungsmitteln zu bejahen.
Zu einer Strafbarkeit wegen untauglichen Versuches gelangt man je nachdem, ob die Konstellation des Versuches am untauglichen Objekt durch das unechte Unternehmensdelikt im Allgemeinen[587] oder durch das Handeltreiben im Besonderen[588] (wegen § 29 Abs. 2 BtMG) erfasst wird.
Auch *Roxin*[589] geht davon aus, dass nach Sicherstellung des Rauschgiftes ein vollendetes Handeltreiben nicht mehr in Betracht kommt. Das unmittelbare Ansetzen zur Beförderung bereits sichergestellten Rauschgiftes begründe vielmehr einen untauglichen Versuch, „der aber ebenfalls strafbar ist". Zu der Lösung gelangt *Roxin* aber nur, da er die weitergehende Auslegung des Begriffes „Handeltreiben" durch den 1. Strafsenat (vgl. Fall 2) generell ablehnt und davon ausgeht, beim Handeltreiben han-

[586] Krack, JuS 1995, S. 585 (587).
[587] Vgl. oben 3. Kapitel, B, II, 4.
[588] Vgl. oben 3. Kapitel, B, II, 5.
[589] Roxin, StV 1992, S. 517.

dele es sich um ein schlichtes Tätigkeitsdelikt (Verhaltensdelikt[590]). Insoweit stellt sich auch nicht mehr die Frage der Strafwürdigkeit des untauglichen Versuches als unechtes Unternehmensdelikt. Soweit in der Literatur[591] der Auffassung gefolgt wird, vollendetes Handeltreiben liege auch dann vor, wenn die Betäubungsmittel, auf die sich die entfaltete Tätigkeit bezieht, zur Zeit des Tätigwerdens bereits polizeilich sichergestellt sind, wird ohne Begründung auf die Auffassung des 1. Strafsenats in der (Fall 2) Entscheidung vom 20.08.1991[592] verwiesen.

cc) Stellungnahme

Soweit der 2. Senat im vorliegenden Fall 3 zu einer Versuchsstrafbarkeit gelangt, kann dies im Ergebnis begrüßt werden, ist es doch eine Lösung, die dem Rechtsempfinden am ehesten entgegen kommt. Gleichzeitig ist es eine Lösung, die einer pragmatischen Beurteilung in der Bemessung des auszusprechenden Strafmaßes Raum geben kann, um damit die Möglichkeit zu schaffen, in Grenzfällen dem Gebot verhältnismäßiger Abstufung staatlichen Strafens Rechnung zu tragen. Zu bedenken ist allerdings, dass wegen des Charakters der Tatmodalität Handeltreiben als sog. unechtes Unternehmensdelikt der Versuch nur eingeschränkt existiert, nämlich wie festgestellt nur in der Form des untauglichen Versuchs. Den Umstand, dass durch die zweimalige vergebliche Kontaktaufnahme die Inbesitznahme unmittelbar bevorstand, sah der 2. Senat als Überschreitung der Strafbarkeitsgrenze an. Im Bereich des Handeltreibens als sog. unechtes Unternehmensdelikt folgt aus der Überschreitung der Grenze des § 22 StGB, dass formell vollendetes Handeltreiben anzunehmen ist. Wie festgestellt[593] kommt aber dem untauglichen Versuch im Rahmen der unechten Unternehmensdelikte mit gesetzlich angeordneter Versuchsstrafbarkeit wie beim § 29 Abs. 2 BtMG eine eigenständige Bedeutung zu. Sowohl im Fall 2 wie im Fall 3 waren die Betäubungsmittel zum Zeitpunkt des Tätigwerdens der jeweiligen Angeklagten bereits polizeilich sichergestellt, was die Angeklagten jedoch nicht wussten. Daher läge hier die Annahme einer Verurteilung der Angeklagten wegen untauglichen Versuchs des Handeltreibens mit Betäubungsmitteln nahe.

---

590 Roxin, StV 2003, S. 619 (621).
591 Endriß/Malek, Betäubungsmittelstrafrecht, Rn. 188.
592 BGH, Urt. v. 20.08.1991 - 1 StR 273/91= StV 1992, S. 516 = NStZ 1992, S. 38.
593 Vgl. oben 3. Kapitel, B, II, 5.

2. Bloße Zusage des Kurierauftrages und erfolglose Anreise zum Übergabeort

In denjenigen Fällen, in denen der selbständig handelnde Kurier zu keinem Zeitpunkt seines Tätigwerdens Verfügungsgewalt über die Betäubungsmittel erlangt hat, sein Verhalten unter den gegebenen Umständen aber objektiv geeignet war, eine Vollendung in Form der Inbesitznahme der Betäubungsmittel zu Transportzwecken herbeizuführen, scheidet die theoretische Möglichkeit der Annahme eines untauglichen Versuches von vornherein aus. Welche Bemühungen schon oder eben noch nicht ausreichend sind, um die Grenze des § 22 StGB zu überschreiten und die (formelle) Vollendung des Tatbestandes herbeizuführen, soll anhand zweier weiterer Entscheidungen dargestellt werden.

a) BGH, Urteil vom 01.08.1990 - 2. Strafsenat

In der Entscheidung wurde ein Urteil des LG Köln aufgehoben, das den Angeklagten unter anderem wegen zweifachen Handeltreibens im Rahmen von Kuriertätigkeiten zu einer Freiheitsstrafe von 10 Jahren verurteilt hat. Der Senat ging davon aus, dass die beiden unabhängig voneinander begangenen Tathandlungen jeweils lediglich als straflose Vorbereitung zu bewerten seien. Im ersten Teil der Entscheidung wurde von folgendem Sachverhalt ausgegangen:

aa) Erster Teil (Fall 4)

Der Angeklagte war nach seiner Zusage zur Vornahme von Kuriertätigkeit mit konkreten Anweisungen von Amsterdam zum vermeintlichen Übergabeort Salzburg gefahren, um dort 10 Kilo Heroin zu übernehmen. Nachdem er vergeblich auf das Eintreffen des Rauschgiftes zwecks Übernahme gewartet hatte, kehrte er nach weiterer telefonischer Anweisung nach Amsterdam zurück.[594]

Zunächst stellte der 2. Senat fest, dass die Übernahme eines Kurierauftrages und die erfolgte Anreise zum Übergangsort kein vollendetes Handeltreiben darstelle. Durch „die Zusage des Angeklagten und seine Bemühungen um Weitertransport des

[594] BGH, Urt. v. 01.08.1990 - 2 StR 147/90 = NJW 1991, S. 305 (306).

Rauschgiftes“ habe der Angeklagte „hier noch keine Tätigkeit im Sinne einer tatbestandsmäßigen Ausführungshandlung des § 29 I Nr. I BtMG entfaltet“. „Er hatte zu einer solchen Tätigkeit auch noch nicht unmittelbar angesetzt“[595].
Dem zweiten Teil dieser Entscheidung lag nachstehender Sachverhalt zugrunde.

bb) Zweiter Teil (Fall 5)

Der Angeklagte sollte als Rauschgiftkurier eingesetzt werden und hatte sich zu einem Kuriertransport von Amsterdam nach Spanien bereit erklärt und versuchte darauf hin, ein Transitvisum für Frankreich zu erlangen. Als er dafür eine Hotelbuchung in Spanien vorlegen sollte, sah man insgesamt davon ab, den Angeklagten als Kurier einzusetzen.

Auch hier ging der Senat von einer Vorbereitungshandlung aus, da der Angeklagte noch keine Kuriertätigkeit entfaltet hatte und seine erbrachten Tätigkeiten auch „nicht als tatbestandsmäßige Ausführungshandlungen“ im Sinne eines selbständigen Handeltreibens mit Betäubungsmitteln zu bewerten seien. Sowohl mit seiner Bereitschaft zum Transport des Betäubungsmittels als auch mit den Bemühungen zur Erlangung des Transitvisums habe er „nicht einmal zu einer solchen Handlung im Sinne des Versuchs angesetzt“[596].

b) Stellungnahme

Soweit im ersten Teil der Entscheidung (Fall 4) davon auszugehen ist, dass hier außer der Zusage zur Vornahme und dem Anreisen zum Übergabeort keine weiteren Aktivitäten entfaltet wurden, ist der Ansatz, hier lediglich von strafloser Vorbereitung auszugehen, unproblematisch.
Anders ist es aber im zweiten Teil der Entscheidung. Die zur Zusage der Vornahme der Transporttätigkeit zusätzlichen Bemühungen, ein Transitvisum für Frankreich zu erlangen, gaben dem Senat keinen Anlass, die Überschreitung der Strafbarkeitsgrenze anzunehmen. Es verwundert dabei nicht das Ergebnis, sondern vielmehr die einfache Feststellung des 2. Senats, der Kurier habe noch keine tatbestandsmäßige

---

595 BGH, Urt. v. 01.08.1990 - 2 StR 147/90 = NJW 1991, S. 305 (306).
596 BGH, Urt. v. 01.08.1990 - 2 StR 147/90 = NJW 1991, S. 305 (306).

Ausführungshandlung vorgenommen oder zumindest noch nicht hierzu unmittelbar angesetzt. Da die Bemühungen zur Beschaffung des Transitvisums eine Tätigkeit war, die notwendig für die und damit im Kausalzusammenhang mit der vorzunehmenden Kurierfahrt stand, handelt es sich um Bemühungen mit umsatzförderndem Charakter, die der Inbesitznahme der Betäubungsmittel im Sinne eines unmittelbaren Ansetzens unmittelbar voraus gingen. Man hätte die Schwelle des unmittelbaren Ansetzens damit leicht als überschritten ansehen könnte. Zudem kann davon ausgegangen werden, dass der Angeklagte durch seine eigenständigen Bemühungen um die Erlangung des Transitvisums, auch *unmittelbar in das Rauschgiftgeschäft eingebunden* war[597] und damit nach Auffassung des 3. Senats aus dem Jahre 1993 bereits den Tatbestand des Handeltreibens erfüllte. Wenn danach bereits das Einsammeln oder die Übermittlung eines Geldbetrages für das Betäubungsmittel an den *Lieferanten* ausreichte[598], ist gemessen an dem Gewicht der Beiträge, nicht ohne weiteres erkennbar, wieso dies in der Absicht, Betäubungsmittel zu transportieren, bei der ernsthaften Bemühung des Lieferanten um ein Transitvisum demgegenüber kein tatbestandliches Geschehen begründen soll.
Diese Tätigkeit zielte jedenfalls auch auf Umsatz mit dem Rauschgift ab und hätte damit nach Auffassung des 1. Senats (vgl. Fall 2) leicht als (formell) vollendetes Handeltreiben qualifiziert werden können.

c) BGH, Urteil vom 23.08.1989 - 3. Strafsenat (Fall 6)

Nach einer Entscheidung des 3. Strafsenats liegt eine auf Umsatz gerichtete Tätigkeit hingegen bereits dann vor, „wenn diese eine einverständliche Übertragung von Betäubungsmitteln von einer Person auf eine andere zum *Endziel* hat“[599].
In dem Fall trafen die zwei angeklagten Schiffskapitäne am geplanten Übergabeort der Betäubungsmittel auf hoher See ein. Trotz bestehenden Lichtkontaktes mit dem Lieferfahrzeug kam es nicht zur beabsichtigten Übergabe von zwei Tonnen Haschisch, da das Lieferfahrzeug nicht an das Schiff herankam und die Angeklagten dann verabredungsgemäß den Treffpunkt mit ihrem Schiff wieder verließen[600].
Der Senat hat in der festen und realistischen Transportzusage vollendetes Handel-

[597] BGH, Urt. v. 23.04.1993 - 3 StR 145/93 = BGHR BtMG § 29 Abs. 1 Nr. 1 Handeltreiben 37.
[598] Oben 4. Kapitel, A, II, 1, b).
[599] BGH, Urt. v. 23.08.1989 - 3 StR 120/89 = BGHR BtMG § 29 Abs. 1 Nr. 1 Handeltreiben 18.
[600] BGH, Urt. v. 23.08.1989 - 3 StR 120/89 = BGHR BtMG § 29 Abs. 1 Nr. 1 Handeltreiben 18.

treiben gesehen, obwohl die Zusage der Kuriertätigkeit und die Anreise zum Übergabeort für sich regelmäßig keine Handlungen sind, die den Tatbestand des Handeltreibens erfüllen, sondern grundsätzlich nur straflose Vorbereitungshandlungen darstellen[601].

aa) Bewertung nach bisheriger Auffassung

Das Verhalten der Angeklagten ist als Kuriertätigkeit zu qualifizieren, da sie den selbständigen Transport des Rauschgiftes von einer Person zur anderen vornehmen wollten, ohne selbst Käufer oder Verkäufer zu sein. Da sie selbst nicht mit dem Rauschgift befasst waren, also keine Verfügungsmacht darüber erlangen konnten, scheidet grundsätzlich (Allein-) Täterschaft aus. Da in der bloßen Zusage zu einer Tat grundsätzlich noch kein unmittelbares Ansetzen zur Tatbestandsverwirklichung zu sehen ist, müssten weitere Aktivitäten hinzutreten, um die Strafbarkeitsgrenze des § 22 StGB zu erreichen. Hier lässt sich allenfalls aus den Feststellungen der Kammer herleiten, dass die Bemühungen, in den Besitz des Rauschgiftes zu gelangen, also möglicherweise das Manövrieren auf hoher See unter bestehendem Lichtkontakt mit dem Lieferfahrzeug, bereits eine Handlung gewesen seien, die nach den Vorstellungen der Angeklagten ein unmittelbares Ansetzen zur Inbesitznahme des Rauschgiftes zum Zweck des Weitertransportes darstellte und damit (vollendetes) Handeltreiben anzunehmen wäre.
Der Senat lässt in der Entscheidung sowohl die dogmatische Begründung offen, wie er zu der Annahme vollendeten Handeltreibens gelangt, noch bezieht er sich auf eine konkrete Tathandlung, die nach Auffassung des Senats die Überschreitung der Strafbarkeitsgrenze herbeiführte. Zudem ergaben die Feststellungen nicht, ob und gegebenenfalls inwieweit die Angeklagten in das Rauschgiftgeschäft *unmittelbar eingebunden*[602] waren. Der Grund, warum der Senat bei dieser Konstellation zur Vollendungsstrafbarkeit ohne weitere Ausführungen kommt, liegt in der ungehemmten Ausdehnung der Strafbarkeitsgrenze in das materielle Vorfeld der Tat. Indem er alleine das angestrebte *Endziel* der Tätigkeit ausreichen lässt, genügt dem Senat für die Annahme vollendeten Handeltreibens die Feststellung, dass eine feste und realistische Transportzusage für ein fremdes Umsatzgeschäft vorgelegen hat.

---

[601] Körner, BtMG, § 29 Rn. 312.
[602] BGH, Urt. v. 23.04.1993 - 3 StR 145/93 = BGHR BtMG § 29 Abs. 1 Nr. 1 Handeltreiben 37.

bb) Stellungnahme

Mit dieser weit in das Vorfeld der materiellen Vollendung gerichteten Ausprägung des Begriffs „Handeltreiben“ steht die Entscheidung beispielhaft für die Uferlosigkeit der Auslegung. Sachgerechte Abgrenzungskriterien können der Entscheidung nicht entnommen werden.

3. Zusammenfassung

Der selbständige Kurier kann den Tatbestand des Handeltreiben im Sinne von § 29 Abs. 1 S 1 Nr. 1 BtMG erfüllen. Kurier in diesem Sinne ist, wer selbständig gegen Entlohnung Betäubungsmittel transportiert, ohne selbst Käufer oder Verkäufer zu sein. Hat der Kurier tatsächliche Verfügungsgewalt über das Rauschgift, ist er also mit den Betäubungsmitteln selbst *befasst* und unternimmt er Handlungen hinsichtlich des Weitertransportes, so sind diese Handlungen tatbestandliche Ausführungshandlungen, die sich grundsätzlich als vollendetes Handeltreiben im Sinne von § 29 Abs. 1 S. 1 Nr. 1 BtMG darstellen.

Die bloße Zusage der Kuriertätigkeit und die Anreise zum Übergabeort sind Handlungen, die für sich genommen noch nicht unter den Tatbestand des vollendeten Handeltreibens fallen. Der Zeitpunkt beziehungsweise die notwendigerweise hinzukommende Handlung, nach der nach den Vorstellungen des Kuriers ein unmittelbares Ansetzen zum Handeltreiben anzunehmen ist, ist Frage des Einzelfalles und durch die Senate des Bundesgerichtshofs verschieden gelöst worden. Grund hierfür ist, dass die Senate unterschiedliche Interpretationsansätze der Definition des „Handeltreibens“ favorisieren, die zum Teil eine zu weite Ausdehnung des Vollendungsstadiums in den Bereich der Vorbereitungshandlung nach sich ziehen. Anhand der oben aufgezeigten Entscheidungen kann festgestellt werden, dass durch die unterschiedlich favorisierten Ausformungen des Begriffs „Handeltreiben“ die Senate zu unterschiedlichen Entscheidungen gelangen, die sich in der Begründung nicht in Einklang bringen lassen. Wann eine Tathandlung gemessen dem Gewicht der einzelnen Beiträge (noch) im Vorbereitungsstadium angesiedelt ist oder aber bereits die Annahme der (formellen) Vollendung des Tatbestandes zur Folge hat, wird nach Ansicht der Literatur durch den Bundesgerichtshof anhand jeweils einzelner *Aktivitäten* des Kuriers ausgerichtet[603]. Die Strafsenate haben keine einheitliche Aussage darüber getroffen, welche konkreten Aktivitäten im Einzelnen ein Kurier entfalten muss, um die Schwelle der Vorbereitungshandlungen zu überschreiten. Es ist insoweit nicht erkennbar, wieso das Einsammeln von Geld zur Bezahlung des anliefernden Kuriers (Fall 3) qualitativ die geeignetere Handlung sein soll, den Umsatz von Betäubungsmitteln zu fördern, als die Beschaffung eines Transitvisums, das die spätere Übernahme von Betäubungsmitteln an einem anderen Ort ermöglichen soll (Fall 5). Dass letztlich bereits eine feste und realistische Transportzusage (Fall 6) für ein fremdes Umsatzgeschäft, also eine verbale Tätigkeit ohne selbst Käufer oder Verkäufer zu sein, vollendetes Handeltreiben darstellt, zeigt, dass die allgemeine Einstufung des Handeltreibens im Sinne des § 29 Abs. 1 S.1 Nr. 1 BtMG als Erklärungsdelikt[604] als zutreffend angesehen werden kann. Eine allgemeingültige Aussage ist den Urteilen damit jedenfalls nicht zu entnehmen, es handelt sich jeweils um Einzelfallentscheidungen. Soweit nach der neueren Entwicklung in der Rechtsprechung[605] die bloße Zusage der Kuriertätigkeit und die Anreise zum Übergabeort ein (allein-) täterschaftliches Handeltreiben begründen soll, wenn der Beteiligte „unmittelbar in das Rauschgiftgeschäft eingebunden ist", entziehen sich die Entscheidungen teilweise einer Überprüfbarkeit, da insoweit keine Feststellungen getroffen wurden, ob (wie im Fall 6) eine weitergehende Einbindung in das Geschäft über die Transportzusage hinaus tatsächlich bestanden hat, die es erlaubt, über den festgestellten Tatbeitrag der Angeklagten eine täterschaftliche Begehungsweise nach diesem Grundsatz anzunehmen.

B. Transporttätigkeit als Beihilfehandlung

Obwohl der Begriff des Handeltreibens nicht zwischen eigenen Geschäften und der Förderung fremder Geschäfte unterscheidet, finden sich besonders im Bereich der Transportfälle (Bote/Kurier) zahlreiche Entscheidungen, in denen der Tatbeitrag als Hilfeleistung zu einer fremden Tat qualifiziert worden ist[606]. Dies ist umso erstaunlicher, als es, wie oben ausgeführt, für die Annahme des „Handeltreibens" ausreicht,

[603] So auch Körner, BtMG, § 29 Rn. 313, 315.
[604] Körner, BtMG, § 29 Rn. 201.
[605] BGH, Urt. v. 23.04.1993 - 3 StR 145/93 = BGHR BtMG § 29 Abs. 1 Nr. 1 Handeltreiben 37; BGH, Beschl. v. 21.07.1993 - 2 StR 331/93 = BGHR BtMG § 29 Abs. 1 Nr. 1 Handeltreiben 39.
[606] Vgl. Aufzählung bei Körner, BtMG, § 29 Rn. 401.

wenn „die entfaltete Tätigkeit auf die Übertragung von Betäubungsmittel von einer Person auf die andere abzielt"[607]. Aufgrund der unübersichtlichen Weite der Definition[608] und ihren unterschiedlichen Ausprägungen durch die Rechtsprechung ist damit auch eine Abgrenzung von Täterschaft und Teilnahme eigentlich unmöglich[609]. Denn eine auf den Umsatz von Betäubungsmitteln abzielende Tätigkeit entfaltet auch schon derjenige, der bei Umsatzgeschäften lediglich hilft. Eine Verurteilung wegen Teilnahme ist aber unstatthaft, wo der Handelnde durch sein Tun die gesetzlichen Tatbestandsmerkmale in subjektiver und objektiver Hinsicht bereits vollständig und allein erfüllt hat. Dennoch hat die Rechtsprechung diesen Weg beschritten, um zu vermeiden, dass das Handeltreiben zu einem Tatbestand wird, der in allumfassender Weise auch alle Beteiligungsformen in sich aufnimmt[610] und der Bereich der Teilnahme zugunsten einer „Einheitstäterschaft" verdrängt wird[611]. Für die Abgrenzung zwischen Täterschaft und Teilnahme hat sie beim „Handeltreiben" im Randbereich fremder Umsatzgeschäfte, etwa bei reiner Botentätigkeit, die Grundsätze des allgemeinen Strafrechts unter Berücksichtigung der besonderen Bedingungen des Tatbestandes zur Geltung gebracht[612]. Sie versucht den Bereich der Täterschaft dadurch einzuschränken, indem sie durch eine wertende Gesamtschau mit Hilfe der von ihr zur Täterschaftsermittlung auch sonst verwendeten subjektiven und objektiven Kriterien teils Täterschaft, teils Teilnahme bejaht[613], wobei die Eigennützigkeit als fester Bezugspunkt dient. Während die frühere Rechtsprechung des Bundesgerichtshofs überwiegend nur bei Feststellung fehlenden Eigennutzes des Tatbeteiligten Beihilfe angenommen hat[614], ist sie durch die Entwicklung neuer Kriterien dazu übergegangen, Tathandlungen mit untergeordneter Bedeutung für den Umsatz als Teilnahme (Beihilfe) zu bewerten[615].

Zunächst sollen zur Darstellung der Strafbarkeit des Gehilfen im Rahmen der Tatmodalität „Handeltreiben" die nach Rechtsprechung und Literatur anerkannten absoluten Ausschlussgründe für die Annahme von (Mit-)Täterschaft dargestellt werden.

---

607 BGH, Urt. v. 20.08.1991 - 1 StR 273/91= StV 1992, S. 516 = NStZ 1992, S. 38.
608 Weber, BtMG, § 29 Rn. 309.
609 Nestler in: Kreuzer, Handbuch des Betäubungsmittelstrafrechts, § 11 Rn. 360.
610 Nestler in: Kreuzer, Handbuch des Betäubungsmittelstrafrechts, § 11 Rn. 360.
611 Schönke/Schröder-Cramer Vorbem §§ 25 ff. Rn. 94.
612 Weber, BtMG, § 29 Rn. 307; BGH, Beschl. v. 24.03.1999 - 1 StR 84/99 = StV 1999, S. 429; Joachimski/Haumer, BtMG, § 29 Rn. 46.
613 Roxin, Täterschaft und Tatherrschaft, S. 618.
614 Vgl. dazu Liemersdorf/Miebach, MDR 1979, S. 981.
615 Nestler in: Kreuzer, Handbuch des Betäubungsmittelstrafrechts, § 11 Rn. 360.

I. Teilnahme bei fehlendem Eigennutz

Täterschaft oder Mittäterschaft scheiden unabhängig von der Schuldform (also auch bei fahrlässigem Handeln) aus, wenn kein eigennütziges Handeln des Tatbeteiligten vorliegt. In diesen Fällen kann mangels vollständiger Erfüllung der durch die Rechtsprechung entwickelten Definitionsmerkmale („eigennützige Tätigkeit") nur noch eine Teilnahmehandlung in Betracht kommen. Die bloße Förderung fremden Eigennutzes genügt zur Tatbestandserfüllung nicht[616], wie auch die Eigennützigkeit für sich alleine nicht ausreicht, täterschaftliches Handeltreiben anzunehmen[617].

II. Beihilfe zum Handeltreiben bei Erfüllung aller Tatbestandsmerkmale ?

Es stellt sich die Frage, ob und inwieweit von Beihilfe auch dann noch ausgegangen werden kann, wenn der Tatbeteiligte vorsätzlich und frei in eigenhändiger Form alle Tatbestands- und Definitionsmerkmale des „Handeltreibens" in seiner Person verwirklicht.
Zur Frage des „Eigenhändigen"[618] werden unterschiedliche Auffassungen vertreten.

1. Die Entwicklung im Schrifttum nach 1975

Die Vertreter der sog. Tatherrschaftslehre[619] haben ihre Auffassung vor allem durch die Neufassung[620] des § 25 Abs. 1 StGB bestätigt gesehen, wonach als Täter bestraft wird, wer eine Straftat selbst begeht, also in seiner Person alle Tatbestandsmerkmale rechtswidrig und schuldhaft verwirklicht. Täterschaft sei also auch dann gegeben, wenn der Beteiligte bei vollständiger Erfüllung des Tatbestandes in seiner Person „unter dem Einfluss und in Gegenwart eines anderen" steht und „nur in dessen Interesse" handelt[621]. Er könne nicht wegen fehlenden Täterwillens bloßer Gehilfe sein[622]. Die generell vom Reichsgericht und anfänglich vom Bundesgerichtshof[623]

---

[616] BGH, Beschl. v. 08.01.2002 - 3 StR 489/01= StV 2002, S. 255.
[617] BGH, Beschl. v. 04.06.2003 - 2 StR 139/03.
[618] Roxin, Täterschaft und Tatherrschaft, S. 127.
[619] Roxin, Täterschaft und Tatherrschaft, S. 60 ff.
[620] BGBl. I, S. 1.
[621] Tröndle/Fischer, StGB, § 25 Rn. 2.
[622] Lackner/Kühl, StGB, § 25 Rn. 1.
[623] Darstellung bei: Wiegmann, JuS 1993, S. 1003 (1005).

vertretene subjektive Theorie sei mindestens insoweit „mit dem Gesetz nicht mehr vereinbar"[624].

Nur vereinzelt wird im Schrifttum die Auffassung vertreten, dass auch nach geltendem Recht in der jetzigen Formulierung des § 25 Abs. 1 StGB auch bei eigenhändiger Verwirklichung sämtlicher Tatbestandsmerkmale Teilnahme möglich sein soll, „eine generelle Annahme von Täterschaft bei „voller eigenhändiger Tatbestandserfüllung" nicht erfolgen kann"[625], dass das Problem nach wie vor offen sei[626]. „Man würde alle Erfahrung mit der Auslegung von Gesetzen missachten, wollte man die subjektive Theorie allein durch eine solche Gesetzesfassung als überholt bezeichnen."[627]

Dabei verbietet bereits der Wortsinn der Gesetzesfassung des § 25 Abs. 1 StGB die Annahme, dass jemand, der vorsätzlich und eigenhändig alle Tatbestandsmerkmale verwirklicht, die Tat nicht „selbst" begangen hat. In der Begründung des E 1962[628], dem die heutige Gesetzesfassung entstammt, heißt es, unter einem unmittelbaren Täter verstehe der Entwurf „einen Täter, der die Straftat selbst begeht, d. h. alle Tatbestandsmerkmale in seiner Person verwirklicht (...). Diese begriffliche Bestimmung macht deutlich, dass, wer die Tat selbst begeht, also z. B. in eigener Person tötet (...), stets Täter ist, und nicht etwa wegen fehlenden Täterwillens Teilnehmer sein kann, wie es in der Rechtsprechung früher bisweilen angenommen worden ist".

2. Die Entwicklung in der Rechtsprechung nach 1975

Konsequent entschied das OLG Stuttgart[629] in Ansehung des reformierten § 25 Abs. 1 StGB, dass wer „alle objektiven und subjektiven Merkmale eines Tatbestandes in eigener Person verwirklicht", nicht Gehilfe, sondern Täter ist.

In den Entscheidungen des Bundesgerichtshofs zum Betäubungsmittelstrafrecht zeichnete sich zunächst eine Abkehr von der subjektiven Theorie ab[630], wobei zeitweilig wieder mehr auf die Linie der subjektiven Theorie eingeschwenkt worden ist[631].

---

[624] Tröndle/Fischer, StGB, (49. Aufl.) § 25 Rn. 2.
[625] Baumann/Weber-Weber, (10. Aufl.) § 29 Rn. 43.
[626] Lackner/Kühl, StGB, (22. Aufl.) § 25 Rn. 1.
[627] Schmidhäuser StuB, 1984, S. 328.
[628] BT-Drucksache IV/650, S. 149.
[629] OLG Stuttgart, Urt. v. 16.09.1977 - 3 Ss 497/77 = NJW 1978, S. 715 (716).
[630] Wiegmann, JuS 1993, S. 1003, (1005).
[631] Roxin, Täterschaft und Tatherrschaft, S. 557.

Eine grundsätzliche Wendung hin zur Tatherrschaftslehre ist bislang jedenfalls ausgeblieben.

Der Bundesgerichtshof grenzt für das seit dem Strafrechtsreformgesetz 1975 bestehende Recht weiterhin grundsätzlich auch nach subjektiven Kriterien ab. Im Gegensatz zur früheren, rein subjektiven Theorie erfolgt die Abgrenzung zwischen Täterschaft und Teilnahme aber unter Berücksichtigung objektiver Kriterien, wobei er eine Gesamtwertung vornimmt[632]. Der Bundesgerichtshof prüft in Annäherung an die im Schrifttum ganz überwiegend vertretene Tatherrschaftslehre also neben dem Tatinteresse und dem Willen zur Tatherrschaft auch, ob der Tatbeteiligte nach materiell-objektiven Kriterien Tatherrschaft hat. Eine Bewertung der Tat im Sinne des Anschlusses an seine frühere, auf das subjektive Element („Täterwille") bezogene Rechtsprechung nimmt er bei der Abgrenzung von Täterschaft und Teilnahme, abgesehen von „extremen Ausnahmefällen"[633], aber nur noch dann vor, wenn der Beteiligte den Tatbestand überhaupt nicht oder nur teilweise eigenhändig verwirklicht hat[634]. Hierzu führte der 3. Strafsenat in einer Entscheidung aus dem Jahre 1992 aus, dass auch in der Rechtsprechung des Bundesgerichtshofs anerkannt sei, „dass der, der den Tatbestand mit eigener Hand erfüllt, grundsätzlich auch dann Täter ist, wenn er es unter dem Einfluss und in Gegenwart eines anderen nur in dessen Interesse tut"[635].

3. Die Teilnahme im Betäubungsmittelrecht / Urteil vom 22.07.1992 – 3. Strafsenat

In dem Fall[636] erklärte sich der Angeklagte dazu bereit, gegen einen „Risikozuschlag" von DM 400,-- Chauffeurdienste zu leisten. Er sollte durch Führen des Fahrzeuges den Tatbeteiligten und die mitgeführten Betäubungsmittel über die niederländisch-deutsche Grenze bringen, was er auch in die Tat umsetzte.

Der Senat stellte fest, dass der Angeklagte hierdurch lediglich als Teilnehmer wegen Handeltreibens zu bestrafen sei unter gleichzeitiger Mittäterschaft wegen unerlaubter Einfuhr. Da er durch seine Tathandlung *„bei nicht eigenhändiger Verwirklichung*

---

632 Schönke/Schröder-Cramer/Heine, Vorbem §§ 25 ff. Rn. 87/88.
633 BGH, Urt. v. 03.02.1999 - 2 StR 506/98 = StV 1999, S. 427.
634 Wiegmann, JuS 1993, S. 1003 (1006 unter 2.b)).
635 BGH, Urt. v. 22.07.1992 - 3 StR 35/92 = StV 1992, S. 578.
636 BGH, Urt. v. 22.07.1992 - 3 StR 35/92 = StV 1992, S. 578.

aller Tatbestandsmerkmale" des unerlaubten Handeltreibens bei der „insoweit erforderlichen wertenden Betrachtung" nicht als Mittäter angesehen werden könne, hat der Senat im „Hinblick hierauf (...) die Bewertung von Chauffeurdiensten zur Förderung des unerlaubten Handeltreibens mit BtM als Beihilfe gebilligt".
Der Senat legte seiner Bewertung zugrunde, dass der Initiator der Transporte den Angeklagten stets begleitete, die Tatherrschaft und die „alleinige Regie" ausübte, die Fahrtroute genau festlegte sowie den Angeklagten „von dem Kernbereich der Haschischgeschäfte bewusst" fernhielt.

4. Stellungnahme und Zwischenergebnis

So sehr die Entscheidung im Ergebnis zu begrüßen ist, erscheint es doch fraglich, ob nach der zum Teil exzessiven Auslegung des Begriffs „Handeltreiben" der übrigen Senate der obige Fall lediglich als *Beihilfe* zum unerlaubten Handeltreiben zu bewerten ist, war doch im vorliegenden Fall der Angeklagte in das Rauschgiftgeschäft unmittelbar eingebunden[637]. Sein Verhalten zielte auch auf den Umsatz von Betäubungsmitteln ab und ist von der Wertigkeit damit nicht weniger strafwürdig als das Einsammeln von Geld für den Kurierlohn[638]. Darüber hinaus hat derselbe 3. Senat in einer jüngeren Entscheidung den Transport von Betäubungsmitteln als einen gewichtigen und besonders bedeutungsvollen Teilakt des Handeltreibens hervorgehoben, der eine „wesentliche Voraussetzung"[639] für den gewinnbringenden Weiterverkauf darstellt. Dass der Angeklagte nach den Feststellungen mit dem Kernbereich von Kauf und Verkauf der Betäubungsmittel nichts zu tun hatte, spricht zudem nicht entscheidend für die Annahme von Beihilfe, da zur Annahme von Mittäterschaft außerhalb des Betäubungsmittelrechtes „eine Mitwirkung am Kerngeschehen" keineswegs zwingend erforderlich ist[640].
Die Entscheidung macht deutlich, dass für den Bundesgerichtshof[641] das Prinzip der Täterschaft bei vollständiger Tatbestandsverwirklichung im Sinne des § 25 Abs. 1 StGB „mit Rücksicht auf die Weite des Tatbestandes"[642] bei der Tatmodalität „Han-

[637] BGH, Urt. v. 23.04.1993 - 3 StR 145/93 = BGHR BtMG § 29 Abs. 1 Nr. 1 Handeltreiben 37.
[638] BGH, Urt. v. 20.08.1991 - 1 StR 273/91 = StV 1992, S. 516; oben 4. Kapitel, A, II, 1, b).
[639] BGH, Beschl. v. 10.05.2000 - 3 StR 21/00.
[640] BGH, Urt. v. 31.10.2001 - 2 StR 315/01 = NStZ-RR 2002, S. 74.
[641] BGH, Urt. v. 03.02.1999 - 2 StR 506/98 = StV 1999, S. 427.
[642] Weber, BtMG, § 29 Rn. 313.

deltreiben“ nur (noch) bedingt gilt, was besonders in der jüngeren Rechtsprechung in zunehmendem Maße zum Ausdruck kommt.
Insbesondere reiche nicht jede eigennützige Förderung fremder Umsatzgeschäfte für die Annahme von (Mit-)Täterschaft aus, obwohl nach der Definition des Bundesgerichtshofs der Tatbestand des Handeltreibens damit eigentlich erfüllt ist. Vielmehr „kann“ lediglich die vollständige Tatbestandsverwirklichung (mit-) täterschaftliches Handeltreiben darstellen[643]. Da insbesondere im Rahmen fremder Umsatzgeschäfte die Abgrenzung zwischen Täterschaft und Teilnahme beim Handeltreiben nach diesem Prinzip (Täterschaft bei eigenhändiger Erfüllung) versagt[644], weil bereits typische Beihilfehandlungen unter den Begriff des Handeltreibens fallen, streben sowohl Rechtsprechung als auch die Literatur zunehmend eine einschränkende Auslegung gerade bei diesen Fallkonstellationen an, was grundsätzlich begrüßenswert, dogmatisch allerdings zweifelhaft erscheint. Auch wenn festgestellt wird, dass der Tatbeteiligte alle Tatbestandsmerkmale selbst erfüllt hat, seien beim „Handeltreiben“ weitere Überlegungen zur Abgrenzung zwischen Täterschaft und Teilnahme zwingend vorzunehmen[645] und in jedem Einzelfall sei noch eine sorgfältige Prüfung der Beteiligungsform nach den allgemeinen Abgrenzungskriterien erforderlich[646], „um dem im allgemeinen Strafrecht entwickelten Täterbegriff auch unter Berücksichtigung der besonderen Situation des Betäubungsmittelrechts Geltung zu verschaffen“[647].

III. Abgrenzungskriterien Täterschaft/Teilnahme in subjektiver und objektiver Hinsicht

Bei der Bewertung einer Tathandlung als Mittäterschaft oder Beihilfe wird von der Rechtsprechung nach den allgemeinen Abgrenzungskriterien in objektiver Hinsicht sowie in subjektiver Hinsicht unterschieden. Der 3. Strafsenat führte ergänzend für den Kurier im Betäubungsmittelrecht in wörtlicher Übereinstimmung mit den Wendungen früherer Entscheidungen[648] aus.: „Ob ein Bote beziehungsweise ein Kurier Mittäter oder nur Gehilfe ist, ist demnach aufgrund einer wertenden Betrachtung aller von der Vorstellung des Boten beziehungsweise Kuriers erfassten Umstände zu entschei-

643 Weber, BtMG, § 29 Rn. 313.
644 Weber, BtMG, Vor §§ 29 ff. Rn. 246.
645 Franke/Wienroeder, BtMG, § 29 Rn. 86; Weber, BtMG, § 29 Rn. 313.
646 Franke/Wienroeder, BtMG, § 29 Rn. 86.
647 Joachimski/Haumer BtMG, § 29 Rn. 46.
648 z. B. BGH, Beschl. v. 25.03.1981 - 2 StR 130/81 = StV 1981, S. 275.

den. Wesentliche Anhaltspunkte können sein der Grad des eigenen Interesses am Erfolg, der Umfang der Tatbeteiligung sowie Tatherrschaft oder wenigstens der Wille zur Tatherrschaft, so dass die Durchführung und der Ausgang der Tat maßgeblich auch von seinem Willen abhängen (...). Dabei deutet eine ganz untergeordnete Tätigkeit schon objektiv darauf hin, dass der Beteiligte nur ein Gehilfe ist (...).“[649]. Bezüglich dieser Vorgaben besteht zwischen den einzelnen Senaten beim Bundesgerichtshof Übereinstimmung[650].

1. Subjektives Merkmal: Grad des eigenen Interesses am Erfolg

Das Kriterium des Interesses am Erfolg erscheint als das subjektive Hauptmerkmal bei der Abgrenzung von Täterschaft und Teilnahme nach der Rechtsprechung des Bundesgerichtshofs[651]. Die Frage des Eigeninteresses hängt im Wesentlichen von der Frage des Anteiles eines persönlichen Gewinns ab. Der persönliche Gewinn bzw. das Streben nach Gewinn ist zugleich aber auch Bewertungsmaßstab für das subjektive Merkmal der „Eigennützigkeit“, das nach der Definition der Rechtsprechung zur Erfüllung der Tatmodalität „Handeltreiben“ im Sinne des § 29 Abs. 1 S. 1 Nr. 1 BtMG notwendigerweise vorliegen muss. Die Ermittlung der Frage, welchen Stellenwert das Abgrenzungskriterium des „Interesses des Täters am Erfolg“ nach der Rechtsprechung hat, wird durch den Umstand erschwert, dass der Bundesgerichtshof in seinen Entscheidungen nicht immer eindeutig klarstellt, ob das „Interesse am Erfolg“ als Abgrenzungsmerkmal zwischen Täterschaft und Teilnahme einerseits oder eher im Sinne von „Eigennutz“ als subjektives Tätermerkmal des Handeltreibens andererseits gemeint ist, wenn in der jeweiligen Entscheidung z.B. allgemein von den finanziellen Vorteilen[652] des Angeklagten die Rede ist. Teilweise verschwimmen die Begrifflichkeiten in einheitlichen Bezeichnungen wie dem „eigennützigen Interesse“[653].

---

[649] BGH, Urt. v. 21.03.2002 - 3 StR 401/01.

[650] BGH, Beschl. v. 25.03.1981 - 1 StR 534/81 = NStZ 1982, S. 243; BGH, Beschl. v. 25.03.1981 - 2 StR 130/81 = StV 1981, S. 275; BGH, Beschl. v. 27.04.1999 - 4 StR 94/99 = StV 1999, S. 429.

[651] Roxin, Täterschaft und Tatherrschaft, S. 619.

[652] BGH, Beschl. v. 25.03.1982 - 1 StR 534/81 = NStZ 1982, S. 243.

[653] Unten, 4. Kapitel, B, III, 1, b).

a) Beispielsfall

In einer Entscheidung[654] zur Frage des Interesses am Erfolg der Tat hob der 1. Senat ein Urteil des LG Kempten auf, durch das der Angeklagte wegen Beihilfe zum Handeltreiben verurteilt worden war.
Nach den Feststellungen war der Angeklagte „zwischen dem sich im Hintergrund haltenden Heroinbesitzer und dem in Aussicht genommenen Käufer" tätig geworden, indem er in „zähen und 5stündigen Verhandlungen" sechsmal zwischen den Geschäftspartnern hin- und herfuhr und eine Heroinprobe und Geldscheine überbrachte und „darüber hinaus eigene, dem Handel förderliche Erklärungen abgab". Da die Tätigkeit im Sinne einer Tatherrschaft „für das angestrebte Geschäft unabdingbar war", stellte sie sich für den Senat „in seiner äußeren Form als Handeltreiben dar".
Dennoch reichte dies dem 1. Strafsenat nicht ohne weiteres zur Annahme von Täterschaft und entsprechenden Änderung des Schuldspruches aus. Von „wesentlicher Bedeutung" sah der Senat das vom Landgericht nicht geprüfte „Interesse des Angeklagten am Abschluss des Geschäfts" und wies das Verfahren zur erneuten Verhandlung und Tatsachenfeststellung an eine andere Strafkammer zurück.

b) Rechtliche Würdigung

Auf den ersten Blick erweckt die Entscheidung den Anschein, Mittäterschaft käme nicht in Betracht, ohne dass das Interesse des Täters an der Tat festgestellt worden wäre. Die Entscheidung würde damit dem Eigeninteresse des Täters und damit der subjektiven Tatseite einen besonderen Stellenwert einräumen. Andererseits ist, ohne Feststellungen zum „Eigennutz" getroffen zu haben, eine Verurteilung wegen täterschaftlichen Handeltreibens bereits per Definition der Rechtsprechung unzulässig. Soweit die Entscheidung des Instanzgerichtes keine Feststellungen zum Eigeninteresse getroffen hat, konnte es auch keinen Eigennutz beim Angeklagten positiv feststellen. Die erstinstanzliche Verurteilung des Angeklagten wegen Beihilfe zum Handeltreiben könnte also bereits aufgrund der fehlenden Feststellungen der Kammer zum Eigennutz rechtsfehlerhaft gewesen sein, ohne dass dies der Senat in aller Form deutlich macht, sondern dabei einen zweideutigen Begriff wie den des „eigennützigen Interesse(s)" heranzieht.

---

[654] BGH, Urt. v. 21.07.1981 - 1 StR 281/81 = NStZ 1981, S. 394.

2. Eigeninteresse ohne Tatherrschaft?

Auch ein sonstiger Vorteil vermögenswerter Besserstellung, wie etwa eine Darlehensgewährung, ist grundsätzlich geeignet, das erforderliche Eigeninteresse des Beteiligten an einer Tat zu begründen.
Dass ein festgestelltes Eigeninteresse beim Beteiligten alleine nicht ausreicht, die Annahme von Mittäterschaft mit anderen Beteiligten zu rechtfertigen, macht die folgende Entscheidung wiederum des 1. Senats deutlich.

a) Beispielsfall

Der Angeklagte hatte bei einem der Mitangeklagten erhebliche Schulden. Auf Drängen der Mitangeklagten rief der Angeklagte bei einem Rauschgifthändler an und fragte ihn, „ob er Heroin bringen könne". Im Verlauf eines vereinbarten Treffens, bei dem das Rauschgiftgeschäft schließlich stattfand, war der Angeklagte zwar anwesend, er „schaltete sich jedoch nicht aktiv ein". Dem Angeklagten war nicht nachzuweisen, dass er etwas an dem Geschäft verdient hatte, seine Dienste waren für ihn aber eine Möglichkeit, entweder seine Schulden dem Mitangeklagten gegenüber abzutragen oder zu erreichen, dass ihn sein Gläubiger mit der Darlehensrückzahlung nicht mehr drängen werde.[655]
Das Landgericht Nürnberg-Fürth verurteilte den Angeklagten allein wegen des dadurch zu Ausdruck gekommenen Eigeninteresses als Mittäter. Der 1. Senat hob das Urteil auf und verurteilte den Angeklagten wegen Beihilfe zum Handeltreiben mit der Begründung, das Landgericht habe „allein auf mögliche finanzielle Vorteile des Angekl. (...) abgestellt. Das genügt nicht".

b) Rechtliche Würdigung

Der Senat relativierte nunmehr seine vorausgegangene Entscheidung, bei der er das Eigeninteresse noch als von „wesentlicher Bedeutung" bezeichnet hatte.
Aufgrund der Tatsache, dass der Angeklagte in objektiver Hinsicht seine Tatbeiträge lediglich im unscharfen Bereich zum Vorbereitungsstadium erbrachte, wenigstens

[655] BGH, Beschl. v. 25.03.1982 - 1 StR 534/81 = NStZ 1982, S. 243.

aber keine wesentliche Funktion im Ausführungsstadium feststellbar war, da er am Geschäftsabschluss selbst nicht beteiligt war, konnte er also allein durch sein vorhandenes Eigeninteresse am Taterfolg keine Mittäterschaft zum Handeltreiben mit Betäubungsmitteln begründen. Bereits in dieser frühen Entscheidung ist die Tendenz zur Objektivierung und Annäherung an Aspekte der Tatherrschaftstheorie erkennbar.

3. Gesteigertes Interesse

Diese Tendenz findet ihre kontinuierliche Fortsetzung in der jüngsten Rechtsprechung des Bundesgerichtshofs[656]. Danach *kann* ein Anteil am Erlös oder eine Beteiligung am Gewinn für Mittäterschaft sprechen. Ein niedriger Anteil am Erlös oder geringe Beteiligung am Gewinn des Geschäfts weist aber gerade auf bloße Unterstützungshandlung hin und spricht damit für die Annahme von Beihilfe[657]. Ausschlaggebend ist, in welcher Relation der Vorteil zu dem mit dem Geschäft erstrebten Gesamterfolg steht[658].
Das Fehlen einer wesentlichen Funktion im Ausführungsstadium und somit eine mangelnde Teilhabe an der Tat im Sinne der Tatherrschaft kann die Annahme von Mittäterschaft trotz vorhandenen Eigeninteresses aber selbst dann ausschließen, wenn der Grad des Eigeninteresses etwa durch einen erheblichen finanziellen Vorteil gesteigert ist, wie sich in den jüngsten Entscheidungen des Bundesgerichtshofs widerspiegelt.

a) Beispielsfall

Das Landgericht Bochum verurteilte den Angeklagten wegen mittäterschaftlich begangenen unerlaubten Handeltreibens mit Betäubungsmitteln. In einem Teil der Entscheidung nahm der Angeklagte, der „in die internationalen Rauschgiftgeschäfte" des an der Tat Mitbeteiligten „verstrickt" wurde, lediglich an „Vorbesprechungen" zur Einfuhr von 5 kg Heroin aus der Türkei nach Deutschland teil. Im Zuge der Durchführung gewann er seine Freundin dafür, „die Reise durchzuführen", und holte sie „mitsamt dem Heroin" am Flughafen in Düsseldorf ab. Der Angeklagte sollte mit einem Mitbeteiligten zusammen einen Betrag in Höhe von DM 16.000,-- erhalten. Der Senat ging

---

656 BGH, Beschl. v. 27.04.1999 - 4 StR 94/99 = StV 1999, S. 429 (430).
657 BGH, Beschl. v. 24.03.1999 - 1 StR 84/99 = StV 1999, S. 429; Weber, BtMG, § 29 Rn. 324.
658 Weber, BtMG, § 29 Rn. 324.

in dem geschilderten Sachverhalt in objektiver Hinsicht lediglich von „untergeordneten Tätigkeiten“ des Angeklagten aus und verurteilte den Angeklagten wegen Beihilfe. Der Senat stellt lapidar fest, dass dem Umstand, dass der Angeklagte sich für seine Tätigkeiten einen erheblichen „finanziellen Vorteil versprach, keine ausschlaggebende Bedeutung“ zukomme[659].

b) Rechtliche Würdigung

Die Entscheidung des 4. Strafsenats zeigt beispielhaft, dass bei der Abgrenzung von Täterschaft und Teilnahme in Betäubungsmittelfällen in der höchstrichterlichen Rechtsprechung eine Abkehr von einer Bewertung aus der Sicht des rein subjektiven Merkmals des „Erfolgsinteresses“ hin in Richtung Tatherrschaftslehre besteht. Ein hoher Grad des Interesses an dem Erfolg der Tat, wie er hier bei der Aussicht auf einen Betrag in Höhe von DM 16.000,-- zweifellos bestand, ist danach nicht geeignet, weniger gewichtige Tatbeiträge, die im objektiven Bereich geleistet worden sind, zu kompensieren und die Tat insgesamt als Mittäterschaft erscheinen zu lassen. Die Entscheidung steht tendenziell für eine Absage an einen Subjektivismus, indem sie ein bloßes Vorteilsinteresse bei einem Tatbeteiligten für die Mittäterschaft nicht genügen lässt. Ältere Entscheidungen, in denen der Bundesgerichtshof das Eigeninteresse am Abschluss des Geschäfts noch als von „wesentlicher Bedeutung“ bezeichnete, können bei der obigen Entscheidung mit den darin getroffenen Aussagen zur Bedeutung des Eigeninteresses keinesfalls mehr Bestand haben. Dem schloss sich auch der 3. Senat an und stellte im Jahre 2002 fest, dass ein „Eigeninteresse an der Tat“ (...) „angesichts der sonstigen Umstände von geringerer Bedeutung ist“[660].

4. Objektiv-subjektive Kriterien: Der Umfang der Tatbeteiligung, die Tatherrschaft und der Wille hierzu

Der Umfang der Tatbeteiligung ist ein objektives Abgrenzungskriterium[661], wonach Täterschaft bei untergeordneter Tätigkeit ausscheidet. Für das Kriterium der Tatherrschaft oder dem Willen hierzu ist ausschlaggebend, ob der Beteiligte die Durchführung und den Ausgang der Tat wesentlich mitgestaltet hat oder jedenfalls mitbestim-

---

[659] BGH, Beschl. v. 04.05.1999 - 4 StR 153/99 = StV 1999, S. 428.
[660] BGH, Urt. v. 21.03.2002 - 3 StR 401/01.
[661] Weber, BtMG, § 29 Rn. 315; Winkler, NStZ 2003, S. 247.

men wollte. Für Beihilfe eines Kuriers spricht, wenn dieser weder an der Planung noch an der Organisation des von den Auftraggebern in Gang gesetzten Rauschgiftgeschäfts beteiligt worden war[662]. Die Willensrichtung ist als Überbegriff für die einzelnen Merkmale insoweit entscheidend, als es nach der Feststellung eines geeigneten Tatbeitrages darauf ankommt, ob der Tatbeitrag als bloße Förderung fremden Tuns oder als eigene, vom Täterwillen getragene Tathandlung erscheint[663]. Danach liegt regelmäßig Mittäterschaft vor, wenn der Beteiligte seinen Tatbeitrag als Teil der Tätigkeit des anderen und umgekehrt dessen Tätigkeit als Ergänzung des eigenen Tatbeitrags ansieht und dies auch will[664]. Eine abschließende Feststellung ist nach der vorzunehmenden Abwägung und letztlich wiederum nur unter der Würdigung aller Umstände des konkreten Falles in wertender Betrachtung sämtlicher dafür aussagekräftiger Kriterien möglich[665].

Obwohl die rechtlichen Grundsätze bei der allgemeinen Abgrenzung von Täterschaft und Teilnahme an sich unumstritten sind und sich in nahezu allen Entscheidungen in ähnlichen Umschreibungen wiederfinden, in denen es um die Nachprüfung der vom Tatgericht angenommenen Beteiligungsform geht, führt die Anwendung auf die konkreten Einzelfälle in den Entscheidungen teilweise zu Bewertungen, „die in ihrem Ergebnis in auffälliger Weise differieren"[666].

Eine transparente Darstellung gestaltet sich schwierig, da in den Entscheidungen des Bundesgerichtshofs nach den gleichlautenden Wendungen zur Abgrenzung zwischen Täterschaft und Teilnahme zumeist der pauschale Hinweis folgt, das Landgericht habe „diese Abgrenzungskriterien" nicht beachtet[667], eine solche Abgrenzung nicht vorgenommen[668] oder die Erwägungen würden die Verurteilung nicht tragen[669], ohne dabei den jeweiligen subjektiven und objektiven Feststellungen des Tatgerichtes die einzelne Kriterien namentlich und in differenzierter Form jeweils zuzuordnen und zu benennen. Vielmehr stellt der Bundesgerichtshof in den Entscheidungsgründen der Revisionsurteile seine eigene Beurteilung aus den getroffenen Feststellungen denen des Tatgerichtes gegenüber. Die Entscheidungen beruhen aufgrund der

---

662 BGH, Urt. v. 01.08.1990 - 2 StR 147/90 = NJW 1991, S. 305 (306) = NStZ 1990, S. 545.
663 BGH, Urt. v. 04.10.1978 - 3 StR 232/78 = NJW 1979, S. 1259.
664 Weber, BtMG, § 29 Rn. 318.
665 Franke/Wienroeder, BtMG, § 29 Rn. 86.
666 Franke/Wienroeder, BtMG, § 29 Rn. 86.
667 BGH, Urt. v. 25.03.1981 - 3 StR 61/81= StV 1981, S. 275 (276).
668 BGH, Urt. v. 04.06.2003 - 2 StR 139/03; BGH, Beschl. v. 04.03.1993 - 4 StR 69/93 = StV 1993, S.474.
669 BGH, Beschl. v. 27.04.1999 - 4 StR 94/99 = StV 1999, S. 429.

begrenzt revisionsrechtlichen Überprüfung zumeist auf dem Gesamtzusammenhang der Urteilsgründe der Strafkammer und stellen das Ergebnis einer wertenden Betrachtung der Tat als Täterschaft oder Teilnahme dar. Dabei laufen die drei oben genannten Abgrenzungskriterien am Ende mehr oder weniger auf die Tatherrschaft hinaus, die neben dem Eigeninteresse als Hauptmerkmal der Täterschaft erscheint, wobei die Unterscheidungsmerkmale zwischen den einzelnen Kriterien verschwimmen[670].

a) Einschränkung: Keine (ganz) untergeordnete Tätigkeit / Rolle

Wie in den Entscheidungen des Bundesgerichtshofs bei der Abgrenzung zwischen Täterschaft und Teilnahme in sogenannten Kurierfällen stets festgestellt wird, kommt täterschaftliches Handeltreiben mangels ausreichenden Umfanges der Tatbeteiligung bereits in objektiver Hinsicht dann nicht in Betracht, wenn sich der Umgang mit dem Betäubungsmittel lediglich auf untergeordnete Tätigkeiten beschränkt. Ob eine Handlung als untergeordnete Tätigkeit bezeichnet werden kann, ist im Rahmen der Beurteilung des objektiven Tatbeitrages als Täterschaft oder Teilnahme von wesentlicher Bedeutung[671]. Das Merkmal wird also durch den Bundesgerichtshof herangezogen, um Unsicherheiten bei der Abgrenzung im objektiven Bereich zu begegnen.

Daneben verwendet der Bundesgerichtshof in seinen jüngsten Entscheidungen den Begriff der (ganz) „untergeordneten *Rolle*", wobei dieser Begriff lediglich teilweise als Synonym zur „untergeordneten *Tätigkeit*" aufgefasst werden kann. Den Aspekt der „Rolle" des Beteiligten fasst der Bundesgerichtshof zumeist als das Ergebnis einer wertenden Betrachtung aller Tatherrschaftskriterien, nicht nur der objektiven, zusammen. Insbesondere eine ganze Reihe von neueren Entscheidungen zum Handeltreiben, und dabei die sogenannten Kurierfälle, qualifizieren die (sowohl subjektiven als auch objektiven) Tatbeiträge des Boten unter Verweis auf eine (ganz) untergeordnete Rolle in den Bereich der Beihilfe. Eine einheitliche Sprachregelung besteht dabei zumeist aber nur innerhalb der jeweiligen Senate des Bundesgerichtshofs, ansonsten sind geringe Abweichungen festzustellen. Während der 3. Senat in seinen Entscheidungen stets eine „*ganz* untergeordnete Rolle" zur Annahme von Beihilfe

---

670 Roxin, Täterschaft und Tatherrschaft, S. 619.
671 Winkler, NStZ 2003, S. 247.

fordert,[672] begnügt sich der 4. Strafsenat grundsätzlich mit einer „untergeordneten Rolle"[673] des Beteiligten zur Ablehnung von Mittäterschaft. Die Entscheidungen des 1. Senats[674] sind eher uneinheitlich.

Die sprachlichen Abstufungen folgen im Wesentlichen den unterschiedlichen Bewertungen der einzelnen Senate des Bundesgerichtshofs in der tatsächlichen Handhabung der rechtlichen Grundsätze zur Frage, ob bereits die bloße Transporttätigkeit durch Kuriere (Mit-) Täterschaft zum Handeltreiben mit Betäubungsmitteln begründen kann. Bei der Bewertung, ob eine Transporttätigkeit in diesem Sinne untergeordnet ist oder nicht, kommt es auf die Beurteilung der Transporttätigkeit *insgesamt* an. Die Rechtsprechung bedient sich bei der Frage, welcher Beitrag untergeordnet ist, spezieller Kriterien, auf die sie zurückgreift. Problematisch dabei ist, dass innerhalb der Prüfung des Vorliegens der Voraussetzungen dieser Kriterien wiederum auf die Tätigkeit *insgesamt* in wertender Betrachtung zurückgegriffen wird, so dass der Begriff der untergeordneten Rolle zum Teil erneut in Erscheinung tritt[675], wie die folgende Darstellung zeigt.

b) Keine untergeordnete Tätigkeit bei freier Gestaltung des Transports, Streckenlänge sowie der Verstecke der Betäubungsmittel

Der 3. Senat hat jüngst die Transporttätigkeit von Rauschgift als eine wesentliche Voraussetzung[676] für den gewinnbringenden Weiterverkauf und damit als bedeutsamen Teilakt des Handeltreibens dargestellt. Der 3. Senat bestätigt die Verurteilung wegen mittäterschaftlichen Handeltreibens zumindest in den Fällen, in denen der Kurier, der an einem Rauschgiftgeschäft in eigennütziger Weise mit anderen zusammenwirkt, bei freier Gestaltung des Transports und des Verstecks von der Übernahme der Betäubungsmittel bis zur Ablieferung im wesentlichen frei[677] und ohne Überwachung über weite Strecken die Betäubungsmittel befördert und dabei *keine ganz untergeordnete Rolle* einnimmt. Einschränkungen in dem Bereich sind demgegenüber ge-

[672] BGH, Beschl. v. 16.02.2000 - 3 StR 541/99; BGH, Beschl. v. 10.05.2000 - 3 StR 21/00; BGH, Beschl. v. 21.03.2002 - 3 StR 404/01.
[673] BGH, Beschl. v. 04.03.1993 - 4 StR 69/93 = StV 1993, S. 474; BGH, Beschl. v. 04.05.1999 - 4 StR 153/99 = StV 1999, S. 428.
[674] BGH, Beschl. v. 02.07.1998 - 1 StR 280/98; BGH, Beschl. v. 27.08.1998 - 1 StR 438/98 = NStZ-RR 1999, S. 24; BGH, Beschl. v. 24.03.1999 - 1 StR 84/99 = StV 1999, S. 429.
[675] Liemersdorf/Miebach, MDR 1979, S. 981 (983).
[676] BGH, Beschl. v. 10.05.2000 - 3 StR 21/00.
[677] BGH, Urt. v. 04.10.1978 - 3 StR 232/78 = NJW 1979, S. 1259.

eignet, „den vom Kurier geleisteten Tatbeitrag in seiner Bedeutung für den beabsichtigten Umsatz“ zu relativieren oder gar seine Tatherrschaft während des Transports in Frage zu stellen[678].

aa) Fallgruppe für Täterschaft

(1) Fall 1

Eine „ganz untergeordnete Rolle“ schloss der 3. Senat in diesem Sinne bei einer Beschaffungsfahrt von über 500 km aus, bei der der Kurier eine erheblichen Menge des Rauschgiftes allein und selbständig transportierte unter Einbeziehung der durch ihn „getroffenen Tarnmaßnahmen“[679].

(2) Fall 2

Das gleiche gilt für eine Entscheidung des 3. Senats, bei dem der Angeklagte das Versteck des verborgenen Rauschgiftes sowie Zeitpunkt und Art der Verbringung ohne Kontrolle oder Überwachung nach der Übergabe der Betäubungsmittel an ihn von Jamaika nach England bestimmte.
Täterschaft liege vor, da die „einzige Anweisung an ihn“ darin bestand, „sich von Düsseldorf aus zu melden und Instruktionen für den Weitertransport nach London entgegenzunehmen“[680].

(3) Fall 3

Auch der 1. Senat teilte die Auffassung des 3. Senats weitgehend und verneinte die Annahme einer ganz untergeordneten Rolle, wenn „der Angeklagte das von seiner Mittäterin in einer Tasche verwahrte Rauschgift vor dem Grenzübertritt in der Türinnenverkleidung des PKW versteckte“ und nach Übergabe versehentlich nur eines Teils des Rauschgiftes weitere Aktivitäten unternahm, um die restliche Menge an die Abnehmerin zu übergeben“[681].
Unter diesen Umständen begegne die Bewertung des Tatbeitrages als mittäterschaftliches Handeltreiben ebenfalls „keinen Bedenken“.

---

678 Franke/Wienroeder, BtMG, § 29 Rn. 86.
679 BGH, Beschl. v. 16.02.2000 - 3 StR 541/99.
680 BGH, Beschl. v. 10.05.2000 - 3 StR 21/00.
681 BGH, Beschl. v. 27.08.1998 - 1 StR 438/98 = NStZ-RR 1999, S. 24.

bb) Fallgruppe für Teilnahme

(1) Fall 1

Im Einklang mit dem 3. Senat verneinte der 1. Senat[682] täterschaftliches Handeln unter dem Aspekt einer relativ *kurzen Transportstrecke* des Rauschgiftes. Der Senat ging von einer ganz untergeordneten Tätigkeit des Kuriers aus, dessen Aufgabe darin bestand, das jeweils von niederländischen Kurieren nach München angelieferte Kokain „an der üblichen Stelle" zu übernehmen. Die Feststellungen ergaben keinen Aufschluss über den weiteren Weg des Kokains „zu den eigentlichen Abnehmern und Nutznießern". Der Angeklagte erhielt für seine Tätigkeit jeweils eine Vergütung von DM 500,--. Der Senat bemängelte die fehlenden Feststellungen der Kammer, „ob sich der Tatbeitrag des Angeklagten nicht in bloßen untergeordneten Hilfsdiensten erschöpfte", und hob die Verurteilung wegen Täterschaft auf. In einer ähnlich gelagerten Entscheidung, bei dem ein Fahrer einen Kurier lediglich vom Flughafen abholte[683], ging der 3. Senat anders als die Vorinstanz von Beihilfe aus.

(2) Fall 2

In einer Entscheidung des 3. Senats aus dem Jahre 2002[684] bewertete das Gericht die Tat des Angeklagten als Beihilfe, da seine Tatbeiträge von „objektiv untergeordnetem Gewicht" waren. Der Angeklagte, der als Bote tätig wurde, hatte nach den Feststellungen bei dem Lieferanten ein Kilogramm Haschisch erhalten, das er mit dem zuvor von dem Händler erhaltenen Geld bezahlte und nach Erhalt ohne Aufschlag sofort an diesen weitergab. Da der Angeklagte nach „genauen Vorgaben" des Händlers handelte, das Betäubungsmittel „nur eine ganz kurze Zeit in Besitz" hatte und auf die „Gestaltung des Transports" keinen Einfluss hatte, ging der Senat von Beihilfe aus.

(3) Fall 3

Schließlich wertete der 4. Senat[685] drei Kurierfahrten der Angeklagten von den Niederlanden nach Deutschland mangels freier Gestaltung des Transports als Beihilfe zum Handeltreiben. Der Auftraggeber der Fahrten war in allen drei Fällen, bei denen

---

[682] BGH, Beschl. v. 23.04.1999 - 1 StR 84/99 = StV 1999, S. 429.
[683] Darstellung bei: Winkler, NStZ 2003, S. 247.
[684] BGH, Beschl. v. 21.03.2002 - 3 StR 404/01.
[685] BGH, Beschl. v. 04.03.1993 - 4 StR 69/93 = StV 1993, S.474.

die Angeklagte jeweils drei Kilogramm Haschisch übernahm, am Übergabeort anwesend. Zumindest beim ersten Transport fuhr der Auftraggeber „auf der Rückfahrt mit seinem eigenen PKW vor oder hinter der Angekl. her, um ihr den Weg zu zeigen" und bei Fahrzeugproblemen gegebenenfalls „helfen zu können". Nach Auffassung des Senats fehlte es an den Feststellungen durch das Kammergericht, ob „die Angeklagte die Gestaltung der Übernahme des Rauschgifts und der Transporte mitbestimmen konnte". Da sich jedoch aus dem Gesamtzusammenhang der Urteilsgründe entnehmen lasse, dass der Auftraggeber bestimmte, „wann die jeweiligen Rauschgifttransporte durchgeführt wurden", ging der Senat unter Berücksichtigung des relativ geringen Kurierlohns von DM 500,-- von einer „eher untergeordneten Rolle" der Angeklagten aus und verwies die Sache zur Neuverhandlung und Entscheidung zurück.

5. Wirtschaftliches Kriterium: Art und Menge des Rauschgiftes sowie fehlende Einbindung in das Geschäft

Während die oben genannten Entscheidungen im Wesentlichen auf die Tatbeiträge Bezug nehmen, die im objektiven Bereich der Tathandlung erbracht werden, stellen die Senate mit unterschiedlich starker Tendenz für die Abgrenzung von Täterschaft und Teilnahme in Kurierfällen besonders auf solche den *Erwerbsakt, den Vertrieb oder die Frage wirtschaftlicher Interessen* tangierenden Gesichtspunkte ab. Insbesondere der 4. Senat kommt dabei zu einer eher restriktiven Beurteilung der Frage der Mittäterschaft eines Kuriers. Während der 3. Senat die Tätigkeit eines Kuriers im Rauschgiftgeschäft als „wesentliche Voraussetzung"[686] für den Umsatz der Betäubungsmittel und damit als „besonders bedeutungsvollen"[687] Teilakt im Sinne eines täterschaftlichen Handeltreibens[688] mit der Ausnahme des untergeordneten Kuriers verstanden wissen will, sieht der 4. Senat darin lediglich einen „für den Umsatz des Rauschgifts nützlichen Tatbeitrag"[689] und verlangt über den objektiven Tatbeitrag hinausgehende Feststellungen zur einer Einbindung in das Rauschgiftgeschäft, wenn der Angeklagte „nur"[690] als Kurier tätig geworden ist. Bereits in einer früheren Entscheidung führte der 4. Senat[691] in diesem Sinne aus: Wenn jemand „als Kurier selb-

[686] BGH, Beschl. v. 10.05.2000 - 3 StR 21/00.
[687] Franke/Wienroeder, BtMG, § 29 Rn. 86 .
[688] BGH, Urt. v. 04.10.1978 - 3 StR 232/78 = NJW 1979, S. 1259.
[689] BGH, Beschl. v. 27.04.1999 - 4 StR 94/99 = StV 1999, S. 429.
[690] BGH, Beschl. v. 27.04.1999 - 4 StR 94/99 = StV 1999, S. 429.
[691] BGH, Beschl. v. 04.03.1993 - 4 StR 69/93 = StV 1993, S. 474.

ständig und eigennützig Rauschgift transportiert" hat, genüge das „für die Annahme mittäterschaftlichen Handelns nicht".

Als Beispiel für die einschränkenden Tendenzen bei Kurierfällen in der Rechtsprechung kann folgendes Revisionsurteil herangezogen werden.

a) Beispielsfall

In der Entscheidung des 4. Senats aus dem Jahr 1999[692] wurde die Angeklagte während einer Fahrt von den Niederlanden nach Berlin von der Polizei gestoppt. Es fanden sich ca. 50 kg Cannabisprodukte im Kofferraum des Fahrzeuges, die dort verstaut waren. Das Landgericht vermochte nicht festzustellen, „von wem das Rauschgift stammte und für wen es bestimmt war". Angesichts der großen Menge schloss die Kammer aber aus, dass die Angeklagte oder eine andere Person die Betäubungsmittel selbst konsumieren wollte oder dass die Angeklagte das Rauschgift nur aus Gefälligkeit transportiert hat, und verurteilte die Angeklagte wegen (mit)täterschaftlicher Beteiligung am unerlaubten Handeltreiben.

Der 4. Senat änderte den Schuldspruch, da die Angeklagte bei dieser Sachlage in Bezug auf das unerlaubte Handeltreiben nur als Gehilfin verurteilt werden könne. Der Senat ging davon aus, auch bei Feststellung des persönlichen Vorteils der Angeklagten an dem Transport, wovon insbesondere durch den hohen Aufwand des Transports auszugehen sei, „bedurfte es der Abgrenzung zwischen (mit)täterschaftlicher Beteiligung am unerlaubten Handeltreiben mit Btm zur Beihilfe dazu nach den allgemeinen Grundsätzen des Strafrechts".
Der Umstand, „dass die Angeklagte mit der Durchführung des Transports einen für den Umsatz des Rauschgifts nützlichen Tatbeitrag leistete", macht sie nach Auffassung des Senats „noch nicht zur Täterin in bezug auf das unerlaubte Handeltreiben". Vielmehr mache es „gerade das Wesen der Beihilfe aus, dass dadurch die (Haupt)tat gefördert werden soll (...)."
Der Senat rügte die mangelnde Feststellung der Kammer, ob „die Angeklagte irgendeinen Einfluss auf die Bestimmung von Art und Menge des zu transportierenden

[692] BGH, Beschl. v. 27.04.1999 - 4 StR 94/99 = StV 1999, S. 429.

Rauschgiftes hatte", „Zeit und Ort der Übernahme des Rauschgifts mitbestimmen konnte" und „mit dem An- und Verkauf des Rauschgifts etwas zu tun hatte".

Auch in der Rechtsprechung des 1. Senats finden sich Tendenzen zur Einschränkung von Kurierfällen als täterschaftliche Begehungsweise unter Hinweis auf wirtschaftliche Aspekte des dem Transport zugrundeliegenden Rauschgiftgeschäftes.

b) Beispielsfall

In dem vom 1. Senat[693] zu entscheidenden Fall nahm der Angeklagte einen Transport von Heroin über die Grenze nach Deutschland vor, weswegen er von dem Landgericht wegen Einfuhr und täterschaftlichen Handeltreibens in erster Instanz verurteilt worden war. Die Strafkammer stellte fest, dass der Angeklagte sein Reiseziel Deutschland selbst ausgewählt habe und von keinem anderen dorthin geschickt worden sei. Der Senat änderte den Schuldspruch, da gegen die Täterschaft des Angeklagten im Hinblick auf das unerlaubte Handeltreiben rechtliche Bedenken bestünden. „Zwar kann grundsätzlich auch die Tätigkeit des Kuriers, der gegen Entlohnung selbständig Btm transportiert, ohne selbst Käufer oder Verkäufer zu sein, Handeltreiben darstellen (...)". Im Hinblick auf die reine Transporttätigkeit stellte er einschränkend fest, dass es „aber gerade insoweit der Abgrenzung der Mittäterschaft zur Beihilfe" bedürfe.
Auch hier bemängelte der Senat neben dem objektiven Kriterium der Übernahme und Gestaltung des Transports die fehlende Feststellung der Strafkammer bezüglich „Einfluss auf die Bestimmung von Art und Menge des zu transportierenden Rauschgifts" und stellte fest: „Mit dem An- und Verkauf hatte er danach gleichfalls nichts zu tun".

6. Bedeutung der Einbindung in die wirtschaftlichen Rahmenbedingungen

In der oben angeführten Entscheidung des 4. Senats aus dem Jahr 1999[694] steht die Bedeutung wirtschaftlicher Interessen des Rauschgiftgeschäftes und die Einbindung des Kuriers darin als wesentliches Abgrenzungskriterium im Vordergrund. Dies gilt,

---

[693] BGH, Beschl. v. 02.07.1998 - 1 StR 280/98 = StV 1998, S. 596.
[694] BGH, Beschl. v. 27.04.1999 - 4 StR 94/99 = StV 1999, S. 429.

wenn auch mit Abweichungen, tendenziell auch für die anderen Entscheidungen des 4. Senats[695], wonach unter Vernachlässigung objektiver Tatherrschaftskriterien maßgeblich auf den Erwerbsakt, den Vertrieb und die Frage des wirtschaftlichen Interesses bei der Abgrenzung von Täterschaft und Teilnahme abgestellt wird[696]. In den neueren Entscheidungen der übrigen Senate werden wirtschaftliche Gesichtspunkte lediglich vereinzelt in die Wertung mit einbezogen. So stellt der 1. Senat neben der Gestaltung des Transports auf die Bestimmung von „Art und Menge des Rauschgiftes"[697] ab, der 2. Senat neben objektiven Kriterien auf den An- und Verkauf und den Einfluss auf die Menge des zu transportierenden Rauschgiftes[698]. Auch in einer jüngsten Entscheidung des 3. Senats finden sich Hinweise auf wirtschaftliche Aspekte des Betäubungsmittelumsatzes wie „Art und Menge des Rauschgiftes" und „dessen Preis"[699].

Die zwischen den Senaten des Bundesgerichtshofs unterschiedlich stark ausgeprägten Tendenzen, wirtschaftliche Rahmenbedingungen bei der Bewertung einer Kurierfahrt als Täterschaft oder Teilnahme einfließen zu lassen, sind lediglich Folge einer Prämisse, die durch den jeweiligen Senat bei der grundsätzlichen Bewertung von Kuriertätigkeiten nach deren Bedeutung für das Handeltreiben aufgestellt worden sind. Deutlich wird dies bei der vergleichenden Betrachtung der Entscheidungen des 3. und des 4. Senats. Während der 3. Senat die Tätigkeit des Kuriers, der gegen Entlohnung selbständig Betäubungsmittel transportiert, ohne selbst Käufer oder Verkäufer zu sein, mit Ausnahme einer ganz untergeordneten Rolle *grundsätzlich* als *Täter* betrachtet, ist demgegenüber nach Auffassung des 4. Senats die Rolle des Kuriers nach seiner Wesensart *grundsätzlich* als Förderung eines fremdes Geschäftes und damit als *Beihilfe* zu bewerten, falls nicht zusätzlich eine wirtschaftliche Einbindung in das Gesamtgeschehen des Rauschgiftgeschäftes festzustellen ist. Danach kann also auch bei bedeutenden Tatbeiträgen des gegen Entgelt handelnden Kuriers unter Vernachlässigung der Bedeutung des Transports und der Ausübung der Tatherrschaft während dieses Vorgangs die Handlung durchaus als Beihilfe gewertet werden.

---

695 BGH, Beschl. v. 04.05.1999 - 4 StR 153/99 = StV 1999, S. 428.
696 Franke/Wienroeder, BtMG, § 29 Rn. 86.
697 BGH, Beschl. v. 24.03.1999 - 1 StR 84/99 = StV 1999, S. 429; BGH, Beschl. v. 02.07.1998 - 1 StR 280/98 = StV 1998, S. 596.
698 BGH, Urt. v. 03.02.1999 - 2 StR 506/98 = StV 1999, S. 427.
699 BGH, Beschl. v. 21.03.2002 - 3 StR 404/01.

Letztgenannte Auffassung stößt im Schrifttum teilweise auf Kritik[700]. Eine solche Betrachtung vermöge dem komplexe, vielfältige und durchweg für den späteren Umsatz bedeutungsvolle Einzelakte umfassenden Begriff des Handeltreibens nicht mehr gerecht zu werden. Das Abstellen auf Fragen wirtschaftlicher Rahmenbedingungen führe im Ergebnis zu einer Einengung des Begriffs des unerlaubten Handeltreibens für die Beurteilung und Entscheidung von Beteiligungsfragen, obwohl dessen weitreichender Inhalt und dessen umfassende Bedeutung im Übrigen stets hervorgehoben werde.

7. Stellungnahme

Das Handeltreiben wird im Sprachgebrauch des Gesetzgebungsverfahrens als das Verhalten der Drahtzieher und skrupellosen Geschäftemacher beschrieben. Die Weite der Definition führt dazu, dass eine Differenzierung zwischen den „eigentlichen Händlern"[701] auf dem illegalen Markt und denen, die beim Handel mit Betäubungsmitteln lediglich helfen, kaum stattfindet. Eine Unterscheidung zwischen Täterschaft und Teilnahme sieht das Gesetz aber vor. Das Abstellen auf die Frage wirtschaftlicher Rahmenbedingungen als Abgrenzungskriterium zwischen Täterschaft und Teilnahme kann als Bestandteil der Auslegung dem kriminalpolitischen Interesse Rechnung tragen, die Besonderheiten des Rauschgifthandels zu berücksichtigen. Denn die Großhändler leisten ihre Tatbeiträge im Hintergrund, Tatbeiträge im objektiven Bereich sind kaum feststellbar[702]. Demgegenüber ist derjenige, der den eigentlichen Händlern beim Transport und Verkauf lediglich hilft[703], aber meist offenkundiger handelt, nach der Rechtsprechung insbesondere des 3. Senats grundsätzlich als (Mit-)täter anzusehen. Richtig ist zwar, dass der Kurier bei Förderung des Geschäftes des Hintermanns eine wichtige Funktion für das Zustandekommen insgesamt hat. Denn durch den Transport des Rauschgiftes wird der weitere Umsatz erst ermöglicht. Er hat auch insoweit ein Interesse an der Durchführung des Geschäfts, als es Grundlage seiner Entlohnung ist. Dennoch bleibt es für ihn ein fremdes Geschäft, was in dem Umstand fehlender wirtschaftlicher Verflechtung dokumentiert ist. Der „eigentliche" Händler hingegen organisiert den An- und Verkauf des Rauschgiftes und bestimmt

[700] Franke/Wienroeder, BtMG, § 29 Rn. 86.
[701] Nestler in: Kreuzer, Handbuch des Betäubungsmittelstrafrechts, § 11 Rn. 362.
[702] Körner, BtMG, § 29 Rn. 548, 551.
[703] Körner, BtMG, § 29 Rn. 547.

Art und Menge. Er ist es, der zeitlich und örtlich bestimmt, wann welches Rauschgift wohin transportiert werden soll und hält wirtschaftlich gesehen die Fäden in der Hand[704]. Eine Unterscheidung zwischen Täterschaft und Teilnahme nach wirtschaftsbezogenen Kriterien bringt damit die Verurteilungspraxis der Intention des Gesetzgebers näher und bietet eine Grundlage, Tendenzen einer „Einheitstäterschaft" entgegenzuwirken.

IV. Zusammenfassung

Die Bestrebung des Bundesgerichtshofs, eine Einschränkung des „Handeltreibens" dadurch zu erreichen, dass unter gewissen Umständen Tathandlungen des Kuriers dem Bereich der Teilnahme zugewiesen werden, ist auf zwei unterschiedlichen Ebenen angesiedelt.

Geht es zunächst um die Auslegungsschwierigkeiten innerhalb der Abgrenzung zwischen Täterschaft und Teilnahme nach den allgemein geltenden Kriterien, so war seit den frühen achtziger Jahren eine kontinuierliche Tendenz einer Objektivierung im Sinne der Tatherrschaft unter Verdrängung der ehemals im Vordergrund stehenden subjektiven Elemente, wie dem Interesse am Taterfolg, erkennbar. Allerdings greift der Bundesgerichtshof auch bei den objekiven Merkmalen, wie dem der „untergeordneten Tätigkeit", welches anhand der Gestaltung des Transports und anderen objektiven Kriterien bestimmt wird, wieder auf die wertende Betrachtungsweise der Tätigkeit insgesamt zurück, was auf Bedenken stößt[705]. In den jüngsten Entscheidungen findet mit unterschiedlicher Intensität eine Verlagerung zu Kriterien statt, die zur Beurteilung täterschaftlichen Verhaltens auf wirtschaftliche Rahmenbedingungen und die Einbindung des Kuriers darin als aussagekräftige Kriterien abstellen. Dadurch wird zwar das erneute Bemühen erkennbar, die Mittäterschaft beim „Handeltreiben" zugunsten der Beihilfe zurückzudrängen, solange aber dabei kein einheitlicher Rückgriff auf die bestehenden Kriterien erfolgt, kann kaum dem verfassungsrechtlichen Bestimmtheitsgebot Rechnung getragen werden. Eine selektive Anwendung dieser ins Feld geführten Kriterien zeigt sich am deutlichsten in der unterschiedlichen Auffassung des 3. und dem 4. Strafsenats bei der Frage der Strafwürdigkeit des gegen

[704] Körner, BtMG, § 29 Rn. 548, 549.
[705] Liemersdorf/Miebach, MDR 1979, S. 981 (983).

Entgelt handelnden Kuriers innerhalb eines sich als „Handeltreiben" darstellenden Gesamtgeschehens.

Tiefgreifende Bedeutung kommt auch der Frage zu, ob eine Prüfung der Beteiligungsform wegen der frühen Überschreitung der Grenze zur Vollendungsstrafbarkeit beim Handeltreiben überhaupt zulässig ist. Erst wenn eine täterschaftliche Handlungsweise gemäß § 25 Abs. 1 StGB abzulehnen ist, schließt sich in der Regel daran die Prüfung an, ob die Beteiligung an dem Tatgeschehen als Mittäterschaft oder Beihilfe zu bewerten ist, da nur hier erst das Zusammenwirken der verschiedenen Tatbeiträge die Tatbstandsverwirklichung bewirkt. Hat der Beteiligte aber offensichtlich alle Merkmale des gesetzlichen Tatbestandes durch seine Handlung bereits vollständig erfüllt, ist für eine weitergehende Prüfung anderer Beteiligungsformen normalerweise kein Raum[706]. Dennoch prüft die Rechtsprechung in Fällen fremder Umsatzgeschäfte, ob sich die Handlungen nicht doch nur als Beihilfe darstellen könnten. Dies soll insbesondere dann der Fall sein, wenn der Beteiligten nur eine untergeordnete Rolle im Gesamtgeschehen eingenommen hat. Dogmatisch ist dies jedoch falsch, da es bei der Frage, ob jemand Alleintäter im Sinne des § 25 Abs. 1 StGB ist, nicht auf die Intensität der einzelnen Aktivitäten ankommen kann. Die Einschränkung auf die Intensität der Aktivitäten ist bei der Abgrenzung zwischen Mittäterschaft (§ 25 Abs. 2 StGB) und Beihilfe (§ 27 StGB) rechtlich zulässig, da sich ein untergeordneter Tatbeitrag letztendlich nur als Förderung einer fremden Haupttat im Sinne einer Beihilfe darstellt. Bei der Frage, ob ein tatbestandliches Handeltreiben in (allein-) täterschaftlicher Begehungsform im Sinne des § 25 Abs. 1 StGB vorliegt, kann die Intensität der entfalteten Aktivitäten des Beteiligten dagegen keine Rolle spielen. Denn die qualitative Einstufung einer Tathandlung als Handeltreiben ist unabhängig von der Frage der Quantität des Tatbeitrages zu beurteilen. Ein einmal qualitativ als „Handeltreiben" eingestufter Tatbeitrag kann nicht nachträglich durch Umstände im quantitativen Bereich der Handlung als bloße Förderung der Tat angesehen werden.

Diese Praxis führt aber auch im Ergebnis zu Missverhältnissen. Stellt sich nach den Feststellungen des Tatgerichtes heraus, dass der Tatbeitrag des Angeklagten Teil eines Gesamtplanes war, kann das Gericht in Abwägung der Gesamtumstände eine (ganz) untergeordnete Rolle feststellen und den Angeklagten lediglich wegen Teil-

---

[706] Nestler in: Kreuzer, Handbuch des Betäubungsmittelstrafrechts, § 11 Rn. 360.

nahme verurteilen. Sind dagegen keine weitergehenden Feststellungen im tatsächlichen Bereich getroffen worden, reicht es, bedingt durch die Weite der Definition des „Handeltreibens", regelmäßig aus, den Angeklagten aufgrund der ausschließlich ihn betreffenden Tatfeststellungen, wie etwa eine mögliche Besitzerlangung des Kuriers an den Betäubungsmitteln, als Täter gemäß § 25 Abs. 1 StGB zu verurteilen. Das bedeutet, dass der täterschaftlichen Begehungsweise gegenüber der Teilnahme sogar eine Auffangfunktion zukommt. Ein dem Regelbild des Gehilfen entsprechendes Verhalten darf aber nicht als täterschaftliches Unrecht qualifiziert werden. Insbesondere der 4. Senat begegnet der Problematik dadurch, Beihilfe auch dort zuzulassen, wo die tatgerichtlichen Feststellungen keine über den Angeklagten hinausgehende Beteiligung anderer Personen enthalten[707]. Weil trotz der Verwirklichung sowohl des subjektiven als auch des objektiven Tatbestandes des Handeltreibens nur eine Teilnahme an der Tat angenommen wird, erscheint dies nach Ansicht von *Roxin*[708] wie eine Rückkehr der Rechtsprechung zur subjektiven Theorie, was allerdings im Ergebnis als Korrektur einer zu weiten Tatbestandsfassung weitgehend hingenommen wird[709].

5. Kapitel: Neuansatz bei der Auslegung

A. Einführung

Die vorstehenden Ausführungen haben gezeigt, dass bei der Auslegung des Begriffs „Handeltreiben" nach der Definition des Bundesgerichtshofs als „jede eigennützige, auf Umsatz gerichtete Tätigkeit" keine konsequente Linie zwischen Versuch und Vollendung einerseits und zwischen den Beteiligungsformen innerhalb des Bereiches der Strafbarkeit andererseits gezogen werden kann. Grund ist, dass die Definition lediglich eine Versuchsform beschreibt, ohne dass eine dem Wesen des Versuchs entsprechende Umgrenzung vorgenommen wird[710]. Die Bezugnahme auf die Formel „jede auf Umsatz gerichtete Tätigkeit" ohne Umgrenzung birgt grundsätzlich die Gefahr der Ausrichtung auf eine Strafbarkeitserweiterung in den Bereich der Vorbereitung in sich. Dass die subjektive Ausrichtung der Definition aber auch mit Art. 103 Abs. 2

[707] Vgl. oben 4. Kapitel, B, III, 5, a) = BGH, Beschl. v. 27.04.1999 - 4 StR 94/99 = StV 1999, S. 429.
[708] Roxin, StV 1992, S. 517 (518).
[709] Nestler in: Kreuzer, Handbuch des Betäubungsmittelstrafrechts, § 11 Rn. 360.
[710] Harzer, StV 1996, S. 336 (337).

GG, § 1 StGB nur schwer vereinbar ist, zeigt sich auch im Ergebnis an der Praxis der Rechtsanwendung, die die bereits weit gefasste Definition großzügig auslegt, wonach eine Handlung bereits dann den Tatbestand vollständig erfüllt, wenn sie auf den Umsatz von Betäubungsmitteln *abzielt*[711].

Die darin zu Tage tretende Tendenz einer Normerweiterung hat zur Folge, dass andere, vom eigentlichen Rauschgiftgeschäft ganz entfernte Aktivitäten, wie die Beschaffung oder Herstellung oder Vermietung von Schmuggelbehältnissen für Drogen[712], die Beschaffung von Geräten zur Herstellung von Betäubungsmitteln[713], das Einsammeln des Kurierlohns[714] oder sonstige unterstützende Finanzaktionen[715] vollendetes Handeltreiben sind, obwohl dies nach allgemeiner Auffassung kaum als „Handeltreiben" bezeichnet werden kann. Der umgangssprachliche Wortlaut ist es aber, der nach verfassungsrechtlichen Vorgaben bei der Auslegung von Straftatbeständen die äußerste Grenze einer Norminterpretation zulasten des Täters darstellt. Zwar hat der Bundesgerichtshof in der Vergangenheit bestimmte Tathandlungen im Rahmen der Tatmodalität Handeltreiben lediglich als straflose Vorbereitung bewertet[716]. Eine verfassungsrechtlich geforderte Vorhersehbarkeit, wonach eine im Vorfeld des Rauschgiftumsatzes vorgelagerte Aktivität lediglich eine „auf Güterumsatz gerichtete Tätigkeit im weitesten Sinne ist"[717], und somit nicht mehr unter den Tatbestand fällt, besteht nicht. Genau so wenig ist die Überschreitung dieser Grenze konkret bestimmbar, obwohl der Tatbestand an § 22 StGB auszurichten ist.[718]

Eine nach den allgemeinen Zurechnungsprinzipien anerkannte Abgrenzung zwischen Täterschaft und Teilnahme ist mit dieser Auslegung gleichfalls nicht möglich. Denn wer zu Umsatzgeschäften mit Betäubungsmitteln anstiftet oder diese fördert, entfaltet bereits eine Tätigkeit, die auf Umsatz abzielt[719]. Für eine Unterscheidung im objektiven Bereich bleibt kein Raum mehr. Zudem unterscheidet der Begriff des Han-

---

[711] BGH, Urt. v. 20.08.1991 - 1 StR 273/91 = StV 1992, S. 516; 4. Kapitel, A, II, 1, b).
[712] Vgl. Aufzählung in Körner, BtMG, § 29 Rn. 275.
[713] Vgl. Aufzählung in Körner, BtMG, § 29 Rn. 275.
[714] BGH, Urt. v. 20.08.1991 - 1 StR 273/91 = StV 1992, S. 516; 4. Kapitel, A, II, 1, b).
[715] BGH, Urt. v. 17.07.1997 - 1 StR 791/96 = StV 1997, S. 589.
[716] BGH, Urteil v. 01.08.1990 - 2 StR 147/90 = NJW 1991, S. 305 (306); BGH, Urteil v. 18.06.1986 - 2 StR 201/86 = StV 1986, S. 527; 4. Kapitel, A, II, 1, c).
[717] BGH, Urteil v. 18.06.1986 - 2 StR 201/86 = StV 1986, S. 527 ff.; 4. Kapitel, A, II, 1, c).
[718] 3. Kapitel, B, II, 2.
[719] 1. Kapitel, C.

deltreibens nicht zwischen eigenen Umsatzgeschäften und der Förderung fremder[720] Umsatzgeschäfte. Zwar hat die Anzahl der Verurteilungen wegen Beihilfe zum Handeltreiben in den letzten Jahren zugenommen. Während die frühere Rechtsprechung des Bundesgerichtshofs[721] zumeist bei mangelnder Eigennützigkeit Beihilfe angenommen hat, soll dies auch bei vollständiger Tatbestandsverwirklichung im schmalen Randbereich fremder Umsatzgeschäfte (z. B. Kuriertätigkeiten) der Fall sein, um einem alles umfassenden Tatbestand und einer daraus resultierenden „Einheitstäterschaft"[722] entgegenzuwirken. Eine Lösung ist der Rechtsprechung in diesem Teilbereich aber nur im Ergebnis gelungen, wenn sie beihilfebegründende Mitwirkungsweisen nachträglich wieder aus dem Tatbestand ausscheiden lässt[723]. Wie oben dargestellt[724], ist es aber dogmatisch äußerst zweifelhaft, bei vorsätzlicher, rechtswidriger und schuldhafter Erfüllung aller Tatbestandsmerkmale davon auszugehen, es bestünde in diesem Fall noch die Möglichkeit, „eine Abgrenzung von Beihilfe und Täterschaft nach allgemeinen Grundsätzen vorzunehmen"[725]. Ein nachträgliches Ausscheiden aus dem objektiven Tatbestand vermag nach anerkannter Dogmatik auch die Feststellung eines untergeordneten Tatbeitrages eines Beteiligten nicht zu leisten.

Die Einordnung der Tatmodalität „Handeltreiben" in die Kategorie der „unechten" Unternehmensdelikte[726] bietet keine Rechtfertigung dafür, dass die Definition rechtsstaatlichen Grundsätzen kaum gerecht werden kann. Die scheinbar grenzenlose Weite der Definition des Bundesgerichtshofs, die in der Praxis der Rechtsanwendung auf Kosten der Rechtssicherheit ihren Niederschlag findet, zwingt durch die negativen Auswirkungen zu einer Restriktion in der Auslegung und rechtlichen Bewertung des Handeltreibens mit Betäubungsmitteln. Es bedarf daher einer Änderung in der Rechtsprechung und damit eines Schritts in Richtung Harmonisierung der widerstreitenden Interessen von Kriminalpolitik, Rechtssicherheit und -staatlichkeit sowie der anerkannten Strafrechtsdogmatik. Eine Vermeidung der unbefriedigenden Ergebnisse, die bei bisheriger Anwendung dieser Handlungsmodalität erzielt worden sind, könnte zum einem durch den Gesetzgeber im Wege einer inhaltlichen Änderung der

[720] BGH, Urteil v. 20.07.1995 - 4 StR 112/95 = NStZ-RR 1996, S. 20 (21).
[721] Darstellung bei Liemersdorf/Miebach, MDR 1979, 981 (982).
[722] Schönke/Schröder-Cramer Vorbem §§ 25 ff. Rn. 94.
[723] Roxin, StV 1992, S. 517 (518).
[724] Oben, 4. Kapitel, B, IV.
[725] BGH, Anfragebeschl. v. 10.07.2003 - 3 StR 61/02 u. 243/02 = StV 2003, S. 501.
[726] 3. Kapitel, A, III, 4.

bestehenden Vorschrift erreicht werden. Da eine dahingehende Initiative der Legislative jedenfalls in absehbarer Zeit nicht zu erwarten ist, bleibt unter Beibehaltung des bestehenden Tatbestandes nur die Veränderung der Begriffsbestimmung im Wege der restriktiven Tatbestandsinterpretation. Um bei einer Neubestimmung der Tatmodalität Handeltreiben einen allseits akzeptierbaren Vorschlag zu erarbeiten, der eine Umsetzung in der Praxis ermöglicht, kann nur eine Auslegung durchgreifen, die sowohl den rechtlichen wie auch den kriminalpolitischen Prämissen ausreichend Rechnung trägt. Dabei erscheint es aufgrund des Ausmaßes und der Bedeutung, die eine Änderung der bisherigen inhaltlichen Bestimmung des Handeltreibens für die Praxis der Rechtsanwendung mit sich bringen würde, sachdienlich, auf bestehende Ansätze in Rechtsprechung und Literatur zurückzugreifen. Die Definition des Merkmals „Handeltreiben“ ist zwar nicht inhaltlich falsch[727], aber die Uferlosigkeit der Auslegung, nach der der Bundesgerichtshof Vollendungsstrafbarkeit in Fällen konstatiert, in denen eine irgendwie geartete subjektive Ausrichtung des Verhaltens des Täters auf Umsatz gegeben ist, ist änderungsbedürftig. Ein Tatbestand, aufgrund dessen nicht nur bestraft wird, wer tatsächlich mit Betäubungsmitteln Umsatzgeschäfte macht, sondern auch derjenige der Strafandrohung unterstellt wird, der das nur machen will[728], kann jedenfalls nicht hingenommen werden. Es bedarf daher einer *objektiven* Umgrenzung des Merkmals „Handeltreiben“, um es dem Allgemeinen Teil des Strafgesetzbuchs zugänglich zu machen.

I. Gang der Untersuchung

Wie oben bereits kurz dargestellt worden ist, bestehen bereits vielfältige Lösungsvorschläge im Schrifttum. Auch die Rechtsprechung hat bereits in früheren Entscheidungen Ansätze entwickelt, die aber entweder keinen dauerhaften Eingang in die Rechtsprechung des Bundesgerichtshofs gefunden haben[729] oder aber im Stadium nicht zu generalisierender Einzelfallentscheidungen verblieben sind und keinen Einfluss auf die Begriffsbestimmung des Handeltreibens insgesamt genommen haben[730]. Der

---

[727] Ebert, Das Handeltreiben mit Betäubungsmitteln im Sinne von § 29 I 1 Nr. 1 BtMG, S. 37.
[728] Neuhaus, NStZ 2001, S. 39 (40); Nestler in: Kreuzer, Handbuch des Betäubungsmittelstrafrechts, § 11 Rn. 359.
[729] BGH, Beschl. v. 04.12.1981 - 3 StR 408/81 = StV 1982, S. 169; 1. Kapitel B, II, 4; 3. Kapitel, C, II,1.
[730] BGH, Urteil v. 03.06.1981 - 2 StR 235/81 = StV 1981, S. 549; 1. Kapitel, B, II, 4; 3. Kapitel, A, I, 2.

3. Senat hat als vorläufigen Höhepunkt in seinem jüngsten Vorlagebeschluss zur Problematik des Handeltreibens von Betäubungsmitteln sowohl einen Lösungsvorschlag zur Frage erfolgloser Ankaufbemühungen als auch eine selbständige Begriffsdefinition entwickelt und damit die Diskussion erneut in Bewegung gebracht. Von Teilen des Schrifttums wird der Vorlagebeschluss daher bereits als „bahnbrechende Entscheidung von wissenschaftlichem Rang"[731] gefeiert, inhaltlich jedoch der Kritik unterzogen.

Im Rahmen der Neubestimmung des Begriffs Handeltreiben sollen zunächst die Lösungsansätze im Schrifttum dargestellt und beurteilt werden.

II. Lösungsansätze im Schrifttum

1. Auf Entäußerungshandlung gerichtetes Tun, das die „Sache dem Erwerber näher bringt"

Nach *Harzer*[732] bedeutet Handeltreiben „bei unbefangener Betrachtung" zunächst, anderen Personen gegen Entgelt Sachen oder Rechte zu veräußern. Eine an den Kaufmannsbegriff des HGB angenäherte einschränkende Umgrenzung lehnt *Harzer* aber ab, „weil eine auf Dauer gerichtete Tätigkeit, die zum Kaufmann gehört, für den Rauschgifthändler nicht gelten kann" und auch „weil das Positive der Regelung, das Ermöglichen des Handeltreibens, für die negativen Tätigkeiten nicht gelten" könne. Da im Sinne der Rechtsprechung ein einzelner Tätigkeitszusammenhang für das Handeltreiben nach § 29 Abs. 1 Satz 1 BtMG genügt, könne auch eine Gegenleistung wie Entgelt keine Rolle spielen.

In Anlehnung an die im Bereich polizeilicher Tatprovokation getroffene Entscheidung des 2. Strafsenats aus dem Jahre 1981[733], nach der im Rahmen der Tatmodalität Handeltreiben die zu beurteilende Handlung die Sache auf dem Weg zum Konsumenten weiterbringen muss, fordert *Harzer* eine Korrektur der Auslegung des Begriffs „Handeltreiben" im objektiven Bereich. Handeltreiben setze auch bei weitester Auslegung jedenfalls voraus, dass der Täter in einem auf Entäußerung gerichteten

---

[731] Roxin, StV 2003, S. 619.
[732] Harzer, StV 1996, S. 336 (337).
[733] BGH, Urteil vom 03.06.1981- 2 StR 235/81 = StV 1981, S. 549; 1. Kapitel, B, II, 4; 3. Kapitel, A, I, 2.

Tun „die Sache dem Erwerber näher bringt“[734]. Ohne eine Entäußerungshandlung, die objektiv geeignet ist, das Rauschgift auf dem Weg zum Konsumenten näher zu bringen, könne vollendetes Handeltreiben beim Beteiligten nach dieser Auffassung nicht vorliegen.

Paul [735] sieht die Ursache der strafrechtsdogmatischen Unzulänglichkeiten in dem Umstand, „dass für den Begriff des Handeltreibens auf jeglichen Erfolg verzichtet wird“. Der objektive Gehalt des Merkmals „Tätigkeit“ lasse unter dieser Prämisse eine sachgerechte Abgrenzung der verschiedenen Erscheinungsformen aber nicht zu. *Paul* geht davon aus, dass in Abgrenzung zu den Erfolgsdelikten auch die „schlichten Tätigkeitsdelikte einen Erfolg“ aufwiesen. Der „Erfolg des Handeltreibens als auf Betäubungsmittelumsatz gerichtete Tätigkeit“ sei, eben „der Umsatz des Betäubungsmittels“ bzw. „das Näherbringen desselben bezogen auf den Abnehmer“. Danach sei es möglich, nach den üblichen Kriterien zwischen Versuch und strafloser Vorbereitungshandlung zu unterscheiden. Käme es lediglich zu Verkaufsverhandlungen über tatsächlich nicht verfügbare Rauschmittel oder würde ein Weiterverkauf nur beabsichtigt, könne nicht vom Vorliegen einer Vollendung, sondern allenfalls von Versuchsstrafbarkeit ausgegangen werden.

Problematisch an der Auffassung von *Harzer*, der sich weitgehend auch *Paul*[736] angeschlossen hat, ist eine mögliche Verkürzung und Beschränkung der Strafbarkeit auf diejenigen Fälle, die einen (dinglichen) Übertragungsakt beinhalten. Als Erklärungsdelikt[737] soll das Handeltreiben aber auch diejenigen strafwürdigen Fälle erfassen können, bei denen lediglich Verpflichtungsgeschäfte d. h. schuldrechtliche Verträge abgeschlossen werden, die Betäubungsmittel zwar zum Gegenstand haben, aber erst geliefert werden müssten („verbales Handeltreiben“). Ähnliches gilt für die Fälle der reinen Vermittlung von Betäubungsmitteln. Die Strafbarkeit des Vermittlers, der niemals mit Betäubungsmitteln in Berührung kommt[738], wäre bei dieser Auffassung kaum zu konstruieren. Gerade aber die erlaubnislose Vermittlungstätigkeit, die als strafwürdig allgemein anerkannt ist, war Anlass für die Einfügung der Tatmo-

[734] Harzer, StV 1996, S. 336 (337).
[735] Paul, StV 1998, S. 623.
[736] Paul, StV 1998, S. 623.
[737] Eberth/Müller, Verteidigung in Betäubungsmittelsachen, Rn. 29; Körner, BtMG, § 29 Rn. 201.
[738] Körner, BtMG, § 29 Rn. 548, 551.

dalität Handeltreiben in das Opiumgesetz von 1929[739], um bis dahin bestehende Strafbarkeitslücken zu schließen. Es ergeben sich durch den Lösungsansatz von *Harzer* schließlich auch Strafbarkeitslücken in den Fällen, in denen Personen lediglich an der dinglichen Beschaffung von Betäubungsmitteln (z. B. durch Bestellung der Ware im Ausland[740]) in Weiterveräußerungsabsicht beteiligt sind. Soweit die beschaffende Person lediglich Zwischenhändler ist, der den Weg der Betäubungsmittel zum eigentlichen Erwerber, d. h. zum Konsumenten erst nach Beschaffung der Drogen vornehmen will, kommt bei der Beschaffung allenfalls Versuch des Handeltreibens, ansonsten Erwerb oder Besitz von Betäubungsmitteln in Betracht. Ein auf „Entäußerung gerichtetes Tun" ist bei der reinen Beschaffung[741] nicht gegeben, so dass eine Vollendungsstrafbarkeit auch hier kaum konstruierbar ist. Dass entsprechende Erwerbsbemühungen kein Handeltreiben darstellen sollen, obwohl der Erwerb zum gewinnbringenden Weiterverkauf in geradezu klassischer Weise der einer handelstypischen Tätigkeit entspricht, bleibt offen und wird auch dem Wortsinn und der Struktur des Tatbestandes nicht gerecht. *Harzer* hat mit der einseitigen Ausrichtung der Strafbarkeit auf Entäußerungshandlungen und dem Näherbringen der Betäubungsmittel offensichtlich den Konsumenten als den Träger des schützenswerten Rechtsgutes im Blick, wenn dabei einseitig auf den „Erwerber" abgestellt wird. Der Erwerber ist aber in den seltensten Fällen gleichbedeutend mit dem Endabnehmer, dem Konsumenten. Auf dem Weg zum Endverbraucher steigert sich mit jedem weiteren Teilakt der Handelskette die Gefahr einer Rechtsgutsbeeinträchtigung beim Konsumenten. Damit zeigt sich, dass eine Ungleichbehandlung zwischen Beschaffungsbemühungen einerseits und Veräußerungsbemühungen andererseits unter Ausrichtung auf ein „Näherbringen" an den Erwerber keine befriedigenden Ergebnisse erzielen kann[742].

2. „Übertragung von Betäubungsmitteln von einer Person auf eine andere"

In Teilbereichen ähnlich problematisch, wenn auch nicht einseitig mit Blick auf den Konsumenten erscheint die von *Roxin*[743] vertretene Ansicht einer beschränkten Anwendung der Tatmodalität auf Handlungen, die Teil des Übertragungsaktes von einer

[739] 1. Kapitel, A, IV.
[740] Körner, BtMG, § 29 Rn. 548.
[741] Körner, BtMG, § 29 Rn. 548.
[742] Unten, 5. Kapitel, A, III, 1, a), bb).
[743] Roxin, StV 1992, S. 517 (518).

Person auf eine andere sind. Im Anschluss an *Roxin* fordert auch *Nestler*[744], dass der tatbestandliche Erfolg (Handlungserfolg) objektiv definiert werden müsse, um tatbestandliche Klarheit zu schaffen. Die erstmals von *Roxin* in abgeänderter Form der Rechtsprechung[745] entlehnte Definition und von ihm neuerdings als „Umsatztheorie"[746] bezeichnet, könnte zwar geeignet sein, eine Unterscheidung zwischen Vollendung, Versuch und Vorbereitung möglich zu machen. Nachteilig dabei ist allerdings, wie bei der von *Harzer* vorgeschlagenen Lösung, dass Personen, die im Rahmen eines Rauschgiftgeschäftes wie der Vermittler nicht an dem Übertragungsakt teilnehmen, sondern ausschließlich an der Vereinbarung von Lieferungen mitwirken, nach dieser Ansicht allerdings kaum mit einer Vollendungsstrafbarkeit zu belegen sein werden, soweit nicht Vereinbarung und Lieferung in einem Akt zusammenfallen. Gleiches gilt auch hier für den Zwischenhändler etwa beim besitzlosen Handel, bei dem er zur Durchführung des Geschäfts gleichfalls nicht notwendigerweise an dem Übertragungsakt teilnehmen muss. Die reine (schuldrechtliche) Vereinbarung der Lieferung wäre nach dieser Theorie straflose Vorbereitung, wie auch die durchaus strafwürdigen Fälle des besitzlosen Handels. Aber auch der Versuch wäre nach der Auffassung von *Roxin* erst dann anzunehmen, wenn in dem jeweiligen Fall der Täter „nach seiner Vorstellung an einen der Übertragung nahe vorgelagerten Punkt gekommen" ist. Dies wird kaum feststellbar sein, zumal wenn es sich um die Vermittlung von Betäubungsmitteln handelt, die erst noch beschafft werden müssen. Diese Fälle, bei denen eine feste Lieferzusage getroffen wird aus bereits bekannten Quellen, bei denen sich der Zwischenhändler üblicherweise bedient, stellen aber strafwürdige Delikte dar, wie auch im Schrifttum[747] anerkannt ist und durch den Anfragebeschluss des 3. Strafsenats[748] jüngst unterstrichen wurde. Daher kann die dingliche Existenz der Betäubungsmittel keine Voraussetzung für vollendetes Handeltreiben sein.

Es zeigt sich, dass die Auffassung von *Roxin* einseitig auf die Erfüllung des Betäubungsmittelgeschäftes als dinglichen Übertragungsakt abstellt, wenn er die Umsatzhandlung als Erfolg ansieht. Diesen „Handlungserfolg" will *Roxin* unter den im Schrifttum[749] verwendeten zwei mit verschiedenem Bedeutungsinhalt versehenen Erfolgs-

---

[744] Nestler in: Kreuzer, Handbuch des Betäubungsmittelstrafrechts, § 11 Rn. 368.
[745] BGH, Urt. v. 20.08.1991 - 1 StR 273/91 = StV 1992, S. 516.
[746] Roxin, StV 2003, S. 619.
[747] Endriß/Malek, Betäubungsmittelstrafrecht, Rn 188.
[748] BGH, Anfragebeschl. v. 10.07.2003 - 3 StR 61/02 u. 243/02 = StV 2003, S. 501.
[749] Jescheck/Weigend, Strafrecht AT, § 26 II 1 a; Maurach/Zipf, Strafrecht AT 1, § 20 Rn. 27.

begriffen als denjenigen Erfolg „im weiteren Sinne" verstanden wissen, in dem er keine von der Tathandlung abgrenzbare zeitliche oder räumliche Wirkung in der Außenwelt einfordert[750]. Dadurch ist Handeltreiben nach seiner Begriffsbestimmung auch nicht als Erfolgsdelikt anzusehen, sondern *Roxin* bezeichnet es als „Verhaltensdelikt". Die durch seinen Lösungsvorschlag der einschränkenden Tatbestandsauslegung entstehenden Strafbarkeitslücken bei Vermittlern[751] und Zwischenhändlern[752], die allenfalls bei Verbrechen über § 30 Abs. 2 StGB geschlossen würden, räumt *Roxin* indes ausdrücklich ein. *Roxin* nimmt dies in Kauf und argumentiert, dass sich die „Interpretation des Handeltreibens" von der Vermittlungstätigkeit „längst gelöst" habe. Dabei weist *Nestler* darauf hin, dass in der Rhetorik im Gesetzgebungsverfahren Handeltreiben als das Verhalten der Drahtzieher und skrupellosen Geschäftemacher bezeichnet wird und kritisiert, dass diejenigen, die den „eigentlichen" Händlern beim Verkauf lediglich helfen, nach der bisher geltenden Auslegung nur in Ausnahmefällen nicht als Mittäter bestraft werden[753]. Würde man dem Lösungsansatz folgen, würde diese Tendenz manifestiert, dann wären die Drahtzieher, die in vermittelnder Tätigkeit niemals mit Betäubungsmitteln in Berührung kommen[754] und damit nicht am Übertragungsakt teilnehmen, allenfalls wegen Teilnahme zu bestrafen, der letzte in der Handelskette, der Kleindealer[755], durch seine umsatzbezogene Tätigkeit hingegen der vollen Strafbarkeit unterworfen. Dass der Umfang der unmittelbaren Tatausführung nicht gleichbedeutend ist mit dem Umfang der Tatverantwortung, bleibt unberücksichtigt. Eine Neugestaltung des Merkmals Handeltreiben mit der Botschaft „die Kleinen fängt man, die Großen lässt man laufen" kann nicht im Sinne der Autoren sein.

3. Zusammenfassung

Die oben genannten Auffassungen stellen zu stark auf den reinen Übertragungsakt ab und führen im Ergebnis zu nicht gerechtfertigten Strafbarkeitslücken, deren Korrektur nur durch einen legislatorischen Akt erfolgen könnte.

---

[750] Dazu 3. Kapitel, A, I.
[751] Roxin, StV 2003, S. 619 (621).
[752] Roxin, StV 1992, S. 517 (520).
[753] Nestler in: Kreuzer, Handbuch des Betäubungsmittelstrafrechts, § 11 Rn. 361.
[754] Körner, BtMG, § 29 Rn. 548, 551.
[755] Körner, BtMG, § 29 Rn. 547.

4. Tätigkeiten, die objektiv die Gefahr eines Betäubungsmittelumsatzes beinhalten

Einige Autoren sind bestrebt, der Problematik dadurch zu begegnen, dass sie in den Regelungsgehalt des Handeltreibens eine erfolgsbezogene Tendenz einbeziehen. Nach dieser Auffassung muss eine Umgrenzung der Definition im objektiven Bereich stattfinden, wobei als objektives Abgrenzungskriterium nur der Umsatz in Betracht kommt. Teilweise wird daher vorgeschlagen, Handeltreiben nur für solche eigennützigen Tätigkeiten anzunehmen, *„die objektiv die Gefahr des Betäubungsmittelumsatzes beinhalten“*[756]. Der Vorteil einer solchen Auslegung bestünde gegenüber der Definition des Bundesgerichtshofs darin, dass sie in Fällen, in denen unter keinen Umständen eine Verletzung des geschützten Rechtsgutes in Betracht kommt, eine Vollendungsstrafbarkeit von vornherein ausscheiden würde. In den bereits dargestellten Fällen von Umsatzbemühungen mit bereits sichergestellten Betäubungsmitteln[757] oder aber Betäubungsmittelimitaten, die der Beteiligte für echte Betäubungsmittel hält[758], wäre lediglich eine Strafbarkeit wegen untauglichen Versuchs die Folge. Über die Vermeidung dieser extremen, auch vom Wortsinn des Handeltreibens nicht mehr umfassten Fälle vermag die Definition allerdings keine klaren Ergebnisse zu leisten. Zwar stellt sie auf das konkrete Betäubungsmittel mit Bezug auf den Rechtsgüterschutz bei der Frage der Strafbarkeit ab. Offen ist aber der Begriff der Gefahr, wobei *Schwarzburg* nicht klarstellt, ob hierbei eine konkrete oder abstrakte Gefahr gemeint sein soll. Die graduelle Unterscheidung, welche Intensität der Vermittlungsbemühungen bereits die konkrete oder abstrakte Gefahr des Betäubungsmittelumsatzes in sich trägt, ist ein weites Feld. Ob es reicht, wenn, wie *Gaede*[759] fordert, *„darüber hinaus* ein bestimmter Umsatzvorgang angebahnt“ worden sein muss, erscheint zweifelhalft. Eine „Anbahnung“ kann unbestimmt weit im Vorfeld des Umsatzes liegen, was die Grenze zur Straflosigkeit verschwimmen lässt. Letztlich führt auch der methodische Ansatz nicht immer zu den gewünschten Ergebnissen, wie sich bei der unerlaubten Inbesitznahme von Betäubungsmitteln zeigt: Der versuchte Diebstahl von Betäubungsmitteln birgt unstreitig die Gefahr des Umsatzes von Be-

---

[756] Schwarzburg, Tatbestandsmäßigkeit und Rechtswidrigkeit der polizeilichen Tatprovokation, S. 59.
[757] Vgl. oben 4. Kapitel, A, II, 1 a) - c).
[758] Vgl. oben 1. Kapitel, B, II, 2, a), aa).
[759] Gaede, StaFo 2003, S. 391 (395).

täubungsmitteln von einer Person auf die andere in sich, jedoch wird diese Tätigkeit kaum als „Handeltreiben" zu bezeichnen sein[760].

5. Jede eigennützige Handlung, die objektiv umsatzbezogen erscheint

Auch *Ebert*[761] geht davon aus, dass der Begriff des Handeltreibens einer objektiven Umgrenzung bedarf. In Abgrenzung zur Auffassung von *Schwarzburg* kritisiert *Ebert* das Abstellen auf den Begriff der Gefahr und möchte nur dann eine eigennützige Handlung als Handeltreiben sehen, wenn sie „objektiv umsatzbezogen erscheint". Dass auch diese Begriffswahl die Grenzen der Strafbarkeit auf den ersten Blick nicht mehr aufzuzeigen vermag, zeigt sich schließlich an den zwei weiterführenden Manifestationstheorien, die *Ebert* seiner Begriffsbestimmung gleich mitliefert. Dabei lehnt er die „weite Manifestationstheorie" ab, nach der der Kauf von Betäubungsmitteln die Voraussetzungen des Handeltreibens erfüllen würde[762]. Wenn *Ebert* auch bei der Überprüfung seiner Begriffsbestimmung zu inhaltlich akzeptablen Ergebnissen kommt, erscheint das Ersetzen einer Begriffsbestimmung durch eine andere, ähnlich gelagerte als wenig praktikabel. Zum einen konzentriert sich bei dieser Lösung die gesamte Palette der möglichen Tathandlungen auf den neuralgischen Punkt des „objektiven Erscheinens", welcher kaum plastische Bedeutung hat. Die dabei vorzunehmende Auslegung, die *Ebert* vorgibt, ist zudem keineswegs aus der Begriffsbestimmung zwingend, so dass die Rechtsprechung bei ihrer Anwendung durchaus zu anderen Ergebnissen kommen könnte. Eine Definition, die aber erst nach eingehender Kommentierungshilfe verstanden werden kann und nach der Intention des Autors angewendet werden müsste, bietet vermutlich keine Lösung, auf die sich die Rechtsprechung einlassen würde.

6. Handeltreiben als lückenschließender Auffangtatbestand

Von *Liemersdorf/Miebach*[763] wurde bereits früh der Vorschlag vertreten, dass das „Handeltreiben" als *lückenschließender Auffangtatbestand* interpretiert werden solle. Die Gleichwertigkeit und -gewichtigkeit der verschiedenen Alternativen sowie die Ent-

---

760 Vgl. oben 3. Kapitel, C, II, 3.
761 Ebert, Das Handeltreiben mit Betäubungsmitteln im Sinne von § 29 I 1 Nr. 1 BtMG.
762 Ebert, Das Handeltreiben mit Betäubungsmitteln im Sinne von § 29 I 1 Nr. 1 BtMG, S. 174.
763 Liemersdorf/Miebach, MDR 1979, S. 981.

stehungsgeschichte des § 29 Abs. 1 S. 1 Nr. 1 BtMG ließen den Schluss zu, dass die anderen Alternativen als speziellere Tathandlungen das „Handeltreiben" verdrängen sollen. Das Handeltreiben erfasse daher nur Taten, „die unter keine der anderen Alternativen fallen"[764]. Diese Auslegung hätte ihren Vorteil darin, dass bei den klar umrissenen Begehungstatbeständen nicht die Abgrenzungsprobleme auftreten können, wie sie beim „Handeltreiben" bestehen. Die vorgeschlagene Lösung ermöglicht es auch, die Zahl der Fälle zu begrenzen, unter die ein Verhalten als „Handeltreiben" subsumiert werden kann. Soweit sich jedoch bei den spezifischen Fällen keine andere Alternative des § 29 Abs. 1 Nr. 1 BtMG als einschlägig erweist, wird man sich erneut mit den tatbestandsspezifischen Problemen des „Handeltreibens" auseinander zu setzen haben. Der Vorschlag scheint damit nicht geeignet, das Problem grundsätzlich zu lösen.

III. Neuansatz in der Rechtsprechung

1. Anfragebeschluss vom 10. Juli 2003 - 3. Strafsenat

Der 3. Senat hat mit seinem Anfragebeschluss vom 10. Juli 2003[765] einen bedeutenden Vorstoß unternommen, den Begriff des Handeltreibens neu zu interpretieren. Danach sollen ernsthafte Erwerbsverhandlungen zum gewinnbringenden Weiterverkauf bestimmter Betäubungsmittel nicht mehr wie bisher als vollendetes Handeltreiben einzustufen sein, „solange über den Ankauf keine Einigung mit dem Lieferanten erzielt wird". Anlass sind zwei bei dem Senat anhängige Revisionsverfahren, bei denen jeweils das Landgericht Fälle erfolgloser Bemühungen um den Erwerb von zum gewinnbringenden Weiterverkauf bestimmter Betäubungsmittel als vollendetes Handeltreiben abgeurteilt hat. Der Senat möchte unter Aufgabe seiner eigenen entgegenstehenden Rechtsprechung die Schuldsprüche aufheben. Da es nach Definition des „Handeltreibens" als jede eigennützige auf Umsatz gerichtete Tätigkeit rechtlich unerheblich ist, ob es zu eigenen Umsatzgeschäften oder nur zur Anbahnung bestimmter Geschäfte gekommen ist, sieht der 3. Senat unter Beibehaltung der bisherigen Definition keine rechtliche Möglichkeit, von der bisherigen Rechtsprechung, nämlich

[764] Liemersdorf/Miebach, MDR 1979, S. 981 (984).
[765] BGH, Anfragebeschl. v. 10.07.2003 - 3 StR 61/02 u. 243/02 = StV 2003, S. 501.

ernste Ankaufbemühungen in Weiterverkaufsabsicht als vollendetes Handeltreiben zu qualifizieren, abzuweichen.

a) Inhalt

Der Senat hat für seine Neuinterpretation seine früheren Erwägungen wieder aufgegriffen, „handelstypischen Tätigkeiten“ wieder mehr Aufmerksamkeit zuzuwenden. Er schlägt die Schaffung eines Katalogs handelstypischer Tätigkeiten vor, der sowohl Handlungen im Vorfeld, ausgesprochene Hilfstätigkeiten und nachfolgende Geldtransaktionen aussparen soll. Der Senat kombiniert zur Neugestaltung der Tatmodalität „Handeltreiben“ die Merkmale aus dem Tatbestand des § 29 Abs. 1 S. 1 Nr. 1 BtMG mit denjenigen Merkmalen, die das Waffengesetz zur Begriffsbestimmung des Waffenhandels vorsieht („Vertrieb, vermitteln“). Diese Kombination vereinigt der Senat zu einer Begriffsdefinition[766], die anders als die bisherige Definition des Handeltreibens dem Anliegen einer effektiven Bekämpfung des Rauschgifthandels und zum anderen den Anforderungen einer am Bestimmtheitsgebot orientierten Auslegung gerecht werden soll. Dadurch soll auch der in § 29 Abs. 2 BtMG angeordneten Versuchsstrafbarkeit zu einem bisher nicht bestehenden praktischen Anwendungsbereich verholfen werden.

b) Einordnung

Durch Anleihe aus der Begriffsbestimmung des Handeltreibens aus dem Waffengesetz unter Einbeziehung der Handlungsmodalitäten des § 29 Abs. 1 Nr. 1 BtMG ist es dem Senat auf den ersten Blick gelungen, eine Begriffsdefinition zu entwickeln, die im Ansatz übersichtlich und aus sich heraus verständlich ist. Dies erreicht der Senat durch die Aufzählung einzelner Merkmale, die für sich genommen jeweils Handeltreiben darstellen sollen. Der Rückgriff auf einzelne Merkmale des Katalogs erleichtert es, die Leistungsfähigkeit der Definition insgesamt abstrakt zu überprüfen. Hierin besteht der eindeutige Vorteil gegenüber anderen Auffassungen einer Neugestaltung der Tatmodalität Handeltreiben[767]. Wie der Senat in seiner Begründung anmerkt, könnte bei Auslegungsschwierigkeiten wenigstens auf bereits vorhandene gesetzli-

---

[766] 1. Kapitel, B, II, 4.
[767] A. A. Gaede, StaFo 2003, S. 391 (395).

che Definitionen zurückgegriffen werden.
Jedenfalls im Rahmen von Tathandlungen, die Bemühungen um Erlangung von Betäubungsmitteln im weiteren Sinne betreffen, bedient sich der Senat zudem einer klaren Wortwahl, durch die die tatbestandsmäßige Handlung sich nicht mehr wie bisher als ein „Unternehmen" darstellt[768]. Eine, wie manche Autoren meinen, „zu Unrecht"[769] erfolgte Kassifizierung der Tatmodalität „Handeltreiben" als „unechtes Unternehmensdelikt" wird von vorneherein ausgeschlossen.
Eine einschränkende Wirkung hat darüber hinaus das subjektive Merkmal der „Absicht", das bei Vorliegen einer Tathandlung im Rahmen der Ermöglichung oder Förderung des Umsatzes von Betäubungsmitteln vorliegen muss. Die Eigennützigkeit bleibt Bestandteil der Definition. Der weitergehende Rückgriff auf die Aufzählung der in § 29 Abs. 1 Nr. 1 BtMG aufgeführten Merkmale erscheint im Hinblick auf den Willen des Gesetzgebers auch zulässig, nach dem diese Begehungsweisen im Handeltreiben aufgehen können[770]. Die Rechtsprechung setzt dies um und verbindet die innerhalb eines Rauschgiftgeschäftes sich überschneidenden Tatmodalitäten des § 29 Abs. 1 Nr. 1 BtMG zur „Bewertungseinheit"[771]. Was spricht also dagegen, die übrigen Tatmodalitäten des § 29 Abs. 1 S. 1 Nr. 1 BtMG grundsätzlich als Bestandteil einer Definition des Handeltreibens anzusehen? Ein Rückgriff auf die Definition des Waffenhandels gemäß der Anlage 1 Abschnitt 2 Nr. 9 zum Waffengesetz vom 11.10.2002[772] erscheint zulässig, zielt das Gesetz doch im Wesentlichen in die gleiche Richtung wie die Intention des Betäubungsmittelgesetzes: Den illegalen Handel mit seinen vielfältigen Erscheinungsformen in einer dem Bestimmtheitsgebot zulässigen Weise unter Strafe zu stellen. Damit ist auch eine Vergleichbarkeit der Rechtsgebiete gegeben.

aa) „Asymmetrische Differenzierung" zwischen Kauf- und Verkaufsbemühungen ?

In Bezug auf den bei der bisherigen Auslegung des Begriffs „Handeltreiben" unscharfen Bereich zwischen Vorbereitung und Vollendung vertritt der 3. Senat die Auffassung, es sei in Fällen des Ankaufs einerseits und des Verkaufs andererseits eine

[768] Liemersdorf/Miebach, MDR 1979, 981 (982).
[769] Neuhaus, NStZ 2001, S. 39 (41); BGH, Anfragebeschl. v. 10.07.2003 – 3 StR 61/02 u. 243/02 = StV 2003, S. 501 (502).
[770] BR-Drucks 546/79 S. 36.
[771] Vgl. oben 1. Kapitel B, II, 1.
[772] BGBl. I, S. 3970; oben 1. Kapitel, D, IV.

„asymmetrische Differenzierung" bei der Tatvollendung erforderlich. Diese werde dem „Schutzzweck des Betäubungsmittelgesetzes" gerecht. Denn während „der für das geschützte Rechtsgut weniger gefährliche Ankauf eine Handelseinigkeit" voraussetze, werde „die Händlertätigkeit auf der Verkaufsseite in weiterem Umfang erfasst", und es würden „insbesondere auch einseitige Verhaltensweisen" bei Verkaufsbemühungen einbezogen und „die Verfolgbarkeit der Drahtzieher und Hintermänner des Drogenhandels nicht beeinträchtigt".

bb) Stellungnahme

Begrüßenswert ist zunächst das Bestreben des 3. Senats, Einschränkungen im Randbereich, nämlich im Vorfeld der eigentlichen Tathandlung „Handeltreiben", vorzunehmen. Der Vorschlag führt aber nur teilweise zur Lösung der bestehenden Probleme. Während bei der Annahme der Neugestaltung des Begriffs „Handeltreiben" gängige Abgrenzungsprobleme zwischen Vorbereitung und Vollendung im Bereich der *Ankaufsbemühungen* durch Restriktionen wie das Fordern einer Einigung mit dem Lieferanten eingedämmt werden sollen, bleiben im Bereich der *Verkaufsbemühungen* die bisherigen Probleme dieselben[773]. Dass entsprechende Vorfeldhandlungen im Rahmen von Kaufbemühungen keine strafbewehrte Rolle mehr spielen sollen, obwohl der Erwerb „zum gewinnbringenden Weiterverkauf" in geradezu klassischer Weise der einer „handelstypischen Tätigkeit" entspricht, begründet der Senat mit einer „asymmetrischen Differenzierung" unter Bezugnahme auf „berechtigte kriminalpolitische Ziele". Aber auch bei der bisher gültigen Definition als jede Tätigkeit, die darauf abzielt, den Umsatz mit Betäubungsmitteln zu fördern, stehen kriminalpolitische Interessen im Vordergrund, ohne dass bisher eine Unterscheidung zwischen Kauf- und Verkaufsbemühungen als notwendig angesehen wurde. Wieso gerade der auf Weiterveräußerungsabsicht gerichtete Erwerb (nicht der Erwerb zum Eigenkonsum[774]) in diesem Bereich weniger gefährlich sein soll als Bemühungen um den Verkauf von Betäubungsmitteln, ist nicht ersichtlich. Denn der Handel mit Betäubungsmitteln findet durch Vertrieb statt[775]. Dabei teilen die Großhändler[776] die verfügbaren

[773] Unten 5. Kapitel, A, III, 2, f), aa).
[774] Dazu BVerfG, Beschl. v. 09.03.1994 - 2 BvL 43/92 = NJW 1994, S. 1577 (1588) Sondervotum Sommer.
[775] Nestler in: Kreuzer, Handbuch des Betäubungsmittelstrafrechts, § 11 Rn. 362; Körner, BtMG, § 29 Rn. 201.
[776] Körner, BtMG, § 29 Rn. 548.

Mengen in kleinere Mengen auf, bis am Ende einer Reihe von Kauf- und Verkaufsgeschäften schließlich der Endverbraucher steht, auf den das Schutzgut des gesetzlichen Tatbestandes letztlich abzielt. Kauf und Verkauf sind damit ein spiegelbildliches Verhalten der Beteiligten, wobei alle in dieser Reihe, die mit ihren Tätigkeiten das Geschäft des Erstverkäufers oder Vermittlers fortsetzten, Händler sind[777]. In der Verkaufskette bringt jede weitere in der Absicht des gewinnbringenden Weiterverkaufs vorgenommene Ankaufsbemühung das Rauschgift dem Konsumenten näher, als es der Erstverkäufer zunächst zu leisten vermag. Mit jedem weiteren Teilakt der Handelskette steigert sich die Gefahr einer Rechtsgutsbeeinträchtigung beim Konsumenten. Der in der Kette letzte Ankäufer in Weiterveräußerungsabsicht ist aus der Sicht des betroffenen Rechtsgutes daher nicht weniger strafwürdig als der Erstverkäufer[778]. Unter dem Aspekt des Rechtsgüterschutzes mit der Ausrichtung auf handelstypische Tätigkeiten lässt sich eine vom Senat vorgeschlagene „asymmetrische Differenzierung" zwischen Ankaufs- und Verkaufsbemühungen daher nur schwerlich nachvollziehen[779]. Kritisiert werden soll hier aber keineswegs das Ergebnis, sondern lediglich die Erwägungen, die der Senat einseitig auf Ankaufsbemühungen anstellt.

2. Prüfung der Definitionsmerkmale nach dem Anfragebeschluss des 3. Senats

Die grundsätzlichen Bedenken gegen die vorgeschlagene „asymmetrische Differenzierung" führen noch nicht dazu, den Definitionsvorschlag des Senats insgesamt zu verwerfen. Um die Leistungsfähigkeit festzustellen, ist eine Überprüfung der einzelnen Begriffsmerkmale erforderlich.

a) Kauf („ankaufen")

Erstes Merkmal des Definitionsvorschlags des 3. Senats ist „ankaufen". Das Merkmal findet sich nicht in § 29 Abs. 1 Nr. 1 BtMG, ist aber in der Definition des Waffenhandels gemäß der Anlage 1 Abschnitt 2 Nr. 9 zum Waffengesetz vom 11.10.2002[780] enthalten. Bereits das bis zum 31.03.2003 geltende Waffengesetz hatte in § 7 Abs. 1 Nr. 2 im Jahre 1972 mit der Novellierung des Bundeswaffengesetzes die Tätigkeit

---

[777] BGH, Beschl. v. 27.01.2004 - 4 ARs 23/03.
[778] Roxin, StV 2003, S. 619 (621); oben 5. Kapitel, A, II, 2.
[779] So auch die anderen Senate, BGH, Beschl. v. 25.03.2004 - 1 ARs 21/03; BGH Beschl. v. 06.02.2004 - 2 ARs 276/03; BGH Beschl. v. 27.01.2004 - 4 ARs 23/03.
[780] BGBl. I, S. 3970.

des Ankaufens aufgenommen und den bis dahin verwendeten Begriff des Erwerbs ersetzt. Im Gegensatz zum Erwerb umfasst das Ankaufen auch den schuldrechtlichen Teil des Handelns, soweit dieser der entgeltlichen Weiterveräußerung dient[781]. Der Senat begründet seine Auffassung, bereits schuldrechtliche Verträge über Betäubungsmittel als vollendetes Handeltreiben zu bewerten, mit dem Argument, Handeltreiben setze seinem Wortlaut nach keinen Warenumsatz, also irgendwie geartete Weitergabe oder Bewegung der Ware, voraus. Es entspreche zudem der Übung, auch den Abschluss eines Vertrags über den Verkauf einer Ware als Handel oder Handeltreiben zu bezeichnen, auch wenn die Ware erst noch produziert oder der Verkäufer sie erst noch beschaffen will, wie dies zunehmend auch im Bereich des Betäubungsmittelhandels zu beobachten sei[782].

Eine Neubestimmung, nach der bereits schuldrechtliche Verträge vollendetes Handeltreiben darstellen sollen, wird kritisiert. *Roxin*[783] meint, das Abstellen auf schuldrechtliche Verträge bringe „keine einleuchtende Abgrenzung von Vollendung, Versuch und Vorbereitung“. Zudem sei ein solches Geschehen von dem eigentlichen Inverkehrbringen, das der Gesetzgeber für gefährlich halte, weit entfernt. Solange das Rauschgift nicht übergeben sei, hätten beide Parteien das Geschehen noch in der Hand und könnten von weiterem jederzeit Abstand nehmen, was den Versuch von der Vollendung gerade unterscheide.

aa) Stellungnahme

Das Abstellen auf den Vertragsabschluss bei der Bewertung, welche Handlung als Handeltreiben zu bewerten ist, ist mit dem Begriff des Handeltreibens nach seinem allgemeinen Sprachgebrauch in Einklang zu bringen. Der Begriff Handel deutet auf einen Geschäftsverkehr[784] hin, der auch Betäubungsmittel zum Gegenstand haben kann. Handeltreiben bedeutet zudem bereits im engeren Sinne etwas kaufen und verkaufen[785]. Der Umsatz hingegen ist erst das Ergebnis des Verkaufs. Im Gegensatz zu bloßen auch ernsthaften Ankaufbemühungen, die nach der bisherigen Be-

781 Hinze, Waffenrecht, § 7 Anm. 10.
782 BGH, Anfragebeschl. v. 10.07.2003 - 3 StR 61/02 u. 243/02 = StV 2003, S. 501 (503).
783 Roxin, Anmerkung zum Anfragebeschluss des BGH v. 10.07.2003, StV 2003, S. 619 (621).
784 So auch BGH, Urt. v. 28.02.1997 - 2 StR 536/96 = JR 1998, S. 254 (255).
785 Hermann, Knaurs großes Wörterbuch der deutschen Sprache, S. 461.

griffsdefinition bereits zur Vollendungsstrafbarkeit ausreichen[786], würde durch das Abstellen auf das Vorliegen eines schuldrechtlichen Vertrages eine Begrenzung der Subjektivität erreicht werden. Denn durch das Abstellen auf den Vertragsabschluss wird vorausgesetzt, dass sich die Vertragsparteien über die Vertragsinhalte einigen, die den Umsatz herbeiführen sollen, und nicht lediglich eine wie auch immer geartete Neigung nach außen tritt, Betäubungsmittel erwerben zu wollen. Durch den Abschluss des Vertrages manifestiert sich beim Erklärenden der Wille in nach außen erkennbarer Weise, den Umsatz mit Betäubungsmitteln herbeiführen zu wollen. Auch wenn es sich bei schuldrechtlichen Verträgen über den Ankauf von Betäubungsmitteln zweifellos um sittenwidrige Verträge handelt, so ist bei den Anforderungen, die an eine Einigung im Sinne des Kaufs gestellt werden müssten, ein Rückgriff auf das zivilrechtliche Vertragsrecht denkbar. Man beschreitet also keine neuen Wege, wenn man auf den Vertragsschluss abstellt. Dadurch können mehrdeutige Handlungen, die (noch) nicht auf einen Vertragsschluss schließen lassen, auf dem Boden bereits bestehender Rechtsprechung von einer umsatzbezogenen Einigung abgegrenzt werden[787].

bb) Erkennbarkeit für den Normadressaten

Grundsätzlich gesehen ist beim Abstellen auf den Vertragsschluss bei der Frage der Strafbarkeit auch für den Normadressaten ohne Schwierigkeiten erkennbar, wann er die Grenze zur Strafbarkeit überschreitet. Im umgangssprachlichen Sinne ist der „Handel" perfekt, wenn eine Einigung über die wesentlichen Vertragsbestandteile (essentialia negotii) wie Kaufgegenstand und Kaufpreis erzielt worden ist. Eine Vollendung des Tatbestandes dort anzunehmen, wo sich die Vertragsparteien mit Bindungswillen und mit ausreichenden Erfolgsaussichten auf Durchführung des objektiv möglichen Geschäftes verpflichten, erscheint nicht als unangemessen vorverlagert. Dies gilt auch für die mittleren und unteren Ebenen des Drogenmarktes, auf denen die Verteilung des Rauschgiftes stattfindet. Verträge sind auch hier einzuhalten bei mitunter empfindlichen (außerjuristischen) Konsequenzen in Folge von Verstößen gegen die Vertragsverpflichtung, so dass auch hier an die Einigung hohe Anforderungen gestellt sind. Insbesondere im Rahmen des internationalen Rauschgifthandels,

[786] Körner, BtMG, § 29 Rn. 321.
[787] Zu den Einschränkungen unten 5. Kapitel, B, I, 1.

bei denen die Beteiligten niemals mit Betäubungsmitteln in Berührung kommen, kommt es für den Großhändler, der über feste Bezugsquellen verfügt, ausschließlich auf die Einigung an. Mit dem Transport der Ware, für die er nicht einmal risikoverpflichtet sein muss, hat der Großhändler oder der Vermittler hingegen wenig oder gar nichts zu tun. Mit Vertragseinigkeit gibt er das Geschehen aus der Hand und bewirkt dadurch die Rechtsgutsgefährdung. Es kann daher nicht ausschließlich auf das Geben und Nehmen, also auf den tatsächlichen Betäubungsmittelumsatz, auf das die „Umsatztheorie" von *Roxin* abstellt, ankommen.

Schließlich ist der schuldrechtliche Vertrag auch die Grundlage für die Bezahlung, woraus sich dessen Strafwürdigkeit ableiten lässt. Zudem werden nicht hinnehmbare Strafbarkeitslücken, die durch den besitzlosen Handel von Zwischenhändlern entstehen könnten, durch das Abstellen auf den Vertragsschluss vermieden. Die Strafwürdigkeit solcher Handlungen wird von niemandem ernsthaft bestritten. Gemessen am Bestimmtheitsgebot führt daher die „Vertragstheorie" im Vergleich zur „Umsatztheorie" zu akzeptablen Ergebnissen, ohne unannehmbare Strafbarkeitslücken entstehen zu lassen[788].

b) „Erwerb"

Das Merkmal des Erwerbes ist in § 29 Abs. 1 Nr. 1 BtMG enthalten. Der Erwerb von Betäubungsmitteln setzt voraus, dass der Täter die eigene tatsächliche Verfügungsgewalt über das Betäubungsmittel auf abgeleitetem Wege erlangt hat. Abgeleiteter Weg bedeutet in diesem Zusammenhang, dass er im einverständlichen Zusammenwirken mit dem Vorbesitzer das Betäubungsmittel durch Rechtsgeschäft erlangt und die Verfügungsgewalt ausüben kann, ohne Rücksicht auf das Eigentum und den Zweck des Erwerbs. Daher kann auch der sogenannte selbständige Kurier bei eigener Verfügungsmacht Erwerber sein[789].

Durch den Erwerb wird der Umsatz mit Betäubungsmitteln unmittelbar bewirkt, so dass keine Bedenken bestehen, bei Vorliegen dieses Definitionsmerkmales Handeltreiben anzunehmen, soweit Eigennützigkeit und Weiterveräußerungsabsicht festgestellt werden.

---

[788] Unten 5. Kapitel, B, III, 3, a).
[789] Körner, BtMG, § 29 Rn. 990.

c) Vermitteln des Erwerbs („vermittelt")

Im Tatbestand des Waffenhandels gemäß der Anlage 1 Abschnitt 2 Nr. 9 zum Waffengesetz vom 11.10.2002[790] ist nicht nur der Erwerb als der Übergang der tatsächlichen Sachherrschaft, sondern auch dessen Vermittlung als strafbare Handlung definiert. Dabei wird das Vermitteln als jede Mitwirkung am Zustandekommen des Erwerbs verstanden. Da das Vermitteln eine abstrakte Tätigkeitsform ist, bedeutet das für den Betäubungsmittelhandel im Rahmen der Tatmodalität „Erwerb", dass es auf einen tatsächlichen Umsatz nicht ankommt. Das Tätigkeit „Vermitteln des Erwerbs" kann als Vermittlung zwischen zwei Personen umschrieben werden, in deren Folge Betäubungsmittel den Besitz(er) wechseln soll. Das Merkmal ist somit geeignet, beim „Vermittler" im Rahmen des Rauschgiftmarktes keine Strafbarkeitslücke entstehen zu lassen, da dieser weder Käufer oder Verkäufer ist noch die tatsächliche Sachherrschaft über die Betäubungsmittel hat. Das Vermitteln des Erwerbs erfüllt damit auch eine wichtige Funktion in einer Neugestaltung der Definition des „Handeltreibens".

d) Sichverschaffen in sonstiger Weise („sich in sonstiger Weise verschafft")

Nach Auffassung des 3. Senats soll auch das eigennützige Sichverschaffen von Betäubungsmitteln in der Absicht, diese gewinnbringend zu veräußern, vollendetes Handeltreiben darstellen. Diese Tatmodalität ist bereits Bestandteil des gesetzlichen Tatbestandes des § 29 Abs. 1 Nr. 1 BtMG und betrifft die Fälle, in denen sich der Täter den Besitz an den Betäubungsmitteln nicht auf abgeleitetem Wege verschafft hat. Während der Erwerber Besitz aufgrund Rechtsgeschäftes erlangt, kann das „Sichverschaffen in sonstiger Weise" z. B. im Wege strafbarer Handlungen wie Diebstahl, Raub oder Erpressung erfolgen. Auch ein Bote kann darunter fallen, soweit er keinen Eigenbesitz begründet[791].

Der Senat weicht mit seinem Vorschlag, das „Sichverschaffen in sonstiger Weise" als Handeltreiben zu bewerten, von der Linie ab, die Auslegung des Begriffs „unter Heranziehung eines Katalogs von typischen Handelstätigkeiten" vorzunehmen. Bis 1992 vertrat er in diesem Zusammenhang die Auffassung, Handeltreiben schließe

[790] BGBl. I, S. 3970.

[791] Körner, BtMG, § 29 Rn. 1051; Weber, BtMG, § 29 Rn. 717.

die Besitzerlangung durch strafbare Handlungen nicht ein[792], da der Diebstahl von Waren nicht dem Tätigkeitsbereich eines Händlers zuzuschreiben ist. Genauso wenig ist es eine „typische Handelstätigkeit". Aber auch der nicht notwendigerweise Eigenbesitz begründende Bote von Betäubungsmitteln verrichtet keine handelstypische Tätigkeit, wenn er ausschließlich eine Postsendung beim Postamt abholt, in der Rauschgift enthalten ist[793]. Die Einführung des Merkmals „Sichverschaffen in sonstiger Weise" sollte die Strafbarkeitslücke schließen[794].

Wie der Senat ausführt, *können* die Begehungsformen des § 29 Abs. 1 Nr. 1 BtMG im Handeltreiben aufgehen, daneben sollen sie aber auch „eine selbständige Bedeutung erhalten"[795]. Das Sichverschaffen in sonstiger Weise mag bei Hinzutreten handelstypischer Umstände, etwa einer weiteren Handlung, durch die die Absicht des Handeltreibens nach außen erkennbar wird, als Teilakt im Handeltreiben aufgehen. Dass das Merkmal aber kein selbständiger Akt des Handeltreibens sein soll, zeigt sich bereits an der gesetzgeberischen Absicht durch Formulierung des Zusatzes „in sonstiger Weise". Die Auffassung, die Tatmodalität „Sichverschaffen in sonstiger Weise" in kongruenter Weise als selbständigen Akt des Handeltreibens anzusehen und zu definieren, ist folglich abzulehnen.

e) Einfuhr und Ausfuhr („einführt", „ausführt")

Auch die Merkmale „einführt" und „ausführt" sind in dem Tatbestand des § 29 Abs. 1 Nr. 1 BtMG ausdrücklich enthalten. Einfuhr bedeutet das Verbringen von Betäubungsmitteln über die deutsche Hoheitsgrenze aus dem Ausland in den Geltungsbereich des Gesetzes, Ausfuhr hingegen das Verbringen aus dem Geltungsbereich des Gesetzes[796]. Auch hier geht der Senat offensichtlich davon aus, mit der Ein- und Ausfuhr von Betäubungsmitteln in der Absicht gewinnbringender Weiterveräußerung einen selbständigen Akt des Handeltreibens zu bezeichnen, wenn er diese Modalitäten in seine Neuinterpretation der Definition aufnimmt. Der Sinn scheint mit Blick auf die besondere Einfuhrproblematik fraglich. Obwohl die Weite der bisherigen Definition über das Handeltreiben in der Rechtsprechung des Bundesgerichthofs regelmäßig zur Folge hat, dass die übrigen Tatmodalitäten des § 29 Abs. 1 Nr. 1 BtMG in

---

[792] BGH, Beschl. v. 04.12.1981 - 3 StR 408/81 = StV1982, S. 169; Oben 3. Kapitel, C, II, 1.
[793] Körner, BtMG, § 29 Rn. 1051.
[794] Oben 3. Kapitel, C, II, 3.
[795] BGH, Anfragebeschl. v. 10.07.2003 - 3 StR 61/02 u. 243/02 = StV 2003, S. 501 (504).
[796] Körner, BtMG, § 29 Rn. 659.

der Tatmodalität Handeltreiben aufgehen, gibt es gerade im Bereich der Einfuhrfälle markante Ausnahmen. Wie auch der Senat betont[797], ist insbesondere die neuere Rechtsprechung dazu übergegangen, Transporttätigkeiten (Bote/Kurier) lediglich als Beihilfe anzusehen, wenn es sich bei den Tatbeiträgen, allgemein gesagt, um untergeordnete Tätigkeiten handelt[798]. Zur Beihilfe bezüglich Handeltreibens gelangen die Senate auf Grundlage der bisherigen Definition aber nur, indem sie die beihilfebegründenden Mitwirkungsweisen nachträglich wieder aus dem Tatbestand ausscheiden lassen, was als Korrektur eines zu weiten Tatbestandes aufgefasst wird[799]. Soweit die Rechtsprechung in diesen Fällen dazu kommt, den Kurier, der das Rauschgift über die Grenze transportiert hat, wegen seines untergeordneten Tatbeitrages lediglich wegen Beihilfe zum unerlaubten Handeltreiben zu verurteilen, so verurteilt sie ihn bezüglich der unerlaubten Einfuhr jedoch stets als *Täter*[800]. Dadurch wird deutlich, dass die unerlaubte Einfuhr nicht lediglich als Teilakt des Handeltreibens angesehen werden kann, sondern durchaus eigenständige Bedeutung innehat, deren Erhalt auch geboten erscheint. Würde man die Ein- und Ausfuhr von Betäubungsmitteln in der Absicht gewinnbringender Weiterveräußerung als einen selbständigen Akt des Handeltreibens bezeichnen, wie es der Senat vorschlägt, hätte das die Konsequenz, dass der Täter der Einfuhr zugleich Täter des Handeltreibens wäre. Ein nachträgliches Einstufen des Tatbeitrages als Beihilfe und Ausscheiden aus dem Tatbestand bei vollständiger eigenhändiger Verwirklichung des Tatbestandes, würde die rechtsdogmatisch zweifelhafte Praxis der nachträglichen „Tatbestandskorrektur"[801] weiter fortschreiben, wozu es keinen Anlass gibt. Zudem wäre fraglich, ob eine Täterschaft wegen Einfuhr im Sinne des § 29 Abs. 1 S. 1 Nr. 1 BtMG überhaupt noch in Frage käme. Denn die Tatmodalität bestünde zweifach, einmal als Definitionsmerkmal des Handeltreibens und einmal im Sinne der Tatbestände der §§ 29 Abs. 1 Nr. 1, 30 Abs. 1 Nr. 4 BtMG. Die Einstufung der Tathandlung im ersten Fall als Beihilfe und im zweiten Fall als Täterschaft würde sich in Widerspruch setzen. Im Sinne der Rechtssicherheit und Rechtsklarheit ist es daher abzulehnen, die unerlaubte Ein- und Ausfuhr von Betäubungsmitteln als selbständiges Definitionsmerkmal

[797] BGH, Anfragebeschl. v. 10.07.2003 - 3 StR 61/02 u. 243/02 = StV 2003, S. 501 (505).
[798] 4. Kapitel, B, III, unter 4.
[799] Roxin, StV 1992, S. 517 (518).
[800] BGH, Beschl. v. 02.07.1998 - 1 StR 280/98 = StV 1998, S. 596; BGH, Beschl. v. 27.04.1999 - 4 StR 94/99 = StV 1999, S. 429.
[801] Roxin, StV 1992, S. 517 (518); 4. Kapitel, B, IV.

des Handeltreibens zu definieren. Eine Strafbarkeitslücke entstünde jedenfalls nicht, da der Täter der Einfuhr das Rauschgiftgeschäft insgesamt fördert und damit bezüglich der Tatmodalität Handeltreiben unproblematisch auch Beihilfe leistet.

f) Vertreiben („feilhält, Bestellungen entgegennimmt oder aufsucht") und Vermitteln des Vertriebs

Die Merkmale „Feilhalten, Bestellungen entgegennehmen oder aufsuchen", die der Senat als weitere Definitionsmerkmale bei der Neubestimmung der Tatmodalität „Handeltreiben" im Betäubungsmittelgesetz aufnehmen möchte, sind gesetzliches Definitionsmerkmal des Waffenhandels gemäß Anlage 1 Abschnitt 2 Nr. 9 zum Waffengesetz vom 11.10.2002[802]. Zusammengefasst bilden sie das Merkmal des Vertreibens („Vertrieb"). Unter Feilhalten versteht das Waffengesetz, dass bestimmte, zum Verkauf bereitgestellte Schusswaffen, sei es auch nur durch Auslage, zum Mitnehmen angeboten werden. Dabei genügt es, dass die Verkäuflichkeit der Waren dem Publikum auf eine den Umständen entsprechende Weise erkennbar gemacht wird[803].

Die Entgegennahme von Bestellungen bezieht sich auf den in der Waffenbranche üblichen Versandhandel. Als „Bestellungen aufsucht" wird dagegen jede Tätigkeit verstanden, die darauf abzielt, von einem anderen einen festen Auftrag zur zukünftigen Lieferung zu erhalten, wozu bereits eine die Bestellung anbahnende Tätigkeit gehört[804].

Das Vermitteln bedeutet in diesem Zusammenhang jede Mitwirkung am Zustandekommen des Vertriebs oder des Überlassens durch Herbeiführung des Abschlusses des obligatorischen Vertrags, durch Nachweis der Gelegenheit zum Vertragsschluss des obligatorischen Vertrages oder Mitteilung eines Angebotes[805]. Wie das Feilhalten, die Entgegennahme oder das Aufsuchen von Bestellungen ist bereits das Vermitteln eine abstrakte Tätigkeitsform, die vom Geben und Nehmen des Tatobjektes „Betäubungsmittel" vollkommen losgelöst ist. Die Tätigkeit ist deswegen abstrakt, da es letztendlich nicht darauf ankommt, ob das vermittelte Geschäft später auch wirklich zustande kommt[806].

---

[802] BGBl. I, S. 3970.
[803] Apel-Lötz, Bundeswaffengesetz, § 5 Rn. 6d; Apel/Bushart, Waffengesetz, § 21 Rn. 29.
[804] BGH, Urteil v. 09.03.1994 - 3 StR 723/93 = BGHSt 40, S. 94 f.
[805] Steindorf, Waffenrecht, § 7 Rn. 15, Apel/Bushart, Waffengesetz, § 21 Rn. 29.
[806] Steindorf, Waffenrecht, § 7 Rn. 15.

aa) Stellungnahme

Die Merkmale „Feilhalten, Bestellungen entgegennehmen oder aufsuchen" können als „handelstypische Tätigkeiten" angesehen werden, da es auch in den Tätigkeitsbereich eines Händlers fällt, seine Ware anzupreisen. Auch hätte die Intention des 3. Senats, einseitige Verkaufsangebote als Vollendungsstrafbarkeit zu bewerten, mit Aufnahme dieser Tatmodalitäten in eine neu zu fassende Definition des „Handeltreibens" sicherlich Erfolg. Dabei stellt der Umstand, dass der 3. Senat bei der Vorverlagerung der Strafbarkeit einseitig Verkaufsbemühungen im Blick hat, hier ein Randproblem dar[807]. An dieser Stelle ist vielmehr fraglich, ob der 3. Senat mit seiner Forderung nicht über das gewünschte Ziel hinausschießt. Für den Betäubungsmittelhandel hätte die Aufnahme der Begriffe „Feilhalten, Bestellungen entgegennehmen oder aufsuchen" in eine Definition des Handeltreibens zunächst in vertretbarer Weise zur Folge, dass es nicht auf einen tatsächlichen Betäubungsmittelumsatz ankommt. Der Senat geht davon aus, dass auch keine Einigung hierüber zwischen zwei Vertragsparteien erforderlich ist, wenn es um den *Verkauf* von Betäubungsmitteln geht. Dies wird durch das Feilhalten, bzw. Bestellungen aufsuchen ermöglicht. Als handelstypische Tätigkeiten würden diese Beschreibungen zwar dem Handeltreiben keine völlig fern liegenden wesensfremden Tätigkeiten als Begriffsinhalt zugrunde legen. Die Frage ist aber, ob sie die Tätigkeit des Handeltreibens nach seinem natürlichen Wortsinn hinreichend konkretisieren als eine Beschreibung, die eine abgeschlossene Handlung beinhaltet.

(1) Feilhalten

Es fiele einem Gewerbetreibenden sicherlich schwer, das Herrichten seiner Auslegware bereits als Handeltreiben zu bezeichnen. Das Feilhalten ist eher eine Tätigkeitsbeschreibung, die den eigentlichen Handel erst vorbereitet[808]. Eine weitere Vorverlagerung der Strafbarkeit wäre durch den gesetzlich geregelten Versuch gegeben. Wie aber soll man sich das versuchte Feilhalten vorstellen?[809] Bereits hier stößt man an die Grenzen des praktisch Vorstellbaren, was durch das Einbeziehen von Vermitt-

[807] Zu den grundsätzlichen Bedenken gegen eine „asymmetrische Differenzierung" oben 5. Kapitel, A, III 1, b), aa).
[808] Roxin, StV 2003, S. 619 (621); Gaede, StraFo 2003, S. 391 (395).
[809] Roxin, StV 2003, S. 619 (621).

lungstätigkeit noch erschwert wird und sich als die versuchte Vermittlung des Feilhaltens einer Ware darstellen würde. Dies scheint bei neutraler Betrachtung eher eine Formel für den Bereich strafloser Vorbereitung zu sein, wollte man dem Bestimmtheitsgebot Rechnung tragen. Auch aus Strafbarkeitsgesichtspunkten gibt es keinen Anlass, das „Feilhalten" als ein Merkmal des Handeltreibens anzusehen. Der Gesetzgeber hat in § 29 Abs. 1 Nr. 8 BtMG das missbräuchliche Werben für Betäubungsmittel unter Strafe gestellt, worunter jede auf Absatzförderung abzielende Ankündigung oder Anpreisung an einen unbestimmten Kundenkreis zu verstehen ist[810]. Es fällt schwer, nach dem Wortsinn einen Unterschied zwischen Feilhalten und Werben herauszustellen, ist das Feilhalten doch ein Bestandteil des Werbens. Zwar war in den Opiumgesetzen von 1920[811] und 1929[812] der Begriff des Feilhaltens („feilhält") als strafwürdiges Verhalten im Zusammenhang mit unerlaubtem Umgang mit Betäubungsmitteln neben der Tatmodalität Handeltreiben enthalten. Seinerzeit fand der Umsatz von Betäubungsmitteln überwiegend in institutionalisierten Bereichen statt (Apotheken, Drogerien). Das „Feilhalten" dürfte beim Rauschgifthandel in heutiger Zeit daher weniger eine Rolle spielen. Zudem war das „Vermitteln" des Feilhaltens im Opiumgesetz nicht strafbewehrt. Der Bundesgesetzgeber sah offensichtlich keinen Anlass, den Begriff des „Feilhaltens" aus dem Opiumgesetz in das Betäubungsmittelgesetz von 1972[813] zu übernehmen. Er hat diesen Begriff auch nicht mehr in das Arzneimittelgesetz[814] von 1976 übernommen[815]. Der 3. Senat hat im Übrigen das Waffengesetz aus dem Jahre 2002[816] im Blick gehabt, indem er die mit dem Waffengesetz identische Formulierung wiedergibt. Dabei bestehen zwischen den Besonderheiten des Rauschgifts und des Waffenhandels einige Unterschiede, die den Gesetzeswortlaut des Waffengesetzes erst ausmachen. Denn im Gegensatz zum legalen Rauschgifthandel, zu dem nur ein relativ kleiner Personenkreis berufsbedingt Zugang hat, ist der Waffenhandel insgesamt offener und zugänglicher und durch vielfältige legale Vertriebswege wie Katalogversand oder Waffenmessen bestimmt. Beim Waffenhandel kommt es zudem mehr auf das äußere Erscheinungsbild der Ware an, das der Verkäufer präsentiert, indem er die Waffen „feilhält". Anders ist die Situation

810 Körner, BtMG, § 29 Rn. 1332.
811 Vom 30. Dezember 1920, RGBl. 1921, S. 2.
812 Vom 10. Dezember 1929, RGBl. I S. 215.
813 BtMG v. 22. 12.1971, BGBl. I, S. 2092.
814 Arzneimittelgesetz in der Fassung der Bekanntmachung vom 11.12.1998 BGBl. I, S. 3586.
815 Körner, BtMG, § 29 Rn. 197.
816 BGBl. I, S. 3970.

beim Rauschgifthandel, bei dem nur wenige Personen über eine Erlaubnis verfügen und der im Bereich der Illegalität damit überwiegend konspirativ stattfindet. Aber auch in Fällen legalen Betäubungsmittelhandels werden die Betäubungsmittel eher „beworben“ als „feilgehalten“, da es im Gegensatz zu Waffen auf das äußere Erscheinungsbild bei Drogen schließlich nicht ankommt. Das Merkmal „Feilhalten“ und dessen Vermittlung aus dem Waffengesetz in die Definition des Handeltreibens von Betäubungsmitteln zu übernehmen, erscheint daher abgesehen von der unzureichenden Bestimmtheit auch in seinem Regelungsgehalt unpassend.

(2) Bestellungen aufsuchen

Problembehaftet ist auch der Begriffsinhalt der Modalität „Bestellungen aufsuchen“, bei der auch Versuch der Vermittlung strafbar wäre.
Wie kann bereits die Suche nach Bestellungen Vollendung bedeuten, obwohl möglicherweise ein Interessent weit und breit nicht vorhanden ist? Wie beim Feilhalten würde auch durch Einfügung dieses Tätigkeitsmerkmales in eine Begriffsdefinition des „Handeltreibens“ eine Abgrenzung zwischen Vorbereitung, Versuch und Vollendung kaum mehr möglich sein und auch der Beihilfe wiederum keinen Raum mehr lassen. Der Begriff „Handeltreiben“ bliebe konturlos.
Die Tathandlungen des „Bestellungen Aufsuchens“ hat der Gesetzgeber im Übrigen bereits geregelt, indem er in § 29 Abs. 1 S. 1 Nr. 10 BtMG einen Tatbestand geschaffen hat, der das Verschaffen einer Gelegenheit zum unerlaubten Erwerb oder Abgabe von Betäubungsmitteln und die eigennützige Mitteilung einer Gelegenheit zum unbefugten Erwerb oder zur unbefugten Abgabe von Betäubungsmitteln unter Strafe stellt. Als Auffangtatbestand[817] stellt § 29 Abs. 1 S. 1 Nr. 10 BtMG jegliche Förderung von Verstößen gegen das Betäubungsmittelgesetz unter Strafe, wobei der Gesetzgeber diese Vorschrift mit Blick auf die Bestimmtheit wohlweislich aus der Versuchsstrafbarkeit ausgelassen hat.

bb) Ergebnis

Die Aufnahme der Merkmale „Feilhalten, Bestellungen entgegennehmen oder aufsuchen“ in eine Definition des „Handeltreibens“ ist abzulehnen, da dadurch bereits

[817] Körner, BtMG, § 29 Rn. 1365.

Handlungen im Vorbereitungsstadium erfasst werden und die Bestimmtheit der Tathandlung insgesamt verloren ginge. Der Umstand, dass die einseitige ernsthafte Abgabe von Verkaufsangeboten lediglich Versuchsstrafbarkeit zur Folge hätte, würde man auf den Vertragsschluss abstellen (Vertragstheorie), ist demgegenüber hinnehmbar.

g) Veräußern („veräußert")

Veräußerung ist die rechtsgeschäftliche, entgeltliche Übereignung eines Betäubungsmittels unter Einräumung der Verfügungsgewalt.
Beim Veräußern handelt es sich unstreitig um eine „handelstypische Tätigkeit", die sich im gesetzlichen Tatbestand des § 29 Abs. 1 Nr. 1 BtMG befindet. Die Aufnahme des Merkmals „Veräußern" als selbständiges Definitionsmerkmal des Handeltreibens wirft keine Probleme auf.

h) Anderen überlassen („anderen überlässt")

Auch das durch den Senat herangezogene Merkmal „Überlassen" entspricht der Begriffsbestimmung zum Waffenhandel in Anlage 1 Abschnitt 2 Nr. 3 zum Waffengesetz vom 11.10.2002[818].
Danach „überlässt einen Gegenstand", „wer die tatsächliche Gewalt darüber einem anderen einräumt". Nach der Anlage 1 Abschnitt 2 Nr. 9 WaffG wird das „Überlassen" erst dann ein Definitionsmerkmal des Waffenhandels, wenn es einem anderen gegenüber gewerbsmäßig oder selbständig im Rahmen einer wirtschaftlichen Unternehmung erfolgt.
Nach Auffassung des Senats soll die Definition des Handeltreibens im Betäubungsmittelgesetz auf Fälle des tatsächlichen Überlassens „etwa zur Anwerbung künftiger Abnehmer" erweitert werden[819]. Im Gegenzug zur Aufnahme des „Überlassens" in seinen Katalog verzichtet der Senat auf das in § 29 Abs. 1 S. 1 Nr. 1 BtMG aufgeführte Merkmal der „Abgabe". Der Senat begründet den Verzicht damit, dass der Begriff des „Überlassens" weiter als der Begriff der „Abgabe" zu verstehen sei.

---

[818] BGBl. I, S. 3970.
[819] BGH, Anfragebeschl. v. 10.07.2003 - 3 StR 61/02 u. 243/02 = StV 2003, S. 501 (504).

Wie bei der „Abgabe" setzt das „Überlassen" zunächst voraus, dass der Überlassende zum Zeitpunkt des Überlassens eine eigene tatsächliche Verfügungsgewalt innehat. Im Gegensatz zur „Abgabe" und dem „Veräußern" verlangt das „Überlassen" aber keine Übertragung an den Empfänger. Ein Überlassen ist bereits dann anzunehmen, wenn der Überlassende einer anderen Person die Möglichkeit einräumt, über einen Gegenstand nach eigener Entschließung zu verfügen. Das Überlassen im Waffengesetz setzt auch nicht voraus, dass der Überlassende selbst die tatsächliche Gewalt aufgibt. Es können daher auch „mehrere gleichzeitig die tatsächliche Gewalt über die Waffe ausüben"[820]. Das Merkmal ist damit weiter als die „Abgabe" oder „Veräußerung" von der Rechtsgutsgefährdung beim Konsumenten entfernt.
Im Waffengesetz soll die Vorschrift verhindern, dass Waffen in die Hände von unzuverlässigen Personen gelangen oder sich andere Personen selbständig der Waffe bedienen können (z. B. Eheleute in gemeinsamer Wohnung)[821]. Die typische Situation im Umgang mit Waffen begründet einen Regelungsbedarf darüber, wer die tatsächliche Gewalt über eine Waffe einem anderen „einräumt" und damit „überlässt". Beim Handeltreiben im Betäubungsmittelgesetz geht es hingegen nicht darum, den Umsatz von Drogen als Folge unachtsamer Aufbewahrung zu verhindern.
Eine Drogendosis ist anders als eine Waffe kein Gebrauchsgegenstand, dessen Gebrauch sich verschiedene Personen zu verschiedenen Zeiten über eine längere Dauer teilen könnten. Eine Drogendosis ist ein Verbrauchsgut, das nach dem Konsum nicht mehr existiert. Dies hat auch der Gesetzgeber im Blick gehabt, als er in den Vorschriften der §§ 29 Abs. 1 S. 1 Nr. 6 b, 29 a Abs. 1 Nr. 1 und 30 Abs. 1 Nr. 3 BtMG die Tatmodalität in Form des „Überlassens zum unmittelbaren Verbrauch" speziell geregelt hat. Obwohl die Tatmodalität unmittelbar auf das Rechtsgut der Gesundheit bezogen ist („Verbrauch") und auch hier die Gefahr des Anwerbens künftiger Abnehmer besteht, wird es zu Recht nicht als Teilakt des Handeltreibens angesehen, was auch durch die gesetzliche Anordnung verdeutlicht wird.
Die Übernahme des „Überlassens" aus dem Waffengesetz würde aber nicht nur für das Handeltreiben im Betäubungsmittelgesetz keinen praktischen Sinn machen. Dem Erfordernis einer Pönalisierung der Anwerbung künftiger Abnehmer durch Überlassen von Drogen zum unmittelbaren Verbrauch wird die gegenwärtige Rechtslage

820 Steindorf, Waffenrecht, § 4 Rn. 13.
821 BVerwG, Urt. v. 06.12.1978 - 1 C 94/76 = NJW 1979, S. 1564.

auch im Strafmaß durch die Verbrechenstatbestände der §§ 30 Abs. 1 Nr. 3, 29 a Abs. 1 Nr. 1 BtMG und dem Vergehenstatbestand des § 29 Abs. 1 S. 1 Nr. 6 b BtMG gerecht. Soweit ein Übergang der Sachherrschaft nicht geringer Mengen von Betäubungsmitteln stattfindet, greift der Verbrechenstatbestand des in § 29 a Abs. 1 Nr. 2 BtMG geregelten Merkmals „Abgabe", der als Teilakt im Handeltreiben aufgeht. Es gibt daher weder situationsbedingt noch von der Rechtsfolge her einen Grund, das Merkmal „Überlassen" als Akt des Handeltreibens zu definieren.

Danach spricht insgesamt mehr dafür, auf die Übernahme des mit anderer Zielrichtung versehenen und zudem vage und weit gefassten Begriffs „Überlassen" aus dem Waffengesetz in das Handeltreiben mit Betäubungsmitteln zu verzichten. Es hätte zur Folge, das Definitionsproblem beim Handeltreiben zu verschärfen. Es geht schließlich darum, durch eine gefestigte Begriffsdefinition den Tatbestand zu umgrenzen und nicht die Uferlosigkeit zu begünstigen. Dem nach Auffassung des Senats bestehenden „Erfordernis einer einschränkenden Auslegung" könnte das Merkmal des Überlassens kaum entsprechen, sondern wäre kontraproduktiv und ist daher abzulehnen.

aa) Vermitteln des Überlassens („Überlassen vermittelt")

Nach der aktuellen Form des Waffengesetzes ist auch das Vermitteln des Überlassens strafbar. Da bereits die Aufnahme des Begriffs „Überlassen" keinen praktischen Sinn hat, kommt das Vermitteln des Überlassens als Definitionsmerkmal folglich auch nicht in Betracht.

bb) Die Konsequenz für das Merkmal „Abgabe"

Nachdem eine Übernahme des Merkmals „Überlassen" aus dem Waffengesetz abzulehnen ist, ergibt sich das Erfordernis, Umsatzgeschäfte ohne rechtsgeschäftliche Grundlage als ein Definitionsmerkmal des Handeltreibens im Betäubungsmittelgesetz anzuerkennen. Das Fehlen der rechtsgeschäftlichen Grundlage spricht dem Merkmal „Abgabe" nicht die Eigenschaft ab, „handelstypisch" zu sein. Das Anwerben künftiger Abnehmer ist eine typische Händlertätigkeit, in deren Verlauf auch Betäubungsmittelproben zur Qualitätsprüfung abgegeben werden, um die Grundlagen für eine spätere

Einigung über den Erwerb zu schaffen. Da durch den Umsatz in Form der Übertragung der tatsächlichen Sachherrschaft Betäubungsmittel auf dem Weg zum Rechtsgutsträger wesentlich näher gebracht werden, handelt es sich um einen wichtigen Teilakt in der Gefährdung des geschützten Rechtsgutes.

i) Inverkehrbringen („sonst in den Verkehr bringt")

Auch der Begriff des „Inverkehrbringens" ist im Tatbestand des § 29 Abs. 1 Nr. 1 BtMG enthalten. Der Begriff umfasst jedes wie auch immer geartete Eröffnen der Möglichkeit, dass ein anderer die tatsächliche Verfügung über den Stoff erlangt und ihn nach eigener Entschließung verwenden kann[822]. Zusammengefasst bedeutet dies jede Verursachung eines Wechsels der Verfügungsgewalt über die Betäubungsmittel durch einen anderen[823]. Da das Merkmal darauf zielt, den Wechsel der Verfügungsgewalt von Betäubungsmitteln zu verhindern, betrifft es zumindest mittelbar das Schutzgut der Gesundheit, woraus sich die Strafwürdigkeit ableitet. Als typische Beispiele werden Fälle von Dereliktion[824] genannt, wie das Wegwerfen von Betäubungsmitteln mit anschließender Aneignung durch Dritte oder ein sonstiger nachlässiger Umgang mit Betäubungsmitteln, der die Gefahr begründet, dass Dritten eine Zueignung von Betäubungsmitteln ermöglicht wird[825]. Diese Fälle werden sich allerdings kaum in die Kategorie der „typischen Handelstätigkeiten"[826] einordnen lassen und werden es auch nicht durch den Zusatz der eigennützigen Umsatzförderung, da dies bereits praktisch nicht vorstellbar ist. Das unerlaubte sonstige Inverkehrbringen von Betäubungsmitteln ist somit keine handelsspezifische Tätigkeit[827], sondern dient als Auffangtatbestand gerade für diejenigen Fälle, die nicht von Handeltreiben oder den anderen im Gesetz aufgeführten Tatmodalitäten umfasst werden[828]. Es wäre daher widersprüchlich, ausgerechnet das „Inverkehrbringen in sonstiger Weise" als eigenständiges Definitionsmerkmal des Handeltreibens zu erheben. Da das „Inverkehrbringen in sonstiger Weise" Bestandteil des gesetzlichen Tatbestandes ist, entstehen keine Strafbarkeitslücken, so dass eine Übernahme in die Definition des Handeltreibens abzulehnen ist.

---

[822] Weber, BtMG, § 29 Rn. 674.
[823] Körner, BtMG, § 29 Rn. 959.
[824] Körner, BtMG, § 29 Rn. 963.
[825] Weber, BtMG, § 29 Rn. 684.
[826] BGH, Anfragebeschl. v. 10.07.2003 - 3 StR 61/02 u. 243/02 = StV 2003, S. 501 (504).
[827] Gaede, StraFo 2003, S. 391 (395).
[828] Körner, BtMG, § 29 Rn. 959.

j) Subjektive Tatseite, die Umsatzförderungsabsicht („Absicht, ihren Umsatz zu ermöglichen oder zu fördern")

Neu in dem Definitionsvorschlag des 3. Senats ist die Einfügung eines Absichtsmerkmals, das auf das Merkmal „Umsatz" bezogen ist. Ein Absichtsmerkmal ist weder in § 29 Abs. 1 S. 1 Nr. 1 BtMG noch in der gesetzlichen Definition des Waffenhandels in Anlage 1 Abschnitt 2 Nr. 9 zum Waffengesetz vom 11.10.2002[829] enthalten. Im Gegensatz zum Vorsatz, der bei billigender Inkaufnahme des tatbestandlichen Erfolges anzunehmen ist, muss es dem Täter bei absichtsbezogenen Merkmalen auf deren Erfüllung gerade ankommen. Erforderlich für die Täterschaft des neudefinierten Begriffs „Handeltreiben" wäre demnach, dass der Beteiligte seine Tätigkeit im Rahmen eines Drogenhandels vornimmt, *um* damit den Umsatz von Betäubungsmitteln zu erreichen.

Die Einfügung eines solchen Absichtsmerkmals erscheint konsequent. Denn der Umsatz (nicht beim Erwerb zum Eigenkonsum!) bringt das Betäubungsmittel dem (Fremd-) Konsumenten näher, auf den das Rechtsgut zielt. Zwar heißt das nicht, dass deswegen nur der Umsatz strafwürdig wäre. Wie ausgeführt, würden unannehmbare Strafbarkeitslücken (beim Großhändler) entstehen, stellte man ausschließlich auf den Umsatz ab. Der Umsatz bleibt dennoch zentrales Merkmal des Handeltreibens. Durch Einfügung eines Absichtsmerkmals in Bezug auf den Umsatz erfährt das „Handeltreiben" eine Begrenzung im subjektiven Bereich. Tätigkeiten, die nach der Vorstellung des Beteiligten lediglich im weitesten Sinne auf den Umsatz von Betäubungsmitteln gerichtet sind (wie z. B. das Beschaffen eines Mobiltelefons), werden ausgeschlossen. Für eine Tatbestandsvollendung wäre ein Umsatz als fernliegendes „Endziel"[830] nicht mehr ausreichend. Gleiches gilt für dem eigentlichen Umsatz von Betäubungsmitteln weit vorgelagerte oder nachgelagerte Tätigkeiten, wie das Einsammeln von Geld für den Rauschgiftkurier (des bereits zur Tatzeit sichergestellten Rauschgiftes)[831]. Das Merkmal ist damit geeignet, vom eigentlichen Umsatz entfernte Tätigkeiten, die den Umsatz lediglich fördern oder unterstützen, vom eigentlichen „Handeltreiben" auszunehmen. Wie durch die Beschränkung auf handelstypische Tätigkeiten der objektive Bereich eingegrenzt wird, wird durch das Einfordern einer „Umsatzabsicht" die Erhöhung der Anforderungen im voluntativen Bereich er-

---

[829] BGBl. I, S. 3970.
[830] BGH, Urt. v. 23.08.1989 - 3 StR 120/89 = BGHR BtMG § 29 Abs. 1 Nr. 1 Handeltreiben Nr. 18; 4. Kapitel, A, II, 2, c).
[831] BGH, Urt. v. 20.08.1991 - 1 StR 273/91 = StV 1992; 4. Kapitel, A, II, 1, b).

zielt und damit der Tatbestand insgesamt eingeschränkt. Der bisherigen Tendenz einer Einheitstäterschaft wird wirksam entgegengetreten.

3. Stellungnahmen der übrigen Senate des Bundesgerichtshofs

Obwohl die Senate die weitläufige Problematik der Definition des Handeltreibens im Betäubungsmittelgesetz als jede eigennützige, auf Umsatz gerichtete Tätigkeit einräumen, lehnen sie eine Änderung der Rechtsprechung in diesem Bereich mit Ausnahme des 4. Strafsenats geschlossen ab. Der 4. Senat stimmt zwar nach dem Tenor des Anfragebeschlusses der beabsichtigten Entscheidung des 3. Senats unter Aufgabe seiner eigenen Rechtsprechung zu[832]. Im Rahmen der Gründe entwickelt der 4. Senat allerdings eine eigene Definition[833] des Handeltreibens im Sinne einer „Einigungslösung“[834].
Kurioserweise gelangt der 4. Senat mit dem eigenen Definitionsvorschlag in einem Fall[835] des Anfragebeschlusses zu einem anderen Ergebnis (Vollendungsstrafbarkeit) als dem des anfragenden Senats, der hierbei Straflosigkeit annimmt. Wie der 1., 2. und 5. Senat, die an der bisherigen Rechtsprechung festhalten wollen[836], lehnt auch der 4. Senat in seinem Vorschlag zumindest die vom 3. Senat vorgeschlagene „asymmetrische Differenzierung zwischen Kauf- und Verkaufsbemühungen“[837] ab.
Konsequenterweise fasst der 4. Senat in der von ihm vorgeschlagenen Begriffsdefinition diejenigen Definitionsmerkmale sowohl im Verpflichtungs- als auch im Erfüllungsgeschäft zwischen Käufer und Verkäufer als „Einigung über ihre Lieferung“ zusammen. Die reine Vermittlungstätigkeit bleibt bei dem Definitionsvorschlag allerdings unberücksichtigt, da der Vermittler kein Vertragspartner des eigentlichen Rauschgiftgeschäftes im Sinne einer „Einigung“ ist. Auch würde die „Abgabe“[838] von Betäubungsmitteln nicht erfasst.
Einhellig lehnen alle Senate in ihren Beschlüssen den Rückgriff auf einen Katalog „handelstypischer Tätigkeiten“ ab. Bereits wegen der zu erwartenden „Beweisschwie-

---

832 BGH, Beschl. v. 27.01.2004 - 4 ARs 23/03.
833 1. Kapitel, B, II, 4.
834 Das Konzept wird von Roxin als „Vertragstheorie“ bezeichnet, StV 2003, S. 619 (620).
835 Im Fall I. 1.a) des Anfragebeschlusses; vgl. auch unten 5. Kapitel, B, IV, 1, a), aa).
836 BGH, Beschl. v. 25.03.2004 - 1 ARs 21/03; BGH, Beschl. v. 06.02.2004 - 2 ARs 276/03 = StraFo 2004, S. 251; BGH Beschl. v. 22.01.2004 - 5 ARs 46/03.
837 Dazu oben 5. Kapitel, A, III, 1, b), bb).
838 Dazu oben 5. Kapitel. A, III, 2, h), bb).

rigkeiten"[839] seien vertragsrechtliche und kaufmännische Begriffe in dem durch subversives Handeln geprägten Bereich der Rauschgiftkriminalität bereits „verfahrenspraktisch ungeeignet"[840]. Der 2. Senat kritisiert, dass dieser Weg nur zu einer neuen Typisierungskasuistik führen werde, ohne dass damit ein einheitliches Kriterium zur Eingrenzung des Begriffs des Handeltreibens gefunden werde[841].

Der 5. Senat ist schließlich der Auffassung, der Wortsinn des Begriffs „Handeltreiben" lege „eine weite Auslegung nahe". „Handeltreiben" sei nämlich gar „kein Handel".

Dies erstaunt vor dem praktischen Hintergrund, den der Senat selbst als „Kriminalitätsbereich des kommerziellen Umgangs mit Betäubungsmitteln" bezeichnet. Zudem ist in diesem Zusammenhang allgemein von Drogenmärkten[842] die Rede, deren ökonomisches Verhalten längst Gegenstand kriminologischer Untersuchungen geworden ist[843]. Schließlich sind auch bei Auslegungsfragen wirtschaftliche Kriterien anerkannt[844], die bereits auf einen „Handel" im eigentlichen Sinne schließen lassen.

Der 4. Senat sieht bei Heranziehung eines Katalogs handelstypischer Tätigkeiten Probleme im Bereich von Vermittlungstätigkeiten und bei den sog. Kurierfällen. Die bloße Vermittlung des Erwerbes von Drogen entspräche „nach allgemeinem Verständnis der Tätigkeit eines Maklers und nicht der eines Händlers". In den Fällen, in denen „Rauschgift von einem an dessen späteren Vertrieb nicht beteiligten Dritten gegen Zahlung eines Kurierlohnes in das Inland eingeführt" wird, läge „eher eine „transporteur-" als „handels-" typische Tätigkeit vor".

Dem ist allerdings entgegen zu halten, dass selbst nach dem engen („ehrbaren"[845]) Kaufmannsbegriff des Handelsgesetzbuchs[846] (HGB) ein Handelsgewerbe gegeben ist, wenn die ausgeführte Tätigkeit Speditionsgeschäfte (§ 407 HGB) oder die Geschäfte der Handelsmakler (§ 93 HGB) zum Gegenstand hat (früher „Musskaufmann" §§ 1 Abs. 2 Nr. 6 u. 7 HGB a. F.[847]). Kurier- und Vermittlungstätigkeiten sind daher keineswegs „handels-untypisch", dass sie sich nicht auch unter den ohnehin weiter

[839] BGH, Beschl. v. 22.01.2004 - 5 ARs 46/03.
[840] BGH, Beschl. v. 25.03.2004 - 1 ARs 21/03; vgl. hierzu aber 5. Kapitel, B, III, 4.
[841] BGH, Beschl. v. 06.02.2004 - 2 ARs 276/03 = StraFo 2004, S. 251 im Anschluss an Gaede, StaFo 2003, S. 391 (395); vgl. aber 5. Kapitel, B, III, 2.
[842] Hanssen, Trennung der Märkte, S. 17.
[843] Nestler in: Kreuzer, Handbuch des Betäubungsmittelstrafrechts, § 11 Rn. 290 f.
[844] Vgl. 4. Kapitel, B, III, 5.
[845] Körner, BtMG, § 29 Rn. 197.
[846] Zuletzt geändert durch Gesetz vom 10.07.2002 (BGBl. I, S. 2681).
[847] Vom 10. Mai 1897 RGBl. S. 219, in der Fassung des Gesetzes vom 06.08.1953 (BGBl. I, S. 771).

gefassten Begriff des Handeltreibens im Betäubungsmittelgesetz subsumieren ließen[848].

Durchschlagend ist die Argumentation des 2. und des 4. Senats, die jeweils bezweifeln, ob der vorgeschlagene Katalog die angestrebte sachgerechte Abgrenzung von Vorbereitung, Versuch und Vollendung erlaube. So seien insbesondere die vorgeschlagenen Tätigkeiten wie „Feilhält", „Bestellungen aufsucht" und auch „sonst in den Verkehr bringt" begründungsbedürftig[849].

B. Neuinterpretation der Definition

Nach der vorgenommenen Prüfung der Leistungsfähigkeit der durch den 3. Senat vorgeschlagenen Definitionsmerkmale haben sich einige Merkmale als geeignet, andere als eher ungeeignet erwiesen.

I. Die Einigung

Nach der oben vorgenommenen Bewertung stellt der in Weiterveräußerungsabsicht vorgenommene Abschluss eines schuldrechtlichen Vertrages über den Erwerb oder die Veräußerung von Betäubungsmitteln einen Unterfall des „Handeltreibens" dar. Eine „asymmetrische Differenzierung" der Tatvollendung zwischen Ankaufs- und Verkaufsbemühungen, wie sie der 3. Strafsenat vorschlägt, ist abzulehnen[850]. Abzulehnen ist daher auch eine Vorverlagerung der Strafbarkeit in den Bereich der Vorbereitung bei *Verkaufs*bemühungen durch die Aufnahme des Merkmals „Vertrieb" sowie dessen „Vermittlung". Es erscheint daher sinnvoll, an dieser Stelle durch Einfügung des Merkmals „Verkauf" in einer Neubestimmung der Definition deutlich zu machen, dass auch die Verkaufstätigkeit in der Form des Abschlusses eines (schuldrechtlichen) Kaufvertrages auf Verkäuferseite vollendetes Handeltreiben darstellt. Stellvertretungen, durch deren wirksame Vornahme die Rechtsfolgen des Vertrages nur gegen den Vertretenen gelten, hätten auf die Strafbarkeit im Rahmen des Handeltreibens freilich keine Relevanz, da dies im Zivilrecht dazu dienen soll, den an sich gewünschten Handel zu fördern, was im strafbaren Handeltreiben im Betäubungsmittelgesetz keine Rolle spielt. Der Begriff des Verkäufers ist daher weit aufzufassen und

---

[848] Vgl. auch 5. Kapitel, B, II; Körner, BtMG, § 29 Rn. 241.
[849] Dazu oben 5. Kapitel, A, III, 2, f, aa).
[850] 5. Kapitel, A, III, 1, b), bb).

trifft auch auf denjenigen zu, der das Rauschgift für einen anderen kauft oder verkauft. Insoweit entspricht dies auch der bisherigen Linie in der Rechtsprechung, dass auch die Förderung fremder Geschäfte Handeltreiben darstellt. Der Bereich der Beihilfe bleibt den am Geschäft Beteiligten vorbehalten, die keine Vertragspartner sind. Da die Strafbarkeit des schuldrechtlichen Vertrages auf die Verhinderung des Umsatzes von Betäubungsmitteln zielt, wäre letztlich auch der Begriff des Kaufs bzw. Verkaufs anders als im Zivilrecht weiter zu verstehen. Wie bisher würden auch gemischte Kaufverträge[851], Kommissionsgeschäfte[852], Dreiecksgeschäfte, bei denen anstelle des Kaufpreises eine Verrechnung mit anderen Drogen stattfinden[853], Tauschverträge[854] und Umtauschgeschäfte[855] unter den Begriff des Kaufs fallen.

1. Einschränkung im objektiven Bereich

Zwar sind schuldrechtliche Verträge zwischen Käufer und Verkäufer oder Zwischenhändler in der Absicht, den weiteren Umsatz der Betäubungsmittel vorzunehmen, auch als klassische Handelstätigkeiten anzusehen. Doch sind auch diese vom gefährlicheren Umsatz relativ weit entfernt. Die Anforderungen an eine „Einigung" wären daher einer dem Betäubungsmittelgesetz spezifischen Auslegung anzupassen, die im Hinblick auf den Rechtsgüterschutz und dem Gebot verhältnismäßiger Abstufung staatlichen Strafens Rechnung trägt: Da Betäubungsmittel nicht frei verfügbar sind und dadurch bedingt im Gegensatz zum Handel mit erlaubnisfreien Gütern nur beschränkte Zugangsmöglichkeiten vorhanden sind, könnte man fordern, bei einer Einigung in den Fällen, in denen der Verkäufer nicht bereits im Besitz der Betäubungsmittel ist, Tatbestandsvollendung nur dann anzunehmen, *wenn der Verkäufer eine gesicherte Lieferquelle hat.* Denn nur dann wäre das für das betroffene Rechtsgut schädlichere Übertragungsgeschäft, welches durch die Einigung herbeigeführt werden soll, hinreichend konkretisiert und hätte bei demjenigen, der Kaufbemühungen entfaltet, Vollendungsstrafbarkeit zur Folge. Dies entspricht auch der früheren Rechtsprechung des 3. Strafsenats, der im Rahmen besitzloser *Verkaufs*bemühungen für die Überschreitung der Strafbarkeitsgrenze forderte, dass dem potentiellen Verkäufer das Betäubungsmittel selbst „ernsthaft angeboten" worden sein muss und

---

[851] Körner, BtMG, § 29 Rn. 268.
[852] Körner, BtMG, § 29 Rn. 264.
[853] Körner, BtMG, § 29 Rn. 267.
[854] Körner, BtMG, § 29 Rn. 272.
[855] Körner, BtMG, § 29 Rn. 271.

ihm „für einen bestimmten Preis wirklich zur Verfügung" steht[856]. Es könnte im Rahmen der Einigung auch der Forderung in der Literatur Rechnung getragen werden, keine Vollendungsstrafbarkeit dort anzunehmen, wo sich der zum weiteren Absatz entschlossene (potentielle) Käufer vergeblich bemüht, von einem anderen Händler Betäubungsmittel zu erwerben[857]. Auch Fälle anfänglich (subjektiver und objektiver) Unmöglichkeit beziehungsweise Scheinangebote wären demnach nicht geeignet, eine Einigung im Sinne einer Tatvollendung herbeizuführen, was gleichwohl der bisherigen Linie des Bundesgerichtshofs entspricht, *Scheinangebote* auf Seiten des Anbietenden nicht unter den Tatbestand des Handeltreibens fallen zu lassen[858], sondern allenfalls als Betrug anzusehen[859]. Das Angebot einer Flasche Kochsalz zum Kauf in dem irrigen Glauben des Verkäufers, es handele sich um Kokain, würde dann nicht mehr wie bisher vollendetes Handeltreiben[860], sondern allenfalls einen untauglichen Versuch[861] auch in demjenigen Falle darstellen, wenn der andere das Angebot annimmt[862]. Damit wäre der erforderlichen Ausrichtung auf den *Umsatz* des Rauschgiftes genügend Rechnung getragen, der im Sinne einer Vollendungsstrafbarkeit geeignet ist, die als Strafgrund notwendige Rechtsgutsgefährdung auszulösen. Diese Grundsätze über die Voraussetzung einer schuldrechtlichen Einigung würden dann auch für den Ankauf von Betäubungsmitteln gelten.

2. Angebot und Annahme

Auch Drogenverkaufsangebote begründen für sich genommen keine Vollendungsstrafbarkeit für das Handeltreiben, da diese erst von dem Käufer angenommen werden müssten. Die Anfrage bei möglichen Käufern durch ein ernsthaftes und verbindliches Verkaufsangebot mit konkreten Konditionen an eine bestimmte Adresse beinhaltet als konkrete Verkaufsbemühung bereits die Überschreitung des Stadiums bloßer Vorbereitung und ist damit ein Verkaufsangebot im Sinne des Handeltreibens. Ist das Angebot so konkret ausgestaltet, dass der Erwerber die Vertragsbedingungen (Menge, Kaufpreis) nur noch mit „ja" bestätigen muss, ist der Versuch beendet. Der

[856] BGH, Urteil v. 25.10.1989 - 3 StR 313/89 = BGHR BtMG § 29 Abs. 1 Nr. 1 Handeltreiben 19.
[857] Endriß/Malek, Betäubungsmittelstrafrecht, Rn. 190.
[858] BGH, Urt. v. 08.10.1987 - 2 StR 437/87 = BGHR BtMG § 29 Abs. 1 Nr. 1 Handeltreiben 5.
[859] BGH, Beschl. v. 25.03.2003 - 1 StR 9/03 = StV 2003, S. 618.
[860] BGH, Urt. v. 01.07.1954 - 3 StR 657/53 = NJW 1954, S. 1537; oben 1. Kapitel, B, II, 2, a), aa).
[861] So auch Krack, JuS 1995, S. 585 (586).
[862] A.A.: BGH, Beschl. v. 06.11.1991 - 3 StR 406/91 BGHR = BtMG § 29 Abs. 1 Nr. 1 Handeltreiben 30.

3. Senat verfolgt demgegenüber eine andere Auffassung. Danach sei ein „einseitiges konkretes Verkaufsangebot“[863] bereits als vollendetes Handeltreiben zu bewerten, was der Senat durch Einfügung von „Feilhalten“ und „Bestellungen aufsuchen“ (Vertrieb) in seine Neuinterpretation erreicht.
Auch wenn dem Anliegen des Gesetzes, „möglichst lückenlos alle Handelsformen zu erfassen, die geeignet sind, BtM unkontrolliert in den Verkehr gelangen zu lassen“[864], Rechnung getragen werden soll, setzt sich diese Auffassung der einseitigen Vorverlagerung der Strafbarkeit in Wertungswiderspruch mit anderen Tathandlungen. Durch ein straßentypisches Verkaufsangebot alleine werden auch noch keine Betäubungsmittel unkontrolliert in den Verkehr gebracht. Wenn beispielsweise der Angesprochene ablehnt, weil er zu keinem Zeitpunkt an dem Erwerb von Rauschgift interessiert war, besteht zu keinem Zeitpunkt kein solches Maß an Gefährdung für das Rechtsgut, die eine Vollendungsstrafbarkeit rechtfertigen würde. Zudem widerspricht es dem natürlichen Wortsinn und sicherlich auch der Auffassung des zum Kauf geneigten Interessenten, dass durch Verlassen des Stadiums unverbindlicher Gespräche der Handel bereits abgeschlossen (perfekt) sein soll.

3. Der Rücktritt

Die vom Senat vertretene weite Auffassung des Begriffs Handeltreiben für den Bereich von *Verkaufs*tätigkeit würde wiederum der gesetzlich angeordneten Versuchsregelung des § 29 Abs. 2 BtMG und damit auch einer Rücktrittsmöglichkeit (§ 24 StGB) den Raum entziehen. Zu bedenken ist, dass im Falle des Verbrechenstatbestandes des Betäubungsmittelhandels in *nicht geringen* Mengen die Strafbarkeitsgrenze durch die Vorschrift des Versuchs der Beteiligung gem. § 30 StGB bereits vorverlagert ist. Im Umkehrschluss kann davon ausgegangen werden, dass dies gerade nicht auch auf die Fälle des Handeltreibens in *geringen* Mengen gelten darf. Zwar wird auch in den meisten Fällen des Versuchs im hier vertretenen Sinne durch die frühzeitige Beendigung die Wahrnehmung der Rücktrittsmöglichkeit (§§ 24, 31 StGB) kaum möglich sein, insbesondere wenn die Tat durch polizeiliche Scheinaufkäufer provoziert worden ist. Hier ist aber zumindest auf die Milderungsmöglichkeit beim Versuch gem. § 49 StGB zu verweisen, was im Ergebnis auch der bisherigen

[863] BGH, Anfragebeschl. v. 10.07.2003 - 3 StR 61/02 u. 243/02 = StV 2003, S. 501 (504); vgl. auch 1. Kapitel, B, II, 2, b).
[864] BGH, Anfragebeschl. v. 10.07.2003 - 3 StR 61/02 u. 243/02 = StV 2003, S. 501 (504).

Linie in der Rechsprechung entspricht, nach der in Fällen polizeilich provozierter Taten die Vorverlagerung der Vollendungsstrafbarkeit im Betäubungsmittelhandel im Rechtsfolgenausspruch grundsätzlich strafmildernd zu berücksichtigen ist[865].

II. Die Vermittlungstätigkeit

Die Pönalisierung der Vermittlung des Umsatzes entspricht bereits der Intention des Gesetzgebers, deren vormalige Straflosigkeit durch Hinzufügung des Merkmals Handeltreiben in das OpiumG von 1929 beseitigt werden sollte. Das reine Vermitteln von Betäubungsmitteln, ohne dass der Täter das Rauschgift in die Hand bekommt, war in der Entstehungsgeschichte als Hauptanwendungsfall gedacht[866]. Auch nach bisheriger Rechtsprechung fällt die Förderung fremder Betäubungsmittelgeschäfte durch Broker, Kommissionäre, Handelsvertreter und Handelsmakler unter den Begriff des Handeltreibens. Diese Tätigkeiten wären auch nach der vorgeschlagenen Neuinterpretation strafbar, würden aber unter den weiter als im Zivilrecht zu fassenden Begriff des Kaufs oder Verkaufs fallen. In den Bereich der Vermittlungstätigkeit fällt u. a. die Depothaltung[867], Kundenwerbungsbemühungen gegen Provision oder die Nennung und Zuführung von Kaufinteressenten in der Absicht, dass diese von dem eigentlichen Händler das in Gewinnerzielungsabsicht angebotene Rauschgift erwerben[868].

Das Vermitteln kann damit auch als eine handelstypische Tätigkeit im weitesten Sinne verstanden werden. Den strafwürdigen Fällen von Vermittlungstätigkeiten auf Seiten derjenigen, die den unerlaubten Umsatz von Betäubungsmitteln herbeiführen wollen, kann durch die Einfügung einer weiteren Modalität, nämlich der der *Vermittlung der einverständlichen Übertragung der tatsächlichen Sachherrschaft von einer Person auf eine andere*, Rechnung getragen werden. Durch die generelle Umschreibung der einverständlichen Übertragung werden die Fälle des Erwerbs, der Veräußerung, der Abgabe und des Überlassens von Betäubungsmitteln umfasst, soweit das Überlassen den Umsatz beinhaltet. Nur handelstypische, nicht aber sonstige umsatzbezogene Tätigkeiten des § 29 Abs. 1 S. 1 Nr. 1 BtMG wie das „Sichverschaffen in

[865] BGH, Urt. v. 04.06.1992 - 4 StR 99/92 = NStZ 1992, S. 488.
[866] Liemersdorf/Miebach, MDR 1979, 981 (982); oben 1. Kapitel, A, IV.
[867] Endriß/Malek, Betäubungsmittelstrafrecht, Rn. 128.
[868] Körner, BtMG, § 29 Rn. 248; BGH, Urt. v. 04.10.1978 - 3 StR 232/78 = NJW 1979, S. 1259.

sonstiger Weise" (z. B. Erlangung von Betäubungsmitteln durch Straftat) oder das Inverkehrbringen in sonstiger Weise (z. B. Dereliktion) werden von der Umsatzvermittlung im Sinne eines „Handeltreibens" erfasst.

1. Keine Vermittlung schuldrechtlicher Verträge

Die Vermittlung von auf Weiterveräußerungsabsicht gerichteten rein schuldrechtlichen Vereinbarungen ist als vollendete Vermittlungstätigkeit abzulehnen, da dies zu weit von der Verletzung oder Gefährdung des geschützten Rechtsgutes (Leben, Gesundheit) entfernt ist. Die schuldrechtliche Einigung über den Kauf von Betäubungsmitteln in Weiterverkaufsabsicht ist die hier vertretene Grenze, die im Hinblick auf das schützenswerte Rechtsgut eine Vollendungsstrafbarkeit zwischen Käufer und Verkäufer oder Zwischenhändler auslösen kann. Die Vermittlung von Personen zwecks Abschlusses eines schuldrechtlichen Vertrages über den Umsatz von Betäubungsmitteln ist zu weit entfernt, da schließlich nicht jede, sondern nur die im Hinblick auf einen späteren Umsatz taugliche schuldrechtliche Vereinbarung in Weiterverkaufsabsicht vollendetes Handeltreiben bedeutet. Es wäre ein Wertungswiderspruch, wenn der Vermittler eines schuldrechtlichen Scheingeschäftes, welches selbst einen untauglichen Versuch darstellt[869], wegen vollendeten Handeltreibens strafbar wäre. Durch die Forderung einer Vollendungsstrafbarkeit für die Vermittlung schuldrechtlicher Verträge über den Kauf oder Verkauf von Betäubungsmitteln würde die Bestimmtheit des Tatbestandes insgesamt verloren gehen. In diesem Fall käme allenfalls Beihilfe in Betracht.

2. Der Inhalt der Vermittlung

Vermittlung im Sinne der hier vertretenen Lösung bedeutet daher jede Mitwirkung an dem Zustandekommen eines Umsatzvorganges. Das Vermitteln ist eine abstrakte Tätigkeit und ist vom Geben und Nehmen der Betäubungsmittel insoweit abgelöst, dass dieses nicht durchgeführt sein muss. Vollendet ist die Vermittlung der einverständlichen Übertragung der tatsächlichen Sachherrschaft nicht nur dann, wenn ein tatsächlicher Betäubungsmittelumsatz von einer Person auf eine andere stattgefunden hat. Vollendet ist die Vermittlung bereits dann, wenn nach der Entschließung

---

[869] Seitens des Käufers; oben 5. Kapitel, B, I, 1.

von Gebenden und Nehmenden die Besitzübertragung an einen nahegelegenen Punkt gekommen ist, also *unmittelbar bevorsteht*. Kann dies nicht festgestellt werden, kommt Versuch in Betracht.

Um keine Wertungswidersprüche in Bezug auf den Abschluss schuldrechtlicher Verträge zwischen den am Verkauf von Betäubungsmitteln beteiligten Personen entstehen zu lassen, ist bei der Vermittlung erforderlich, dass das Umsatzobjekt tatsächlich existieren muss und der Gebende unmittelbaren Zugriff darauf hat. Eine gesicherte Lieferquelle des Gebenden reicht für die vollendete Vermittlung des Umsatzes nicht aus. Das gilt auch, wenn der Lieferant der Betäubungsmittel am Ort des Geschäftsabschlusses nicht eingetroffen ist. Hier bleibt der Versuch. Handelt es sich um Scheindrogen, kommt bei der Vermittlung allenfalls untauglicher Versuch in Betracht. Gleiches gilt für Betäubungsmittel, die in einem zeitlich vorgelagerten Punkt des unmittelbar bevorstehenden Übertragungsaktes bereits polizeilich sichergestellt worden sind.

III. Der Inhalt der Definition

Danach könnte sich eine Definition des Handeltreibens wie folgt darstellen:

Mit Betäubungsmitteln treibt Handel, wer diese eigennützig und in der Absicht, ihren Umsatz zu ermöglichen oder zu fördern, ankauft, erwirbt, verkauft, veräußert, abgibt, oder die einverständliche Übertragung der Sachherrschaft vermittelt.

Die Definition kann wie folgt charakterisiert werden:

Die Tatmodalität Handeltreiben erfasst ausschließlich handelstypische Tätigkeiten und ist vollständig erfüllt beim Umsatz von Betäubungsmitteln durch Erwerb, Veräußerung oder Abgabe, wenn der Täter eigennützig und in Weiterveräußerungsabsicht handelt.

Die Tatmodalität Handeltreiben ist vollständig erfüllt bei Abschluss eines schuldrechtlichen Vertrages über den An- oder Verkauf von Betäubungsmitteln, wenn der Täter eigennützig und in Weiterveräußerungsabsicht handelt und der Umsatz der Betäubungsmittel objektiv möglich und die Betäubungsmittel verfügbar sind. Einfache Angebote über Kauf oder Verkauf von Betäubungsmitteln in Weiterverkaufsabsicht stellen allenfalls Versuch dar, § 29 Abs. 2 BtMG.

Die Tatmodalität Handeltreiben ist vollständig erfüllt, wenn der Täter eigennützig und in der Absicht, den Umsatz von Betäubungsmitteln zu ermöglichen oder zu fördern, die Übertragung des Besitzes von Betäubungsmitteln auf abgeleitetem Wege von einer Person auf die andere vermittelt. Die Vermittlungstätigkeit ist dann vollendet, wenn der Umsatz objektiv möglich ist und unmittelbar bevorsteht.

1. Die Auslegung aus Sicht der betroffenen Rechtsgüter

Die in Weiterveräußerungsabsicht vorgenommene dingliche Übertragung von Betäubungsmitteln stellt nach allen Meinungen ein strafwürdiges Verhalten im Rahmen des Handeltreibens dar, da dies eine Gefährdung hochrangiger Rechtsgüter (Leben, Gesundheit) unbestimmter Dritter zum Zeitpunkt der Vornahme der Handlung beinhaltet. Aber auch in der Verkaufskette des Drogenmarktes stehende Personen wie der Großhändler[870], Zwischenhändler[871] und Vermittler[872] sind strafwürdig, da ohne sie die Aufrechterhaltung des Drogenmarktes, dessen Bekämpfung Intention des Gesetzgebers ist, nicht möglich wäre. Die Strafbarkeit muss daher auch solche handelstypischen Tätigkeiten erfassen können, die nicht ausschließlich den Betäubungsmittelumsatz, also die dingliche Übergabe von Betäubungsmitteln betreffen, wie er üblicherweise als letzter Akt in der Handelskette von den Kleindealern vorgenommen wird. Der Begriff des Handeltreibens umfasst daher auch schuldrechtliche Verträge und vermittelnde Tätigkeiten, soweit diese auf den Umsatz bezogen sind. Um den Tatbestand nicht ausufern zu lassen, sind Eingrenzungen erforderlich, wie sie in der Neuinterpretation ihren Niederschlag finden. Hierbei ist der Rechtsgüterschutz im Hinblick auf die Gefährdung wie folgt abgewogen worden:
Der in Weiterveräußerungsabsicht abgeschlossene taugliche (kein Scheingeschäft, keine Unmöglichkeit) schuldrechtliche Vertrag wird mit der Vermittlungstätigkeit von Betäubungsmitteln dann wertmäßig auf eine Stufe gestellt, soweit durch die Vermittlung der Umsatz unmittelbar bevorsteht. Dies entspricht dem Verhältnis beider Hand-

[870] Körner, BtMG, § 29 Rn. 548.
[871] Körner, BtMG, § 29 Rn. 547.
[872] Körner, BtMG, § 29 Rn. 248.

lungen zum Grad der Gefahr einer Übertragung von Betäubungsmitteln (Umsatz) von einer Person auf eine andere. Nur dadurch konkretisiert sich auch die mittelbare Gefahr für das Rechtsgut „Gesundheit" auf ein erforderliches Maß, welches die Vollendungsstrafbarkeit der Tatmodalität Handeltreiben rechtfertigt. Ein schuldrechtlicher Vertrag über den Ankauf von Betäubungsmitteln zum Zwecke des Eigenkonsums ist demgegenüber kein Handeltreiben, da es an der erforderlichen Weiterveräußerungsabsicht fehlt, die das Handeltreiben als Fremdschädigungsdelikt charakterisiert. Erlangt der Käufer zum Zwecke des Eigenkonsums Verfügungsmacht auf abgeleiteten Wegen über die Betäubungsmittel, ist allenfalls seine eigene Gesundheit gefährdet und er macht er sich wegen Erwerbs, nicht aber wegen Handeltreibens strafbar. Dies entspricht auch der bisherigen Auffassung[873].

2. Die Bestimmtheit

Die vorgeschlagene Definition würde auch dem Bestimmtheitsgebot des Art. 103 Abs. 2 GG Rechnung tragen, da sich der Anwendungsbereich und die Tragweite des Straftatbestandes aus dem Wortlaut ergeben oder sich zumindest dadurch ermitteln lassen. Durch die Bezugnahme auf *handels*typische Tätigkeiten (nicht: „für Händler typisch"[874]) werden, soweit ersichtlich, alle Tätigkeiten erfasst, die sich auf die geschäftsmäßige Weitergabe von Betäubungsmitteln im weiteren Sinne beziehen. Dies entspricht zum einen dem Wortsinn des Begriffs „Handeltreiben", der bereits „begrifflich auf den geschäftsmäßigen Kontakt mit anderen Personen hin angelegt" ist, wie der 2. Senat einmal feststellte[875] . Zum anderen werden Handlungen im Vorfeld (Anbau, Herstellung, Beschaffung von Laborgeräten), ausgesprochene Hilfstätigkeiten (Bote) und Handlungen im Nachfeld (Geldtransaktionen) ausgespart. Durch die extensive Rechtsprechungspraxis, nach der auch diese Tätigkeiten durch die Tatmodalität Handeltreiben erfasst werden sollen, liegt aber gerade die Uferlosigkeit des „Handeltreibens" bedingt. Es bedarf bei der Beschränkung auf handelstypische Tätigkeiten keiner einzelfallorientierten und künstlichen Grenzziehung mehr in Bezug auf Tätigkeiten, die mit dem eigentlichen Handelsgeschäft nichts zu tun haben. Damit wäre eine Auslegung geschaffen, die sowohl dem Gebot der Vorhersehbarkeit Rechnung trägt, als auch die Abgrenzung zwischen Vorbereitung, Versuch und Vollen-

[873] Körner, BtMG, § 29 Rn. 263.
[874] So aber Gaede, StraFo 2003, S. 391 (395).
[875] BGH, Urt. v. 28.03.1997 - 2 StR 556/96 = JR 1998, S. 254 (255); oben 1. Kapitel, B, II, 4.

dung einerseits und Täterschaft und Teilnahme andererseits nach den traditionellen Zurechnungsprinzipien ermöglicht.

3. Die kriminalpolitischen Erwägungen

Im Widerstreit der Interessen zwischen Rechtsstaatlichkeit und Kriminalpolitik darf die vorgeschlagene Neudefinition in der Rechtsfolge keine ungewollten Lücken in der Strafbarkeit entstehen lassen, aber auch keine ungerechtfertigten Strafrahmenverschiebungen bewirken.

a) Vermeidung von Strafbarkeitslücken

Durch das Begrenzen der Tatmodalität auf dem hier vorgeschlagenen Weg soll keine Entkriminalisierung von Teilen des illegalen Drogenmarktes im Sinne einer Abolition erreicht werden. Dem Anliegen des Gesetzes, alle Begehungsformen möglichst lückenlos zu erfassen, die geeignet sind, Betäubungsmittel unkontrolliert in den Verkehr gelangen zu lassen[876], wird durch die Neudefinition ausreichend Rechnung getragen. Hierbei ist nicht nur der Katalog des § 29 Abs. 1 S. 1 Nr. 1 BtMG zu berücksichtigen, der bereits flächendeckend die außerhalb handelstypischer Tätigkeiten in Betracht kommenden Handlungsweisen mit Bezug auf den illegalen Drogenmarkt erfasst. Darüber hinaus ergänzen die aufgeführten Tätigkeiten in § 29 Abs. 1 S. 1 Nr. 2-14 BtMG den Katalog denkbarer Tathandlungen in Bezug auf Betäubungsmittel mit Ausnahme des Konsums. Typische Handlungen im Nachfeld des eigentlichen Drogenhandels wie diverse Geldtransaktionen werden durch die umfassende Spezialvorschrift der Geldwäsche erfasst, die nach § 261 Abs. 1 S. 2 Nr. 2 b StGB für alle Tatmodalitäten des § 29 Abs. 1 S. 1 Nr. 1 BtMG gilt. Darüber hinaus werden in Fällen der Mittäterschaft (§ 25 Abs. 2 StGB) bereits Tathandlungen im Bereich des Vorbereitungsstadiums von Vollendungsstrafbarkeit erfasst, wenn sie im Rahmen gemeinschaftlicher Begehungsweise auf Grundlage gemeinsamen Wollens einen das „Handeltreiben" fördernden Beitrag darstellen[877]. Das Gleiche gilt für Tathandlungen, die den Handel etwa durch untergeordnete Tätigkeit im weiteren Sinne fördern und sich als Beihilfe (§ 27 StGB) darstellen[878]. Das Abstellen auf handelstypische Tätigkeiten

[876] Weber, BtMG, § 29 Rn. 684.
[877] 4. Kapitel, A, I.
[878] 4. Kapitel unter B.

würde damit innerhalb Deutschlands in keinem Bereich zu unvertretbaren Strafbarkeitslücken führen.

Anders könnte es sich freilich für Verfahren mit Auslandsberührung verhalten, da fraglich ist, ob das Anbauen oder Herstellen der in § 29 Abs. 1 S. 1 Nr. 1 BtMG aufgeführten Tatmodalitäten als „Vertrieb" im Sinne des § 6 Nr. 5 StGB (Weltrechtsprinzip) angesehen werden könnte, wenn diese nach der vorgeschlagenen Lösung mangels handelstypischer Tätigkeit keine Definitionsmerkmale des „Handeltreibens" sind, vielmehr selbständige Tatmodalitäten des § 29 Abs. 1 S. 1 Nr. 1 BtMG bleiben. Auswirkungen könnte die vorgeschlagene Definition für die Merkmale „Anbauen" und „Herstellen" auch im Bereich des erweiterten Verfalls (§ 73 d StGB i. V. m. § 33 Abs. 1 Nr. 2 BtMG) ergeben, wobei der Verfall keine Nebenstrafe, sondern nur eine quasikondiktionelle Ausgleichsmaßnahme darstellt.[879]

b) Strafrahmenverschiebung

Vielschichtiger sind die Auswirkungen der Neudefinition in Bezug auf die Strafrahmensystematik der Betäubungsmittelvorschriften. Da der § 29 Abs. 1 BtMG als Vergehenstatbestand gefasst ist und eine Höchststrafe bis zu 5 Jahren vorsieht, gewinnt der Verbrechenstatbestand des § 29 a Abs. 1 Nr. 2 BtMG, der im Rahmen des OrgKG[880] im Jahre 1992 in das BtMG eingefügt wurde, besondere Bedeutung. Nach § 29 a Abs. 1 Nr. 2 BtMG wird mit nicht unter einem Jahr und bis zu 15 Jahren (§ 38 Abs. 2 StGB) Freiheitsstrafe bedroht, wer mit Rauschgift in nicht geringer Menge Handel treibt, es herstellt, abgibt oder besitzt. Die übrigen Tatmodalitäten wie die Ausfuhr, Durchfuhr, das Inverkehrbringen in sonstiger Weise, der Erwerb, Anbau und das Sichverschaffen von Betäubungsmitteln in sonstiger Weise bleiben folglich auch dann Vergehen, wenn die Tathandlungen eine nicht geringe Menge Betäubungsmittel zum Gegenstand haben. Allerdings beinhalten diese Tatmodalitäten regelmäßig den Besitz als notwendiges Durchgangsstadium, so dass hierüber die Qualifizierung des § 29 a Abs. 1 Nr. 2 BtMG eröffnet ist. Sollten hiernach etwaige Missverhältnisse in der Rechtsfolge bestehen, läge es am Gesetzgeber, etwa im Falle des Besitzes die Verbrechenstatbestände der §§ 30 Abs. 1 Nr. 1, 30 a BtMG entsprechend zu ergänzen.

---

879 Tröndle/Fischer, StGB, § 73 Rn. 2.

880 „Gesetz zur Bekämpfung des illegalen Rauschgifthandels und anderer Erscheinungsformen der Organisierten Kriminalität (OrgKG)" vom 15.07.1992, BGBl. I, S. 1302.

4. Strafprozessuale Konsequenzen

Der Rückgriff auf vertragsrechtliche und kaufmännische Begriffe im Bereich der Rauschgiftkriminalität würde sich in der gerichtlichen Praxis auch nicht als „verfahrenspraktisch ungeeignet" gestalten. Insbesondere der 1. Strafsenat geht in seiner Stellungnahme zu dem Vorlagebeschluss des 3. Strafsenats davon aus, in Betäubungsmittelverfahren könnten nicht die Feststellungen getroffen werden, wie dies in einem von Kaufleuten geführten Zivilprozess der Fall sei, da Erkenntnisquellen wie Dokumente zu Beweiszwecken im Bereich der Rauschgiftkriminalität häufig nicht vorlägen. Zudem fehle es in diesem Bereich an dem für andere Kriminalitätsformen typischen anzeige- und aussagebereiten Geschädigten. Im Gegensatz zu Betäubungsmittelverfahren seien Parteien und Zeugen im Zivilprozess „erfahrungsgemäß meist seriös" und hätten „jedenfalls kein grundsätzliches Interesse an der Verdeckung ihres Verhaltens"[881].

Dem ist entgegenzuhalten, dass im Gegensatz zu Prozessen vor Zivilgerichten in (betäubungs-) strafrechtlichen Verfahren die Sachverhaltsaufklärung zumeist weit im Vorfeld des gerichtlich anhängigen Verfahrens beginnt. Die daraus gewonnenen Erkenntnisse basieren auf den vielfältigen strafprozessualen Eingriffsrechten, die intensive polizeiliche Ermittlungsmaßnahmen zulassen, wie etwa durch den Einsatz verdeckter Ermittler oder Lockspitzel, Observationen mit der Möglichkeit heimlicher Bildaufnahmen, Hausdurchsuchungen oder Telefonüberwachungsmaßnahmen.

Der Problematik aussageunwilliger Zeugen wird durch den Einsatz von V-Leuten hinreichend entgegengewirkt. Darüber hinaus besteht in § 31 BtMG für den Bereich der Rauschgiftkriminalität seit 1982[882] die Besonderheit einer Kronzeugenregelung, die in Rauschgiftgeschäfte verstrickte Zeugen im Falle einer sachdienlichen Aussage Anreize bis hin zur Straffreiheit bietet. Im Übrigen könnten, wie der 4. Strafsenat im Rahmen des von ihm favorisierten Definitionsvorschlages ausführte, etwaigen „Schwierigkeiten"(...) „gegebenenfalls durch weitere gezielte Ermittlungshandlungen und Sachaufklärung Rechnung getragen werden"[883].

Die vorgeschlagene Eingrenzung der Tatmodalität Handeltreiben hätte auch keine unzumutbare Beschränkung bestehender Rechtsgrundlagen für strafprozessuale Er-

---

[881] BGH, Beschl. v. 25.03.2003 - 1 ARs 21/03; oben 5. Kapitel, A, III, 3.
[882] 1. Kapitel, A, V.
[883] BGH, Beschl. v. 27.01.2004 - 4 ARs 23/03.

mittlungsmaßnahmen zur Folge. Zwar wären in Fällen des Anbauens und Herstellens als Vergehenstatbestände, auch wenn sie eine nicht geringe Menge Betäubungsmittel zum Gegenstand hätten, eine Telefonüberwachung und die Maßnahmen nach § 100 c Abs. 1 Nr. 2, 3 c StPO nur im Falle der Gewerbsmäßigkeit möglich (§ 100 a S. 1 Nr. 4 StPO), dessen Verdacht gerade zu Beginn von Ermittlungen nicht leicht zu rechtfertigen ist. Wie oben ausgeführt, wird auch hier ein Ausgleich über die Regelung des Besitzes in § 29 a Abs. 1 Nr. 2 BtMG anzunehmen sein. Da Anbauen und Herstellen Formen des Betäubungsmittelverkehrs darstellen (§§ 3 Abs. 1, 7 S. 2 Nr. 5 BtMG), sind auch die Voraussetzungen für den Einsatz verdeckter Ermittler gemäß § 110 a Abs. 1 Nr. 1 StPO gegeben.

5. Zusammenfassung

Eine Eingrenzung des Begriffs „Handeltreiben" auf seinen natürlichen Wortsinn würde auf der Rechtsfolgeseite zu Veränderungen führen, die dem Grad der Gefahren für das geschützte Rechtsgut, dem Gebot von Rechtssicherheit und Rechtsklarheit und kriminalpolitischen Erwägungen Rechnung tragen. Soweit der Besitz kein eigenständiges Merkmal des Handeltreibens sein soll, was teilweise auf Kritik stößt[884], ist darauf hinzuweisen, dass der Besitz kein Merkmal des § 29 Abs. 1 S. 1 Nr. 1 BtMG ist, sondern durch die bestehende Gesetzessystematik eigenständige Bedeutung in § 29 Abs. 1 S. 1 Nr. 3 BtMG und § 29 a Abs. 1 Nr. 2 BtMG erhält. Der grundsätzlich weite Anwendungsbereich des Begriffs „Handeltreiben" darf nicht dazu dienen, gleichsam wie ein „trojanisches Pferd" eine Erweiterung der Strafbarkeit in den Qualifikationstatbeständen der §§ 29 a, 30, 30 a BtMG dort zu erreichen, wo der Gesetzgeber bewusst Lücken gelassen hat. Der Gesetzgeber hat in differenzierter Weise für einzelne Tatmodalitäten des § 29 Abs. 1 S. 1 Nr. 1-14 BtMG Qualifizierungstatbestände in das Gesetz eingefügt und damit deutlich gemacht, welche Tathandlungen er unter besondere Strafdrohung stellen wollte. Man würde das Gesetz konterkarieren, würde man die differenzierte Unterscheidung bestimmter Tathandlungen zugunsten eines alles umfassenden Tatbestands des Handeltreibens leer laufen lassen.

---

[884] Weber, NStZ 2004, S. 66 (69).

IV. Die fallspezifische Leistungsfähigkeit der vorgeschlagenen Neuinterpretation

Nachdem die Auswirkungen der Neudefinition in abstrakter Weise dargestellt worden sind, soll die Definition auf ihre Leistungsfähigkeit bzw. auf das Ergebnis hin geprüft werden und mit den Problembereichen konfrontiert werden, die durch die Besonderheiten des illegalen Rauschgiftmarktes bedingt sind.

1. Eigene Geschäfte des Tatbeteiligten

Zunächst ist eine Überprüfung der Leistungsfähigkeit der Definition im Grenzbereich zwischen Versuch und Vollendung vorzunehmen.

a) Ankaufbemühungen

Den beiden Verfahren des LG Mönchengladbach als Auslöser des Anfragebeschlusses des 3. Strafsenats[885] lagen folgende Fallkonstellationen zugrunde:

aa) Fall 1: Anfragebeschlussfall II. 19.
In diesem Fall wurde der „Angekl. von einem Freund angerufen, der ihm anbot, 10000 Ecstasy-Tabletten zum Preis von 9000 DM zu besorgen. Der Angekl. erklärte ihm, er solle die Tabletten beschaffen. Dabei hatte der Angekl. aber Zweifel, ob dieser herzu in der Lage sein würde. Zu einer Lieferung von Tabletten kam es nicht".

In Frage kommt hier vollendetes Handeltreiben in Form des Ankaufens. Hierzu müsste der Angeklagte in der Absicht, die Tabletten später weiterzuverkaufen, eine Einigung mit dem Freund getroffen haben (Kaufvertrag). Voraussetzung wäre, dass der Angeklagte, obwohl er an der Lieferungsmöglichkeit Zweifel hatte, keine Scheinerklärung abgegeben hat. Soweit festgestellt wird, dass der Angeklagte sich ernsthaft bereit erklärt hat, die Tabletten zu dem angegebenen Kaufpreis erwerben zu wollen, ist die Strafbarkeitsgrenze überschritten und das Versuchsstadium erreicht (beendeter Versuch). Soweit der Freund eine Scheinerklärung abgegeben hätte (wofür es vorliegend keinen Hinweis gibt), bliebe es bei der Versuchsstrafbarkeit des Angeklagten. Wird festgestellt, dass der Freund ein ernsthaftes Angebot abgegeben hat, wäre für

[885] BGH, Anfragebeschl. v. 10.07.2003 - 3 StR 61/02 u. 243/02 = StV 2003, S. 501.

eine wirksame Einigung erforderlich, dass ihm die 10000 Tabletten durch gesicherte Lieferquelle auch zur Verfügung standen, er also bereit und in der Lage war, zu liefern. Ist das der Fall, wäre vollendetes Handeltreiben gegeben. Soweit die Lieferung durch den Freund aufgrund Unmöglichkeit bzw. Unvermögens nicht erfolgte, läge beim Angeklagten allenfalls ein untauglicher (strafbarer) Versuch vor.

bb) Fall 2: Anfragebeschlussfall II. 20.

In diesem Fall „telefonierte der Angekl. mit einem Freund und beauftragte ihn, die Telefonnummer von einem „A." herauszufinden. Der Angekl. wollte feststellen, ob er von „A." 10000 Ecstasy-Tabletten erwerben könnte.

Danach wäre lediglich eine (straflose) Vorbereitungshandlung gegeben, da seine Tätigkeit lediglich darauf gerichtet war, einen potentiellen Verkäufer ausfindig zu machen, und er folglich auch von einem Vertragsangebot weit entfernt war.

cc) Fall 3: Anfragebeschlussfall II. 1. a)

In diesem Fall „wollte der Angekl. 50 g Kokain erwerben, um es teilweise gewinnbringend weiterzuverkaufen. Er telefonierte deshalb mit mehreren Betäubungsmittelhändlern in Holland und besuchte auch einige von ihnen, konnte jedoch nirgends Kokain kaufen".

Bei dieser mit einem früheren Fall[886] vergleichbaren Situation, handelt sich um den Grenzbereich zwischen strafloser Vorbereitung und Eintritt in das Versuchsstadium. Soweit der Angeklagte bei seinen Bemühungen im Stadium bloßer Voranfragen geblieben ist, wäre die Grenze des § 22 StGB nicht überschritten. Hat er dagegen ein konkretes Kaufangebot abgegeben, wäre das Versuchsstadium erreicht. Für die zum Weiterverkauf bezweckte Menge wäre er wegen versuchten Handeltreibens, hinsichtlich der übrigen Menge wegen versuchten Erwerbs gemäß § 29 Abs. 1 S. 1 Nr. 1 BtMG zu bestrafen. Hat der Angeklagte die Unerreichbarkeit seines Tatplanes, den Erwerb von 50 g Kokain, erkannt, würde für beide Tatmodalitäten der Fall eines fehlgeschlagenen Versuchs vorliegen, mit der Folge, dass keine Möglichkeit des strafbefreienden Rücktritts in Betracht käme.

---

[886] Vgl. 3. Kapitel, C, I, 1, b); BGH, Urt. v. 12.08.1986 - 1 StR 360/86 = StV 1986, S. 527; zu dieser Problematik auch Endriß/Malek, Betäubungsmittelstrafrecht, Rn. 190.

dd) Fall 4: Anfragebeschlussfall II. 1. b)

In diesem Fall „wollte der Angekl. erneut 50 g Kokain erwerben und fuhr deshalb nach Holland. Das Geschäft kam nicht zustande, weil der Angeklagte mit dem Betäubungsmittelhändler nicht handelseinig wurde."

Aus dem Umstand, dass die Parteien nicht handelseinig geworden sind, kann geschlossen werden, dass der Angeklagte zumindest ein konkretes Kaufangebot unterbreitet hat. Damit ist die Grenze der Strafbarkeit überschritten. Soweit die Kaufbemühungen in der Absicht der Weiterveräußerung erfolgt sind, ist der Angeklagte wegen versuchten Handeltreibens (sonst wegen versuchten Erwerbs) zu bestrafen. Ein Rücktritt dürfte auch hier wegen Fehlschlags ausgeschlossen sein.

ee) Fall 5: Anfragebeschlussfall II. 1. d)

In diesem Fall „wollte der Angekl. 70 g Kokain mit hohem Wirkstoffgehalt erwerben und fuhr deshalb nach Holland. Weil die Qualität des Angebots nicht ausreichend war, kaufte der Angeklagte stattdessen 40 g Amphetamin mit einem Wirkstoffanteil von weniger als 10 g Amphetaminbase, das er nach Deutschland verbrachte und weiterverkaufte. Obgleich das erworbene Amphetamin die Grenze zur nicht geringen Menge nicht überschritt, hat das LG den Angeklagten wegen vollendeten Handeltreibens mit einer nicht geringen Menge verurteilt, weil er Bemühungen entfaltet hatte, eine nicht geringe Menge von Kokain zu erwerben."

Den Umständen ist zu entnehmen, dass der Angeklagte hinsichtlich der 70 g Kokain mit hohem Wirkstoffanteil ein Angebot abgegeben hat, dessen Annahme mangels Vorhandenseins der Ware nicht erfolgt ist. Hinsichtlich der 70 g Kokain kommt daher allenfalls versuchtes Handeltreiben in Betracht. Hinsichtlich der 40 g Amphetamin liegt Handeltreiben im Sinne des Grundtatbestandes § 29 Abs. 1 S. 1 Nr. 1 BtMG vor, da der Angeklagte in eigennütziger Weiterveräußerungsabsicht dieses Amphetamin sowohl erworben als auch veräußert hat.

ff) Fall 6: BGH, Urt. v. 25.10.1989 – 3 StR 313/89[887]

Nachdem der Angeklagte 100 g Heroin für 12000 DM bestellt hatte, bot ihm der Mittelsmann weitere 200 g Heroin an. Der Mittelsmann schlug dem Angeklagten vor, durch den Verkauf der 100 g Heroin den Kauf des 200 g - Postens zu finanzieren. Der Angeklagte versuchte zunächst, bezüglich des ihm ernsthaft angebotenen und zu einem festen Preis zur Verfügung stehenden Heroins „sich zur Feststellung des Bedarfs" mit einem Kunden in B. in Verbindung zu setzen. Nachdem er erfolglos versucht hatte, den Kunden in B zu kontaktieren, informierte der Angeklagte den Mittelsmann hierüber und sagte: „Ich werde ihn aber finden". Zugleich versicherte er, eine geplante Reise nicht eher anzutreten, bis er alles abgesetzt hat. Bevor es dazu kam, wurde er festgenommen.

Da sich der Angeklagte mit dem Mittelsmann über die wesentlichen Vertragsbestandteile geeinigt hat, kommt das Definitionsmerkmal „Ankaufen" in Betracht. Der Kauf diente zur weiteren Veräußerung an den Kunden, so dass auch Weiterveräußerungsabsicht vorliegt. Spätestens in der Äußerung, er werde den Kunden in B. finden, ist eine Einigung über den Kauf der 200 g Heroin zustande gekommen. Dass die Zahlungsmodalitäten und der weitere Absatz an den Kunden Gegenstand der Vereinbarung mit dem Mittelsmann waren, schadet nicht der Annahme eines Kaufvertrages. Auch im legalen Handelsverkehr, der insoweit vergleichbar ist, können die *Wirkungen* eines Rechtsgeschäftes vom Eintritt eines zukünftigen ungewissen Ereignisses abhängig gemacht werden. Bedingungen (§ 158 Abs. 1 BGB) oder Rücktrittsvorbehalte (§ 346 BGB) bei Nichtverkauf der Ware, die im legalen Geschäftsverkehr üblich sind, berühren aber nicht das Bestehen des Vertrages, sondern lediglich die *Rechtsfolgen* hieraus. Demgegenüber scheidet die Tatbegehungsform der Vermittlung vorliegend aus, da der Angeklagte zwar als Durchlaufposten für das Heroin erscheint, aber nicht lediglich Mittelsmann und Kunden zusammenführen, sondern vielmehr selbst Vertragspartner sein wollte. Er förderte damit nicht ausschließlich ein fremdes, sondern betrieb sein eigenes Geschäft. Der Angeklagte wäre somit auch bezüglich der weiteren 200 g Heroin, für die eine gesicherte Lieferquelle bestand, wegen vollendeten Handeltreibens in Form des Ankaufens strafbar. Dies entspricht im Ergebnis der Entscheidung des Bundesgerichtshofs in diesem konkreten Fall.

---

[887] BGHR BtMG § 29 Abs. 1 Nr. 1 Handeltreiben 19; selbe Entscheidung mit leicht abweichender Sachverhaltsdarstellung NStE § 29 Nr. 60.

b) Verkaufsbemühungen

aa) Fall 7 BGH, Urt. v. 15.01.1992 – 2 StR 267/91[888]

Der Angeklagte einigte sich mit dem Zeugen auf den Verkauf einer nicht geringen Menge Betäubungsmittel mit einer Lieferfrist von drei Wochen, wobei der Angeklagte zu diesem Zeitpunkt keine gesicherte Lieferquelle in Aussicht hatte. Er wollte aber das Rauschgiftgeschäft ernsthaft und in Gewinnerzielungsabsicht durchführen. Er sah eine reelle Chance, über seine bestehenden Kontakte Verbindung zu Rauschgifthändlern aufzunehmen und die Lieferung der vereinbarten Ware ermöglichen zu können. Seine Aktivitäten beschränkten sich aber auf erfolglose Anfragen bei Personen, die aus seiner Sicht Verbindung zu Drogenkreisen hatten.

In Betracht kommt hier Handeltreiben in Form des Verkaufs. Da der Angeklagte vorliegend aber über keine gesicherte Lieferquelle verfügte, ihm also das Betäubungsmittel weder selbst „ernsthaft angeboten" noch ihm „für einen bestimmten Preis wirklich zur Verfügung" stand, ist nach dem hier vertretenen Interpretationsvorschlag vollendetes Handeltreiben trotz Vorliegens einer Einigung abzulehnen. Der Angeklagte hat sich danach wegen (untauglichen) versuchten Handeltreibens in nicht geringer Menge strafbar gemacht. Da der Versuch fehlgeschlagen ist, kommt ein Rücktritt nicht in Betracht. Der Bundesgerichtshof kam in der Entscheidung zu vollendetem Handeltreiben. Nach teilweise vertretener Auffassung der Literatur lege in der Situation lediglich straflose Vorbereitung vor[889].

bb) Fall 8: BGH, Urt. v. 08.10.1991 – 1 StR 520/91[890]

Im Auftrag und in Vertretung für seinen inhaftierten Onkel sollte der Angeklagte 4,2 kg Heroin verkaufen. Der Angeklagte entschloss sich, „an die Stelle" des Onkels zu treten „und das noch verbliebene Heroin abzusetzen, um hierdurch einen Gewinn zu erzielen, der ihm mindestens teilweise selbst zufließen sollte". Nachdem der Angeklagte das in einer Tasche befindliche Heroin zunächst bei einer dritten, das Rauschgift verwahrenden Person abholte, deponierte er es in einem Rollsplittbehälter. Noch bevor er weitere Bemühungen entfalten konnte, wurde er festgenommen.

---

[888] StV 1992, S. 517; oben 3. Kapitel, C, I, 1, a).
[889] Roxin, StV 1992, S. 517 (519); Endriß/Malek, Betäubungsmittelstrafrecht, Rn. 188.
[890] Abgedruckt in: NJW 1992, S. 381.

Da der Angeklagte die Betäubungsmittel auf Kommission verkaufen sollte und wollte und sich die tatsächliche Verfügungsgewalt an dem Rauschgift auf abgeleitetem Wege verschaffte, hat er die Betäubungsmittel erworben. Weil er dabei auch eigennützig handelte, liegt sowohl vollendetes Handeltreiben als auch Besitz von Betäubungsmitteln in nicht geringer Menge vor. Verkauf scheidet hingegen aus, da der Angeklagte insoweit keine konkreten Verkaufsbemühungen (Angebot) entfaltet hatte.

2. Fremde Geschäfte des Tatbeteiligten

Diese Fälle betreffen den in der Praxis bedeutenden Grenzbereich von Täterschaft und Teilnahme, wenn der Tatbeteiligte ausschließlich Transporttätigkeit entfaltet.

a) Fall 1[891]

Der Angeklagte ist als Transporteur weder Käufer noch Verkäufer. Ein Erwerb an den Betäubungsmitteln scheidet aus, da es zu keiner Übernahme der Betäubungsmittel kam. Da das Tatgericht keine weiteren Feststellungen zu dem Umfang der Tatbeteiligung des Angeklagten getroffen hat, die auf die Annahme täterschaftlichen Verhaltens (versuchter Erwerb) schließen lassen könnten, kommt allenfalls Beihilfe zum Handeltreiben des Hintermannes in Betracht. Dies entspricht dem Ergebnis, zu welchem auch der Bundesgerichthof in dem Fall gelangte.

b) Fall 2[892]

Bezüglich der Definitionsmerkmale des Handeltreibens gelten die Ausführungen unter Fall 1, da beide Fälle insoweit vergleichbar sind. Da der Angeklagte weisungsgebunden seine (untergeordnete) Tätigkeit entfaltete, scheidet bereits nach den allgemeinen Abgrenzungskriterien (versuchte) Täterschaft aus. Ebenso wenig kommt Vermittlung in Frage. Entgegen der Auffassung des Bundesgerichtshofs, der die Tat als vollendetes Handeltreiben bewertete, kommt nach der hier angebotenen Neudefinition lediglich Beihilfe in Betracht.

---

891 4. Kapitel, A, II, 1, a).
892 4. Kapitel, A, II, 1, b).

c) Fall 3[893]

Auch in diesem Fall ist der Angeklagte weder Käufer noch Verkäufer. Eine Vermittlungstätigkeit hat der Angeklagte gleichfalls nicht entfaltet. Da der Angeklagte keine Sachherrschaft über die Betäubungsmittel erlangen konnte, scheidet vollendetes (täterschaftliches) Handeltreiben insgesamt aus. Soweit der Angeklagte als selbständiger Kurier weitgehend unabhängig die Betäubungsmittel zu transportieren beabsichtigte, kommt versuchtes Handeltreiben nach dem Definitionsmerkmal (versuchter) Erwerb in Betracht. Der selbständige Kurier kann bei eigener Verfügungsmacht Erwerber sein[894] und ist von dem keinen Eigenbesitz begründenden weisungsgebundenen Boten[895] zu unterscheiden. Zum Eintritt in das Versuchsstadium müsste der Angeklagte die Strafbarkeitsgrenze überschritten haben, wovon bei den bisher entfalteten Bemühungen bei der Kontaktaufnahme auszugehen sein wird. Der Angeklagte wäre daher wegen versuchten Handeltreibens strafbar (untauglicher Versuch). Der Bundesgerichtshof kam, wenn auch dogmatisch in nicht einleuchtender Weise, insoweit zum selben Ergebnis, wobei der Senat über die Qualität des Versuchs (tauglich, untauglich) keine Ausführungen machte.

d) Fälle 4 und 5[896]

Geht man davon aus, dass der Angeklagte als selbständiger Kurier tätig werden wollte, so hat durch die weit im Vorfeld des eigentlichen Betäubungsmittelumsatzes liegenden Tätigkeiten der Angeklagte die Grenze zum „jetzt geht's los" sicherlich weder durch die Zusage und Anreise noch durch das Bemühen um ein Transitvisum überschritten. Da der Angeklagte weder Käufer/Verkäufer noch Vermittler war, käme als täterschaftsbegründendes Merkmal allenfalls Erwerb in Betracht. Seine bisher entfalteten Tätigkeiten waren von dem Betäubungsmittelumsatz allerdings noch sehr weit entfernt, so dass die Lösung mit der Entscheidung des Bundesgerichtshofs konform geht, der ebenfalls in beiden Fällen straflose Vorbereitung angenommen hat.

e) Fall 6[897]

Auch hier wollten die Angeklagten lediglich eine Transporttätigkeit ausführen, so dass das schuldrechtliche Handelsgeschäft und die Vermittlung ausscheiden. Käme

---

[893] 4. Kapitel, A, II, c).
[894] 5. Kapitel, A, III, 2, b).
[895] 5. Kapitel, A, III, 2, d); Körner, BtMG, § 29 Rn. 1051.
[896] 4. Kapitel, A, II, 2, a), aa) und bb).
[897] 4. Kapitel, A, II, 2, c).

man dazu, dass die Angeklagten selbständig und eigennützig den Transport der avisierten Betäubungsmittel vornehmen wollten, könnte versuchtes Handeltreiben in Form des versuchten Erwerbs als Definitionsmerkmal des Handeltreibens vorliegen. Die feste und realistische Transportzusage vermag alleine jedoch nicht die Überschreitung der Strafbarkeitsschwelle zu begründen. Der Eintritt in das Versuchsstadium kann m. E. auch nicht schon durch die bestehenden Lichtkontakte begründet werden. Da das Lieferfahrzeug nicht herankam, kann auch nicht nach den Vorstellungen der Angeklagten auf ein unmittelbares Ansetzen zur Inbesitznahme der Betäubungsmitel (auf abgeleitetem Wege) geschlossen werden. Es bedarf für eine abschließende Beurteilung jedoch der genauen Feststellungen des Tatgerichts.

V. Ergebnis der fallspezifischen Untersuchung

Mit der vorgeschlagenen Neuinterpretation können im Grenzbereich der Strafbarkeit einleuchtende und nachvollziehbare Ergebnisse erzielt werden. Durch die Begrenzung auf handelstypische Tätigkeiten wird die Bestimmtheit auf objektiver Ebene geschaffen, die es ermöglicht, zwischen den Deliktsstadien und den Beteiligungsformen klare und verlässliche Grenzen zu ziehen. Damit wird der Tatmodalität „Handeltreiben" die unzulässige Weite genommen, ohne dabei unbewusst Strafbarkeitslücken entstehen zu lassen.

VI. Zusammenfassung

1. Strafgrund des Merkmals „Handeltreiben" im Betäubungsmittelgesetz ist der Rechtsgüterschutz. Geschützte Rechtsgüter sind Leben und Gesundheit sowie der Jugendschutz. Wegen des hohen Ranges der Rechtsgüter reicht die mittelbare Betroffenheit aus, so dass dem Einzelnen das Recht, über seine Individualrechtsgüter zu verfügen, teilweise entzogen ist.

2. Aufgrund der Definition des Bundesgerichtshofs stellt sich das Handeltreiben als unechtes Unternehmensdelikt dar, dessen Grenze im unscharfen Bereich zwischen Vorbereitung und Vollendung liegt, so dass für die in § 29 Abs. 2 BtMG gesetzlich angeordnete Versuchsstrafbarkeit praktisch kein Raum ist.

Die anderen Tatalternativen des § 29 Abs. 1 S. 1 Nr. 1 BtMG werden durch die Weite der Auslegung bis zur Bedeutungslosigkeit zurückgedrängt.

3. Nach der Definition des Bundesgerichtshofs ist auch für Beteiligungsformen kein Raum. Beihilfe ist nur dadurch möglich, dass bei vollständiger Erfüllung aller Tatbestandsmerkmale als untergeordnet bewertete Tathandlungen nachträglich wieder aus dem Tatbestand ausgeschieden werden. Wie bei der Abgrenzung zur straflosen Vorbereitung sind auch die Beteiligungsformen durch nicht zu generalisierende Einzelfallentscheidungen geprägt.

4. Der Begriff des Handeltreibens ist nach seinem natürlichen Wortsinn auszulegen als eigennützige (handelstypische) Tätigkeit, mit der ein Umsatz von Betäubungsmitteln beabsichtigt ist. Danach treibt mit Betäubungsmitteln Handel, wer diese eigennützig und in der Absicht, ihren Umsatz zu ermöglichen oder zu fördern, ankauft, erwirbt, verkauft, veräußert, abgibt oder die einverständliche Übertragung der Sachherrschaft vermittelt. Droht dabei unter keinen Umständen eine Gefahr für die geschützten Rechtsgüter, kommt allenfalls Versuch, jedoch keine Vollendungsstrafbarkeit mehr in Betracht. Diese einschränkende Auslegung erlaubt eine trennscharfe Grenzziehung zwischen Vorbereitung und Versuch und gibt den Beteiligungsformen wieder einen Raum, so dass in dogmatisch korrekter Weise eine Abgrenzung nach den traditionellen Zurechnungsprinzipien vorgenommen werden kann. Ungerechtfertigte Strafbarkeitslücken entstehen dadurch nicht.

Literaturverzeichnis

Apel, Erich / Lötz, Walter, Bundeswaffengesetz. Kommentar. Berlin und Frankfurt am Main 1969.

Apel, Erich / Bushart, Christoph, Waffenrecht. Band 2: Waffengesetz und Kommentar. 3. Aufl., Stuttgart 2004.

Arzt, Gunther / Weber, Ulrich, Strafrecht, Besonderer Teil. Bielefeld 2000.

Baumann, Jürgen / Weber, Ulrich, Strafrecht. Allgemeiner Teil. 9. Aufl., Bielefeld 1985.

Baumann, Jürgen / Weber, Ulrich / Mitsch, Wolfgang, Strafrecht. Allgemeiner Teil. 10. Aufl., Bielefeld 1995.

Baumann, Jürgen / Weber, Ulrich / Mitsch, Wolfgang, Strafrecht. Allgemeiner Teil. 11. Aufl., Bielefeld 2003.

Berghaus, Günter / Krüger, Hans-Peter, Cannabis im Straßenverkehr. Mit Beiträgen von Dieter Kleiber und Renate Soellner u. a. 1. Aufl., Stuttgart 1998.

Berz, Ulrich, Formelle Tatbestandsverwirklichung und materieller Rechtsgüterschutz. Eine Untersuchung zu den Gefährdungs- und Unternehmensdelikten. München 1986.

Beulke, Werner / Schröder, Svenja, Anmerkung zu BGH, Beschl. v. 25.09.1990 – 4 StR 359/90. In: NStZ 1991, S. 393 ff.

Blei, Hermann, Strafrecht, Allgemeiner Teil. 18. Aufl., München 1983.

Bockelmann, Paul, Über das Verhältnis der Begünstigung zur Vortat. In: NJW 1951, S. 620 ff.

Dreher, Eduard / Tröndle, Herbert, Strafgesetzbuch und Nebengesetze. 49. Aufl., München 1999.

Ebert, Christoph, Das Handeltreiben mit Betäubungsmitteln im Sinne von § 29 I 1 Nr.1 BtMG, Aachen 1997.

Eberth, Alexander / Müller, Eckhart, Verteidigung in Betäubungsmittelsachen. 4. Aufl., Heidelberg 2004.

Ellinger, Hans, Betäubungsmittel und Strafbarkeit. Wiesbaden 1974.

Endriß, Rainer, Anmerkung zu BGH, Urt. v. 17.06.1997 – 1 StR 119/97. In: NStZ 1998, S. 463.

Endriß, Rainer / Malek, Klaus, Betäubungsmittelstrafrecht. 2. Aufl., München 2000.

Endriß, Rainer / Kinzig, Jörg, Neuralgische Punkte des Betäubungsmittelstrafrechts, In: NJW 2001, S. 3217 ff.

Erbs, Georg / Kohlhaas, Max, Strafrechtliche Nebengesetze. Band 1, B. 64. Stand: 155. Erg. Lfg Nov. 2004, München 1988.

Franke, Ulrich / Wienroeder, Karl, Betäubungsmittelgesetz. Kommentar. 2. Aufl., Heidelberg 2001.

Gaede, Karsten, Anmerkung zu BGH, Beschl. v. 10.07.2003 - 3 StR 61/02, 3 StR 243/02. In: StraFo 2003, S. 392 ff.

Gebhardt, Christoph, Drogenpolitik. In: Handbuch des Betäubungsmittelstrafrechts, hrsg. v. Arthur Kreuzer, München 1998.

Graul, Eva, Abstrakte Gefährdungsdelikte und Präsumtion im Strafrecht. Berlin 1991.

Hanssen, Christian, Trennung der Märkte. Rechtsdogmatische und rechtspolitische Probleme einer Liberalisierung des Drogenstrafrechts, Frankfurt am Main 1999.

Harzer, Regina, Der provozierende Helfer und die Beihilfe am untauglichen Versuch. In: StV 1996, S. 336.

Hassemer, Winfried, Prävention im Strafrecht. In: JuS 1987, S. 257 ff.

Hassemer, Winfried, Symbolisches Strafrecht und Rechtsgüterschutz. In: NStZ 1989, S. 553 ff.

Hassemer, Winfried, Rauschgiftbekämpfung durch Rauschgift ? In: JuS 1992, S. 110.

Hecker, Bernd, Anmerkung zu BGH, Beschl. v. 25.06.1999 – 3 StR 372/98. In: NStZ 2000, S. 208 ff.

Hegler, Alfred, Die Merkmale des Verbrechens. In: ZStW 36 (1916), S. 19 ff.

Hermann, Ursula, Knaurs großes Wörterbuch der deutschen Sprache. München 1985.

Hessische Kommission „Kriminalpolitik“, Entkriminalisierungsvorschläge der Hessischen Kommission „Kriminalpolitik“ zum Betäubungsmittelstrafrecht. In: StV 1992, S. 249 ff.

Hinze, Rolf, Waffenrecht. Textsammlung mit ausführlichem Kommentar. Loseblattsammlung, Ordner 2. Einschließlich der 37. Ergänzungslieferung. Heidelberg, Juni 1996.

Hohmann, Ralf / Matt, Holger, Ist die Strafbarkeit der Selbstschädigung verfassungswidrig? – BGH, NJW 1992, 2975. In: JuS 1993, S. 370 ff.

Honig, Richard, Die Einwilligung des Verletzten. Teil I. Die Geschichte des Einwilligungsproblems und die Methodenfrage, Mannheim, 1919.

Hügel, Herbert / Junge, Wilfried / Lander, Carola / Winkler, Karl-Rudolph, Deutsches Betäubungsmittelgesetz. Kommentar. Loseblattsammlung, 8. Aufl. mit 2. Ergänzungslieferung, Stand März 2003, Stuttgart 2002.

Jakobs, Günther, Strafrecht. Allgemeiner Teil. Die Grundlagen und die Zurechnungslehre. 2. Aufl., Berlin 1991.

Jescheck, Hans-Heinrich / Weigend, Thomas, Lehrbuch des Strafrechts. Allgemeiner Teil. 5. Aufl., Berlin 1996.

Joachimski, Jupp / Haumer, Christine, Betäubungsmittelgesetz. 7. Aufl., Stuttgart 2002.

Joecks, Wolfgang, Strafgesetzbuch. Studienkommentar. 5. Aufl., München 2004.

Kleiber, Dieter / Kovar, Karl-Artur, Auswirkungen des Cannabiskonsums. Eine Expertise zu pharmakologischen und psychosozialen Konsequenzen. Stuttgart 1998.

Kleiber, Dieter / Soellner, Renate, Cannabiskonsum. Entwicklungstendenzen Konsummuster und Risiken. Weinheim 1998.

Kniesel, Michael, Nach der Entscheidung des BVerfG zur Strafbarkeit weicher Drogen: Anfang vom Ende der Drogenpolitik durch Strafrecht. In: ZRP 1994, S. 354 ff.

Kodek, Gerhard / Fabrizy, Ernst Eugen, Das neue österreichische Suchtmittelgesetz. 3. Aufl., Wien 1998.

Köhler, Michael, Rechtsgut, Tatbestandsstruktur und Rechtswidrigkeitszusammenhang. In: MDR 1992, S. 739 ff.

Köhler, Michael, Selbstbestimmung und ärztliche Therapiefreiheit im Betäubungsmittelstrafrecht. In: NJW 1993, S. 762.

Körner, Harald Hans, Betäubungsmittelgesetz, Arzneimittelgesetz. 5. Aufl., München 2001.

Körner, Harald Hans, Zur Praxis im Bereich des Betäubungsmittelrechts nach Wegfall der Fortgesetzten Tat. In: StV 1998, S. 626 ff.

Krack, Ralf, Handeltreiben mit Betäubungsmitteln nach deren Sicherstellung - BGH, NJW 1994, 2162. In: JuS 1995, S. 585 ff.

Krack, Ralf, Anmerkung zu BGH, Urt. v. 17.06.1997 – 1 StR 119/97. In: NStZ 1998, S. 462 ff.

Krey, Volker, Deutsches Strafrecht. Allgemeiner Teil. Band 1. 2. Aufl., Stuttgart 2004.

Kühl, Kristian, Strafrecht. Allgemeiner Teil. 4. Aufl., München 2004.

Kuhlen, Lothar, Der Handlungserfolg der strafbaren Gewässerverunreinigung (§ 324 StGB). In: GA 1986, S. 389.

Lackner, Karl / Kühl, Kristian, Strafgesetzbuch. Kommentar. 22. Aufl., München 1997.

Lackner, Karl / Kühl, Kristian, Strafgesetzbuch. Kommentar. 25. Aufl., München 2004.

Leipziger Kommentar, Strafgesetzbuch. Großkommentar, 10. Aufl., hrsg. v. Hans-Heinrich Jescheck, Wolfgang Ruß und Günther Willms, Erster Band; Einleitung §§ 1 bis 31, Berlin 1985; Strafgesetzbuch. Großkommentar, 11. Aufl., hrsg. v. Burkhard Jähnke, Heinrich Wilhelm Laufhütte, Walter Odersky; Einleitung §§ 1 bis 31, Berlin 2003; zitiert: LK-Bearbeiter.

Liemersdorf, Thilo / Miebach, Klaus, Beihilfe zum Handeltreiben nach § 11 Abs. 1 des Betäubungsmittelgesetzes. In: MDR 1979, S. 123 ff.

Lüderssen, Klaus, Das moderne Strafrecht. Eine Zerreißprobe zwischen ultima ratio, Pragmatismus und kulturellem Hochgefühl. In: StV 2004, S. 97 ff.

Maurach, Reinhart / Gössel, Karl Heinz / Zipf, Heinz, Strafrecht. Allgemeiner Teil. Teilband 2. 7. Aufl., Heidelberg 1989.

Maurach, Reinhart / Zipf, Heinz, Strafrecht. Allgemeiner Teil. Teilband 1. 8. Aufl., Heidelberg 1992.

Münchener Kommentar zum Strafgesetzbuch, Band 1, §§ 1-51 StGB. München, 2003; zitiert: MK-Bearbeiter.

Neuhaus, Ralf, Anmerkung. In: NStZ 2001, S. 39 ff.

Neumann, Ulfrid, Rezension zu Rainer Zaczyk. Strafrechtliches Unrecht und die Selbstverantwortung des Verletzten. In: GA 1996, S. 36.

Nestler, Cornelius, Grundlagen und Kritik des Betäubungsmittelstrafrechts. In: Handbuch des Betäubungsmittelstrafrechts, hrsg. v. Arthur Kreuzer, München 1998.

Nestler, Cornelius, Anmerkung zu BGH, Beschl. v. 25.09.1990 – 4 StR 359/90. StV 1992, S. 273 ff.

Nomos Kommentar zum Strafgesetzbuch. Band 1, 14. Lieferung, November 2003. 1. Aufl., Baden-Baden; zitiert: NK StGB-Bearbeiter.

Otto, Harro, Die Bedeutung der eigenverantwortlichen Selbstgefährdung im Rahmen der Delikte gegen überindividuelle Rechtsgüter. In: Jura 1991, S. 443 ff.

Otto, Harro, Grundkurs Strafrecht. Allgemeine Strafrechtslehre. 7. Aufl., Berlin 2004.

Paeffgen, Hans-Ullrich, Betäubungsmittel-Strafrecht und der Bundesgerichtshof. In: 50 Jahre Bundesgerichtshof. Festgabe aus der Wissenschaft, Band IV. Strafrecht, Strafprozessrecht, hrsg. v. Claus Roxin und Gunter Widmaier, München 2000.

Paul, Carsten, Der Begriff des „Handeltreibens" nach dem Betäubungsmittelgesetz. In: StV 1998, S. 623 ff.

Paul, Carsten, Zur Auslegung des Begriffes „Handeltreiben" nach dem Transplantationsgesetz. In: MedR 1999, S. 214.

Pottmeyer, Klaus, Kriegswaffenkontrollgesetz (KWKG). Kommentar. München, 1991.

Roxin, Claus, Anmerkung zu BGH, Urt. v. 15.01.1992 – 2 StR 267/91. In: StV 1992, S. 517 ff.

Roxin, Claus, Anmerkung zu BGH, Anfragebeschl. v. 10.07.2003 – 3 StR 61/02 u. 243/02. In: StV 2003, S. 619 ff.

Roxin, Claus, Täterschaft und Tatherrschaft, 7. Aufl., Berlin 2000.

Roxin, Claus, Strafrecht. Allgemeiner Teil. Band I. 3. Aufl., München 1997.

Rudolphi, Hans-Joachim, Anmerkung zu BGH, Beschl. v. 25.09.1990 – 4 StR 359/90. In: JZ 1991, S. 572 ff.

Schmidhäuser, Eberhard, Strafrecht. Allgemeiner Teil. 2. Aufl., Tübingen 1984.

Schmidt, Rolf, Strafrecht. Allgemeiner Teil. Grundlagen der Strafbarkeit. 1. Aufl., Bremen 2002.

Schmitt, Rudolf, Strafrechtlicher Schutz der Opfer vor sich selbst? Zugleich ein Beitrag zur Reform des Opiumgesetzes. In: Festschrift für Reinhard Maurach, hrsg. v. Friedrich-Christian Schroeder und Heinz Zipf, Karlsruhe 1972, S 113, ff.

Schneider, Hartmut, Anmerkung zu BGH, Urt. v. 25.08.1992 – 1 StR 362/92. In: StV 1992, S. 514 ff.

Schneider, Hartmut, Haschisch im sanktionsfreien Raum - das Konsumverhalten im Lichte der Entscheidung des Bundesverfassungsgerichts. In: StV 1994, S. 390 ff.

Schneider, Hartmut, Das Haschischverbot. In: StV 2000, S. 230 ff.

Schönke, Adolf / Schröder, Horst, Strafgesetzbuch. Kommentar. 26. Aufl., München 2001; zitiert Schönke/Schröder-Bearbeiter.

Schoreit, Armin, Verbrechen und Vergehen gegen das Betäubungsmittelgesetz -Rechtsprechungsübersicht-. In: NStZ 1992, S. 320 ff.

Schröder, Horst, Die Unternehmensdelikte. In: Festschrift für Eduard Kern, hrsg. v. der Rechtswissenschaftlichen Abteilung der Rechts- und Wirtschaftswissenschaftlichen Fakultät der Universität Tübingen, 1968, S. 457 ff.

Schroth, Ulrich, Das Organhandelsverbot. In: Festschrift für Claus Roxin zum 70. Geburtstag am 15. Mai. 2001, hrsg. v. Bernd Schünemann, Berlin 2001.

Schwarzburg, Peter, Tatbestandsmäßigkeit und Rechtswidrigkeit der polizeilichen Tatprovokation. Göttingen 1991.

Schwind, Hans-Dieter, Kriminologie. Eine praxisorientierte Einführung mit Beispielen. 14. Aufl., Heidelberg 2004.

Schwitters, Jan Hendrik, Die Vorverlagerung der Strafbarkeit beim unerlaubten Handeltreiben im Betäubungsmittelgesetz, Konstanz 1998.

Seelmann, Kurt, Zur materiell-rechtlichen Problematik des V-Mannes. Die Strafbarkeit des Lockspitzels und des Verlockten. In: ZStW 95 (1983), S. 797 ff.

Sowada, Christoph, Das „unechte Unternehmensdelikt" – eine überflüssige Rechtsfigur. In: GA 1988, S. 195 ff.

Steindorf, Joachim, Waffenrecht. 7. Aufl., München 1999.

Strate, Gerhard, Mit Taktik zur Wahrheitsfindung. Probleme der Verteidigung in Betäubungsmittelverfahren. In: ZRP 1987, S. 314 ff.

Stratenwerth, Günther / Kuhlen, Lothar, Strafrecht. Allgemeiner Teil I. Die Straftat. 5. Aufl., München 2004.

Suhr, Christian, Zur Begriffsbestimmung von Rechtsgut und Tatobjekt im Strafrecht. In: JA 1990, S. 303 ff.

Systematischer Kommentar zum Strafgesetzbuch von Hans-Joachim Rudolphi, Eckhard Horn und Hans-Joachim Günther, Band I Allgemeiner Teil (§§ 1- 79b), 7., teilw. 8. Aufl., Stand: 39. Lieferung, Neuwied 2004; zitiert: SK-Bearbeiter.

Tenckhoff, Jörg, Zur Anwendbarkeit des § 13 StGB auf schlichte Tätigkeitsdelikte. In: Festschrift für Günther Spendel, hrsg. v. Manfred Seebode, Berlin 1992, S. 347 ff.

Tröndle, Herbert / Fischer, Thomas, Strafgesetzbuch und Nebengesetze. 52. Aufl., München 2004.

Wagner, Hans-Jochen / Kallin, Ulf / Kruse, Michael, Betäubungsmittelstrafrecht. 2. Aufl., Stuttgart 2004.

Waider, Heribert, Strafbare Versuchshandlung der Jagdwilderei. In: GA 1962, S. 176 ff.

Weber, Klaus, Betäubungsmittelgesetz. Verordnungen zum BtMG. 2. Aufl., München 2003.

Weber, Klaus, Was lässt der Beschluss des 3. Strafsenats des BGH vom 10.07.2003 vom Handeltreiben übrig? In: NStZ 2004, S. 66 ff.

Welzel, Hans, Das Deutsche Strafrecht, 10. Aufl., Berlin 1967, 11. Aufl., Berlin 1969.

Wessels, Johannes / Beulke, Werner, Strafrecht. Allgemeiner Teil. 34. Aufl., Heidelberg 2004.

Wiegmann, Barbara, Abgrenzung von (Mit-) Täterschaft und Beihilfe – BGHSt 38, 315. In: JuS 1993, S. 1003 ff.

Winkler, Walter, Verbrechen und Vergehen gegen das Betäubungsmittelgesetz. In: NStZ 2003, S. 247 ff.

Wolters, Gereon, Das Unternehmensdelikt. 1. Aufl., Baden-Baden 2001.

Zaczyk, Rainer, Anmerkung zu BGH, Urt. v. 21.03.1991 – 1 StR 19/91. In: StV 1992, S. 377 ff.

Zaczyk, Rainer, Anmerkung zu BGH, Urt. v. 28.02.1997 – 2 StR 556/96. In: JR 1998, S. 256 ff.

Kolibri 360 GmbH
Ferdinand-Jühlke-Straße 7
99095 Erfurt, Deutschland
produktsicherheit@kolibri360.de

Druck:
CPI Druckdienstleistungen GmbH
im Auftrag der
Kolibri 360 GmbH
Ferdinand-Jühlke-Str. 7
99095 Erfurt